JN313311

子どもの発達と脳科学

カリキュラム開発のために

安彦忠彦 編著

はしがき

　本書は，早稲田大学教育・総合科学学術院で脳科学を研究してきたグループが，脳科学と子どもの発達について，教育的な関心に立ち，とくにその効果的なカリキュラムをつくることをめざして，自らの研究成果を示したものである。本書の特徴は，一見してわかるように，その構成員のうちの3人が，一人一人別々に自らの研究成果を示している点である。

　このことは，実は研究の仕方と関係する。グループとしては共通の大きなテーマ「脳科学的観点からみた子どもの成長・発達はどのような性質のもので，望ましい成長・発達を促進するための学校カリキュラムをどのようにつくるか」（2005～7年度科学研究費「脳科学的観点から見た子どもの発達と学校カリキュラムの開発に関する基礎研究」代表：安彦忠彦）をもってはいたが，ここに執筆した3人はそれぞれの専門をもち，それぞれのアプローチをもっていたので，それを尊重することにし，言ってみれば，共通テーマのもとでそれぞれ個別研究を進めたと言ってよい。しかし，3人の執筆内容を見てみると，いくつか共通の関心が働いていたことが分かる。

　まず，第一点は，3人とも「全体的な視点」を得ようとしていることである。中垣啓氏は，最初に触れた1960年代の心理学の視野が，動物や人間の心理的な働きのごく一部にしか向けられていないことに不満をもち，編者（安彦）と同様，70年代に入って注目されるようになった大脳生理学に目を向け，人間の全体を3つの統合神経系から成るものという見方を踏まえる考えを，また坂爪一幸氏は，障害心理学者として，障害をもつ人をやはり全体としてとらえるために，人間を5つの階層性をもつ存在と見る考えを提起している。この考えは，やはり障害心理学の先達として著名な伊藤隆二氏が，「人間は全体的存在である」として7つの側面（主体的存在，独自的存在，創造的存在，歴史的存在，社会的存在，超越的存在，意味的存在）を提示したことを，筆者に思い起こさせた。このように，3人とも何とか人間を全体としてとらえたいとの思いから，脳科学に関心をもっ

たこと，そして脳科学のそのような一面があらわれていることに注意してほしい。

　第二に，だからといって，心理学が無用のものになるとは3人とも思っていないことも共通である。現在では，一時は心理学をいずれ不要になるのではないかと考えた脳科学者でさえも，脳科学がいくら進歩しても心理学の役割はなくならない，と言うようになった。それぞれ固有の世界をもっていて，決して脳科学が絶対ではないとの認識が広まっている。

　第三に，教育との結びつきについては，不用意かつ短絡的にそれをとらえることに慎重であること，である。この点については，部分的に，例えば特別支援教育においてなどは，比較的容易に結びつきを考えてよい場合があるが，普通教育の場合などは，まだまだ脳科学の成果をそのまま結びつけることは，種々の危険や問題を生む可能性があると考えている。それでも，これまで以上に，脳科学の成果が基礎になって，3人ともかなり大胆なことを主張していると言ってよい。読者は「カリキュラムづくり」に関して，ここまで脳科学をもとに具体的な提案をした教育研究者が出てきたことに，中身の妥当性は別としても驚くであろう。いずれもまだ仮説的な段階のものではあるが，多くの人に今後の検討の足場を与えるものと信じている。

　また，読者は目次を見て，その変わった構成に興味をもたれるかもしれない。これは，一方で3人の執筆者の研究の軌跡を追うのに都合がよいようにと考えたとともに，他方では，各部ごとに，全体の包括的なまとまりを感じてもらいたくて，このように配列した。第Ⅰ部は，たまたま年齢順になったが脳科学に遠い者順，第Ⅱ部は，脳科学を精細に記述している順で，この順に読み進めれば徐々に理解しやすくなると考えた。第Ⅲ部は，中身が教育に直接関係する順で，だんだん間接的になっている。読者は，これにこだわらず，自分の関心のある著者だけを個人的に追って，部をまたいで読んでもよい。

　最後に，本書が，脳科学と子どもの発達に関わるすべての方々，とくに教育に携わる方々に広い視野で丁寧に読まれ，よりよい成果を挙げる基礎とされるとともに，脳科学と心理学と教育学の一層の連携の促進に少しでも役立つよう期待する。

　　　2012年7月

　　　　　　　　　　　　　　　　　　　　　　　　　　　　編　者

子どもの発達と脳科学
―― カリキュラム開発のために ――

目　次

はしがき

I　私の研究史——脳科学研究に辿り着くまで

第1章　脳科学とカリキュラム開発の関係前史 ………………安彦　忠彦　3
1.　「教育学」を実証的な学問へ　3
2.　大脳生理学の登場　5
3.　心理学への期待と不信——ピアジェ心理学者のブレ，心理学の過大な一般化・単純化　9

第2章　脳科学との出会いと私の研究史 ………………………中垣　啓　12
1.　人間性論と大脳生理学への関心　12
2.　ピアジェ発達心理学との出会い　17

第3章　高次脳機能研究への道 …………………………………坂爪　一幸　23
1.　「心」の捉え方の変遷　23
2.　「行動」の基盤への関心　25
3.　成熟後の「心」の障害とリハビリテーション　26
4.　成熟前の「心」の障害と療育　27
5.　神経心理学，発達神経心理学，そして教育神経心理学　29

II　脳科学研究の現在とカリキュラム開発

第4章　認知発達と第二の誕生 …………………………………中垣　啓　35
1.　脳（大脳皮質）の構造的発達　35
2.　認知発達と様相分化　49
3.　「10歳の壁」と第二の誕生　63

第5章　特別支援教育における障害の究明とカリキュラム開発…坂爪　一幸　80
1.　脳科学とカリキュラム開発の関係前史　80

2. 障害心理学と脳科学の関係づけの可能性——困難さと有望さ　87
  3. 高次脳機能と発達障害　94
  4. 発達の「壁」と高次脳機能　100
  5. 発達障害のアセスメント　104
  6. 特別支援教育に必要なアセスメント　107
  7. 特別支援教育に必要なカリキュラム開発　113

第6章　普通教育のカリキュラム開発と脳科学 ……………安彦　忠彦　129
  1. 脳科学への接近——早稲田大学脳科学研究グループ・脳科学者へのインタヴュー　130
  2. 脳科学と教育との関係づけ　134
  3. 心理学説の階層的分類の試み　140
  4. 成長・発達に関する脳科学的知見——発達と発達段階　147
  5. 6-3制学校体系の再検討と小中一貫カリキュラムの構築へ　154

Ⅲ　脳科学研究への期待と課題

第7章　カリキュラム開発のための今後の研究課題 ………安彦　忠彦　171
  1. 「成長・発達」の時間軸を追った研究　171
  2. 意図的・組織的・計画的な「働きかけ」との対応を前提にした研究　172
  3. 大脳とそれ以外の小脳等との関連を解明する研究　174
  4. ロボット工学等の研究との結合に関わる研究——倫理綱領の重要性　175
  5. 脳科学と医学・生理学・心理学等と教育学との結合のあり方についての研究　176

第8章　特別支援教育における今後の研究課題 ……………坂爪　一幸　180
  1. 神経心理学的な視点の導入と活用　180
  2. アセスメントの理解と活用　181
  3. 「5W1H」を明確にした教育　182
  4. 「教育行程」の明示と開示，そして協働　183
  5. 「根拠に基づく教育」の実践　184

第 9 章　脳科学への期待と認知発達研究 ……………………中垣　啓　186
　　1. 脳科学的説明が待たれる認知発達上の諸概念　187
　　2. 脳科学における発達的研究の必要性　192
　　3. 脳と認知の共発達理論の探究に向けて　196

あとがき　203

人名索引　205

事項索引　207

I 私の研究史——脳科学研究に辿り着くまで

第 1 章
脳科学とカリキュラム開発の関係前史

安彦　忠彦

1.「教育学」を実証的な学問へ

　筆者が学生当時の「教育学」について一言しておこう。筆者が大学を卒業したのは 1964（昭和 39）年 3 月のことであったが，昭和 30 年代後半（1960 年代）の時代は，教育学者として名高かったのは，東京大学では宗像誠也，宮原誠一，勝田守一，宮坂哲文，そしてその一つ前の世代の海後宗臣，東京教育大学では梅根悟といった人たちであった。戦後の新制大学の学部として初めて登場した教育学部は教員養成学部ではなく，まだ 1949（昭和 24）年に生まれて 10 年ほどしか経っていなかったので，高校までの教科目にない「教育学」という学問を，教員になるわけでもなく専門にするのは，何のためなのかわかりにくかったため，学生の間に人気がなく，東京大学の学内でも，教育学は一人前の学問ではない，教育学部は第二文学部だとの評が，他学部の教官の間にも色濃く残っていた。それは，教育学部の主たる教官が，文学部教育学科から分離独立して移ってきていたことにも拠っていた。

　しかし，教育学部の中で，教育史，教育心理学や教育社会学の分野は，すでに実証科学的方法をもって研究が進められており，この分野にはとくに優秀な学生が集まっていた。学校教育学の分野に属していた筆者は，このような雰囲気を肌で感じながら，「教育学」とは全体としてどういう学問なのか，その正体を問いながら日々を送っていた。周囲の仲間には既成左翼の思想に拠って立

つ者が多く，そのほとんどが教育科学研究会（教科研と略称）に結集していて，雑誌『教育』によって精力的に「教育」に発言していたのは，社会改革をめざす政治的関心をもっているからであることを知った。筆者のようにその種の関心の弱い者にとっては，彼等に比べて教育学を学ぶことの動機が，必ずしも強くない理由が分かった気がしたと同時に，上記の3分野以外の，これまで思弁的・哲学的とされてきた分野の教育学も，そのような哲学的・理念的，ときに運動論的な学問としてではなく，哲学的・思想的部分は残しながらも，実証的な学問に変わらねばならないのではないかと思い始めた。

　その場合，その理論と実践は，教育活動に関わる実証的な研究に基づかねばならないとの強い思いがあり，とくに教育課程研究に焦点を絞ってからは，学習や発達に深く関係する「教育心理学的研究」に強い関心をもった。学習心理学や発達心理学については，当時まだ若手だった東　洋助教授と，その東助教授の招聘で，その頃，運良く，フルブライト交換教授として来日した，アメリカの教育測定の大家クロンバック（Cronbach, Lee）教授の指導を受けることができた。東助教授については，学科主任の細谷俊夫教授が「今度，心理学系の東さんに学科にきてもらったのは，よかっただろう？」と院生に尋ねたとき，筆者以外の誰も肯定的な反応を示さなかったことに，細谷教授が怪訝そうな顔をしたことが今でも記憶に残っている。ただ，そう言った筆者自身の場合でも，心理学や統計学・測定学の研究方法の特質や長所・短所を理解することができただけで，それらを身に付ける能力も余裕もなかった。むしろ，心理学については，その研究分野へのアレルギーの解消と，教育の個別化・個性化への関心を深める足場を与えてくれたもの，と位置づけている。当時，東助教授は認知説の立場を重視していたようであるが，認知説に立つブルーナー（Bruner, J. S.）の『教育の過程』などを中心に，ピアジェ（Piaget, J.）の発達論について検討していた。ピアジェについては，当時のフランス心理学に最も精通していたお茶の水女子大学の波多野完治教授と，その周辺の人によって精力的に日本に紹介され，一大ブームを引き起こしていた。とくにその発達段階論は心理学界・教育界に大きな影響を与えた。

　しかし，その中で筆者が注目したのが，アメリカのガニェ（Gagne, R. M.）による学習（理論）の階層化の試みであった。最も単純な学習から最も複雑で

高度な学習に至るまで，これまで提示されていた種々のタイプの学習（理論）を，どれも全否定することなく部分的に妥当なものとし，信号学習→刺激反応学習→連鎖学習→言語連合学習→多重弁別学習→概念学習→原理学習→問題解決学習といった順序で，これらを階層的に位置づけて，それを基礎に，下位の学習課題ができなければ上位の学習課題はできないとして，「課題分析（task analysis）」の必要性を唱え，その特徴や意義を整理してみせたのである。

　筆者も類似の関心から，学習を広くとらえ，これを学習心理学だけにとどめず，主な心理学説のほとんどを含め，システム論やサイバネティックスを経て，実存分析に至る諸理論を取り上げ，同様に考えてみた。そして，それぞれの説を相対化して部分的な妥当性しか認めず，それらが相互に補完し合うものと見て，学習における「人間の能動性」を軸として，その小さい方から大きい方へ順に並べ，行動主義心理学→場の理論→形態心理学（認知心理学）→精神分析→自己統一性の心理学→人間性心理学（欲求階層理論）→サイバネティックス（一般システム論）→実存分析，という階層的な整理を試みた。第 6 章で詳しく解説するが，『看護教育』誌に連載した「人間形成の基礎理解」がそれである（安彦，1973）。

　ここまで見てくると，各々の心理学説が決して他を駆逐するものではなく，「部分」と「全体」との関係でいえば，それぞれ部分的妥当性をもつもので，それらの階層的な組み合わせが全体を構成すると考えられるのである。もちろん，これらの背後に，あるいはこれらを貫く，全体を説明できる原理があるかもしれないが，そのような包括的に全体を貫くものを探しても，まだ人間の精神・心理・身体的活動の統一原理は未発見であると，1970 年代当時には主張したのである。現在は，人によっては，その種のものがすでに見つかっているという人がいるかもしれないが，筆者はいまだに見つかっていないと考えている。

2. 大脳生理学の登場

　他方，10 代の頃からマクロに「人間とは何か」と問う中で，哲学的人間学に関心をもつようになり，それがいわゆる教育人間学の基礎として重視されて

いるのを見て，M. シェーラー（Scheler, M.）の『宇宙における人間の地位』や E. カッシーラー（Cassierer, E.）の『人間』，その流れの中から A. ポルトマン（Portmann, A.）の『人間はどこまで動物か』などの研究に学び，より生物学的な人間学研究に関心を強めていった。

そこで，人間の行動を統一的に説明する原理は，どこに，どのようにして見出されるだろうかと考えて探したのが，1970年前後に急速に話題になり出した「大脳生理学」であり，その代表的な論客は時実利彦（当時，東京大学医学部教授）であった。時実はその頃矢継ぎ早に著作を刊行し，大脳生理学の研究成果と脳の発達から見た人間の姿を，一般の人にも分かりやすく説明した（時実，1970）。筆者が興味をもったのは，その「人間という存在についての大脳生理学的説明」であった。

当時，教育学者の中で，この大脳生理学に注目したのは，主に体育関係の研究者で，「教育生理学」と銘打って著書を発表した猪飼道夫（当時，東京大学教育学部教授）や，教育における「からだ」の重要性を強調していた正木健雄（日本体育大学教授・教育科学研究会会員）らで，学界の主流の人たちではなかった。これらの人は，心と体との関係を究明するとはいっても，主として体育学を専門とする人々で，体の方に関心があった。教育心理学者の中には，より「心」の方に関心を寄せて神経心理学的な研究をする人もいたが，やはり主流になることはなかった。現在，早稲田大学で同僚となっている中垣啓氏も，当時，発達心理学を専門にしていた大学院生として，大脳生理学に強い関心を示し，当時の『東京大学教育学部紀要』に，欲求を中心にして能力や人間性の構造に関する論文を書いているが，筆者は当時それを知らなかった（中垣，1975；1976）。

それよりも，その科学的な解明と同時に，仏教に造詣の深い時実の人間存在に対する哲学的解釈は，大脳生理学者であるだけに非常に刺激的であった。筆者は，その大脳生理学的人間構造の理解と，その仏教哲学的理解に，完全には賛成できなくても，根本的な部分で共感した。第一に，大脳生理学的には，人間は，脳幹・脊髄系，大脳辺縁系，新皮質系の3つの神経系から成っていること，そして第二に，人間は脳の構造から見ると，2つの矛盾をもって生まれてくるとすること，の2つである。これは，まず教育哲学的に人間の見方が，単

なる性善説的な楽観主義ではなく，むしろ性悪説的な悲観主義をベースにしてとらえる方向を示すもので，だからこそ人間に「教育の必要」を示すものという，極めて人間に独自な「教育」の世界を可能にしているものであると言ってよい（吉田，1972）。

この頃，筆者は人間の「生の営み」を，時実の神経系統の上からの整理に従うと同時に，それらに，「ただしく」生きる，という営みが欠けているとして，これを加えて一覧表にしたことがある（表1-1）（安彦，1979）。

生きている		反射活動	脳幹・脊髄系
		調節作用	
生きてゆく	たくましく	本能行動	大脳辺縁系
		情動行動	
	うまく	適応行動	新皮質系
	よく	創造行為	
＊生きる	ただしく	実存行為	新皮質系（？）

表 1-1

注）時実利彦「生の営み」『人間であること』（岩波書店，1970, p. 39）に，＊印の欄を引用者が付加した。

このような観点から人間の「生きることの姿」をとらえた学問がなかったため，筆者には極めて新鮮な説だったのである。無意識的か意識的かで「行動」と「行為」を分けたことは生物学的に見て納得したが，ただ，「ただしく」という倫理的・道徳的行為についての説明が明確でないことには強い不満があり，これを「生きる」という，生死を選ぶ主体的決断を含意する表現を使って独自のものとして扱い，意識的・意志的な「実存行為」と名づけて取り出したのである。誰もこれに注目する人はいなかったが，筆者は「教育」の事実を，人間個々人の側から見る場合，非常に大切な視点を提供してくれたと思っている。

さらに，第二点について言うと，例えば，人間を生来善なる存在として見るのか，悪なる存在として見るのかについて，古くから種々議論がなされてきているが，時実の言うところでは，既述のように，大脳生理学的には「人間は二

つの矛盾を持って生まれてくる」とする。一つは新皮質系と大脳辺縁系（旧皮質・古皮質）との矛盾であり，もう一つは新皮質系同士の矛盾である。前者については，一方に，大脳辺縁系の「集団欲求」を基礎にした「誰かと一緒にいたい」という強い気持があり，他方に，「一人にさせてくれ」という新皮質系の意識的な気持があることをいう。これは確かに相矛盾した気持であって，心理的にはしばしば葛藤が生じる。この矛盾は，集団欲求が本能的なものなので自然に生まれるものであるのに対して，孤独への欲求は意志的なもので集団欲求を抑えるように働く，という種類のものである。

　大切なことは，教育的に見ると，新皮質系は教育によって育てることが可能な部分であるが，大脳辺縁系は生来のもので教育不可能な部分であり，外へ出すか出さないかだけで，それ自体を変えることのできないものであるという点である。この区別は非常に重要なものであり，もし大脳辺縁系の働きを変えようとすれば，新皮質系による修飾，つまり促進をかけたり抑制をかけたりすることによらねばならない。この意味で，新皮質系の大脳の前頭前野を教育によって育てないと，意志の弱い人間になり，結果的に感情や欲求に流されやすい行動をとる子どもになる危険があるのである。意志は新皮質系の前頭前野によるもので，教育によって強いものにして，感情や欲求に修飾をかけ得るものだからである。

　もう一つの新皮質系同士の矛盾というのは，例えば，生への執着の思いと生への諦めの思いとの矛盾であるという。この矛盾は生死に関わる根本問題である。確かに，一方では「死にたくない」として生にしがみつく人がいるとともに，他方には「もう死にたい」として自殺する人がいる。これは一般の高等動物には見られない言動であり，これは，教育学的な問題である前に，極めて哲学的・思想的な問題である。しかし，考えてみれば，自殺を肯定してしまうと教育活動は無意味であり，この矛盾には，教育学者は明確に否定的結論を持たねばならないと言ってよい。しかし，非常に大きな矛盾であることは確かであろう。これらの矛盾の存在自体，問題を持って生まれてくることを，性悪説的な性質と見ておく方が，教育という観点から見て妥当な態度であると思う。

3. 心理学への期待と不信
　　──ピアジェ心理学者のブレ，心理学の過大な一般化・単純化

　だが，筆者は，人間の成長や発達については，ピアジェの認識・認知発達の心理学，とくにその発達段階説に非常に興味を引かれた。1960年代に初めて大々的に注目されたピアジェの心理学は，人間の認識や道徳性などの発達の基本構造を，実験的研究の成果を踏まえつつ明確に提示して，多くの研究者を魅了した。筆者も，その発達段階説とその背後にある生物学的視点に共感して，その見事な発達の段階的説明はかなり信用できるものと考えた。

　しかし，日本で，それをカリキュラム開発に生かす動きは，外見上，教育心理学者の方からはあまり目立ったものがなかったように思われる。日本の場合，学習指導要領に学問的な裏打ちがなされるとしても，特定の理論に依拠するということを公にしない習慣が続いているので，実際にはどういう理論がどれほど影響しているのかは判然としない。しかし，筆者がピアジェの心理学に大きな信頼を寄せている間に，日本の心理学界は変わっていく。日本の心理学者の多くは，ピアジェ批判が続くと，ピアジェはもう古いと言うかのように，他の新しい説に移っていく状況にあった。あらためて，そのような心理学界に対して，隣接の教育学という学問領域から覗いて俯瞰してみると，果たしてこのような心理学の動きを信用してよいものかどうか，という疑問が湧いてきたのである。

　その理由は，一つは，主流の心理学説が5年から10年ごとに変わっていくという事実を目にしたときであった。1960年代の最初は，スキナーの行動主義心理学が隆盛となり，すべて連合説に立つ行動主義心理学でカバーできるかのように言われたが，60年代後半になると，ブルーナーなどの認知説に立つ心理学者が行動主義を批判してこれを圧倒し，当時の発達心理学は，ピアジェの認知心理学とその発達段階説によってすべてが支配された。しかし，1970年代後半になると，ピアジェ批判が起こり，新ピアジェ派とかヴィゴツキーに影響された研究者などによる修正によって，「発達段階説は信用できない」と言われるようになる。そして，J. レイヴとE. ウェンガーによる「正統的周辺

参加の理論」やヴィゴツキーの社会的文脈重視の学習理論が登場して，古典的な認知説を圧倒するようになる。現在は，またピアジェの発達段階説の大枠の妥当性については見直されたが，それは脳科学的な知見が出てきたからであり，日本の心理学界自体が上記のような経験を経て自らを反省したからではない。

このような心理学説の変遷を見ていくと，心理学界の外部にいて，その発達論を基礎にカリキュラムづくりを志す筆者のような者には，日本の心理学界が，主としてアメリカを中心とする研究の後追い的紹介に終始していて，自分たちの研究成果を軽視しているか，あるいはほとんどの日本人研究者は，自分たちで主体的に研究していないのではないかという印象を受けるのである。この点については，波多野誼余夫氏も，教育心理学者の一人として，日本人研究者に繰り返し警告していたことであるが，なかなかその体質は抜けていないと言ってよい（日本児童研究所，1984 など）。

しかも，主たる学説が 10 年ごとに入れ替わるのでは，どの説を正しいとしてよいのか判断がつかず，何らかの発達論をベースにカリキュラムづくりを考えようとしていた筆者は，心理学者に対する不信感を募らせていった。そして，とりあえず得た結論の一つは，心理学者は，ある説が登場すると，それですべての心理現象が説明できるかのような，不当な一般化をしている，ということであった。これは過大な単純化であり，そのように主張することはやめてほしいのであるが，新しい説が登場すると，日本の心理学者は，それがまるで過去の説を全否定して登場したかのように，過剰に単純化・一般化してその妥当性を主張する傾向が強い。運動を展開する必要があるというなら，それなりに理解できるが，研究は運動ではない。仮に運動になっても，自己相対化が必要である。

筆者が，ピアジェ批判の続いた 1970 年代後半から 90 年代にかけて感じていたのは，ピアジェ研究を行っていた日本の研究者が，一様にピアジェ批判に流れ，ピアジェを口にしなくなったことへの疑問であった。確かにピアジェの説が相対化されていくことは必然であり，何から何まで妥当な説だとする必要はないが，むしろ新しい説を持ち出す人の主張の仕方が，新しい説こそ絶対であるかのように言うことが問題だったのである。どんな説も，それまでの説を批判して自分の説の正しさを主張するので，仕方がない面もあるが，自説が絶対

であるかのように主張することは，妥当な態度ではない。むしろ，新しい説も，一定の条件の枠内での，相対的な正しさしかないことをわきまえて提示するべきであり，それができない場合は，まだ妥当性の範囲については不明確であるとの認識を明示して，提示されるべきなのである。

　こうして，筆者は，心理学から脳科学へと，求める対象を移していったのである。

注
安彦忠彦（1979）『学校の教育課程編成と評価』明治図書.
─── （1973）「人間形成の基礎理解（1）〜（3）」『看護教育』1973年1〜3月号.
Abiko, T. (2002), Developmental Stages and Curriculum: A Japanese Perspective, (in) *Journal of Curriculum and Supervision*, ASCD, 17 (2), Winter, 160-170.
E. カッシーラー／宮城音弥訳（1953），『人間』岩波書店.
波多野誼余夫・高橋恵子（1984），「第1章　概観」日本児童研究所編『児童心理学の進歩ⅩⅩⅢ』金子書房.
中垣　啓（1975），「能力の構造」『東京大学教育学部紀要』第14巻，209-219.
─── （1976），「人間性の構造」『東京大学教育学部紀要』第15巻，1-12.
A. ポルトマン／高木正孝訳（1961），『人間はどこまで動物か』岩波書店.
M. シェーラー／亀井　裕他訳（1977），『宇宙における人間の地位』〈著作集13〉白水社.
時実利彦（1970），『人間であること』岩波書店.
吉田章宏（1972），「人間の能力についての楽観論と悲観論」日本教育学会『教育学研究』第39巻，第4号.

第2章
脳科学との出会いと私の研究史

中垣　啓

1. 人間性論と大脳生理学への関心

　私の脳科学との出会いは大学院修士課程においてである。1969年4月24日に東京大学大学院教育学研究科修士課程教育学専攻に入学した。なぜ入学が1969年4月1日ではなく24日なのか。大学4年生の1968年には理学部物理学科に所属していた。しかし、学部4年生の1968-69年というのは東大紛争の時期である。安田講堂占拠（1968年6月15日）、全学部学生ストライキ、本郷キャンパス封鎖、機動隊との安田講堂攻防戦（1969年1月18-19日）があった年度である。

　私個人にとっては大学卒業直前で将来の職業選択を迫られる時でもあった。自分探しと職業選択が大学紛争とないまぜになって私の精神状態もまた争乱と混迷のさなかにあり、何一つ確信の持てるものがなかった。しかし一つだけはっきりしていることがあった。それは物理学のように物を対象とする研究ではなく、人を対象とした研究をやりたいということであった。そこで、大学院は文学研究科か教育学研究科に進学することを考えたが、大学紛争を受けて1969年度大学入学試験も中止されたくらいであるから、大学院各研究科も入学試験の実施が危ぶまれた。文学研究科の入学試験は中止されたが、幸い教育学研究科は入試があり合格することができた。4月1日に入学することができなかったのは、長期にわたる学部ストライキのため卒業単位が足りず、安田講

堂攻防戦後のスト解除とともに補講に次ぐ補講で学部を卒業できたのは4月23日となったからである。もちろん卒業式はなく，卒業証書を事務で受け取っただけであった。

　教育学研究科に入学することはできたものの，そこで何をするかについては全く見当がつかなかった。あれはしたくない，これは望まないという消去法的選択はできたものの，あれをしたい，これが望むところのものだという積極的選択が何もできなかった。大学院へ進学したのもいわば自分の居場所を確保するためであって，人を対象とした研究をやりたいという茫漠とした思いがあるばかりであった。教育学研究科に入学したものの，教育学を研究したいとは思わなかった。当時教育学者として名を馳せていた研究者の著作を読んでも学問というより研究者の価値観の表明としか思えなかった。理学部出身の者にとっては，教育学の胡散臭さはぬぐい切れなかった。かといって，心理学を研究したいとも思わなかった。実際，短期集中講義ではあったが，大学院に入学する前に，『教職教育心理』を受講したことがあった。これは高等学校，中学校の教員免許を取るための科目であった。今となっては担当教員が誰であったかは忘れてしまったが，動物を用いた学習心理学の講義と行動主義（あるいは，新行動主義）に基づく動物実験の紹介にほとんどの時間を割いていた。教員免許を取るための必須科目であったから出席したものの，「よくこんなことをやっているな」，「人間を知ることには何の役にも立たないであろう」という印象を拭い去ることができなかった。このため，大学院に入った時には，教育心理学，ひいては心理学一般に対するネガティブな印象が刷り込まれてしまった。

　大学院修士課程の2年間は理系出身者として生物学的観点からの人間論に惹かれ，比較発生学であるポルトマンの人間論，特に人間が2次的就巣性であることから来る，乳幼児期発達の特異性に関する議論（ポルトマン，1961），あるいは，人間もまた幼形成熟であるとする比較解剖学のボルクの人間論，徳田御稔の進化論に基づく人間論（徳田，1951）に親しんだし，理学部人類学科の渡辺直経氏の授業に出て，自然人類学の手ほどきを受けた。しかし，生物学的人間論だけでは一面的であることは明らかであったので，当時学生の間で特に高い評価を受けていたK. マルクスやJ. P. サルトルらの哲学書，石田英一郎の文化人類学，柳田國男の民俗学などを中心に乱読する一方，文学部哲学科の岩

崎武雄氏に哲学的人間論を，東洋文化研究所の泉靖一氏に文化人類学を，社会学系研究科文化人類学課程の中根千枝氏に社会人類学を学んだ。しかし，相変わらず自分探しと職業選択の旅は続いていて，修士課程2年を経過しても修士論文の準備さえできずじまいであった。ちなみに，修士課程2年目の1970年11月に今後の進路について泉靖一氏と相談したいと思い，授業の後時間を取ってくれるようにお願いしたことがある。その時泉氏は「今日は忙しいので来週のこの時間に」と約束していただいたが，2，3日後に新聞紙上で突然の訃報に接してびっくりすると同時に，相談できずに終わったことを悔やんだ。もし，このとき泉氏に相談に乗っていただいていれば，今頃は文化人類学を専門としていたかもしれない。

　修士課程3年目に入って「これではいかん，何とか修士論文をまとめなければ……」とあせり始めたとき，振り返って2年間で関心が絞られてきた点が2つだけあった。1つは，人間をトータルに捉えうるパースペクティブを得たいという点である。2つ目は，あくまでも科学としての裏付けがある所論でなければならないという点である。おそらく前者は『教職教育心理』で学んだ行動主義心理学があまりにも人間の心理からかけ離れていたという反省から，後者は当時の教育学一般に対する胡散臭さを何とか解消したいという思いから，来ていたものと思われる。このような心境にいた時に出会ったのが，時実利彦著『人間であること』（1970，岩波新書）である。この本を読んで「これはいける」（修士論文がまとまりそうだという意味）と直感した。いうまでもなく時実利彦は当時日本を代表する大脳生理学者であったから，そこで書かれていることは科学的裏付けのある人間論であった。何よりも感心したのは図2-1のような脳構造の階層的捉え方である（時実，1970）。

　脳神経系を統合作用という観点から，意識のない静的な生命現象を支える脳幹・脊髄系，個体維持と種族保存という基本的生命活動を保障する大脳辺縁系，学習によって経験を積み，変化する外部環境に適切に対処していく適応行動，および，未来に目標を設定し，価値を追求し，その実現を図ろうとする創造行為を可能にする新皮質系という3つの階層に分けていた。そこには人間をトータルにとらえようとする視座を見出すことができた。これまでの人間学では動物と比較して人間の特に目立つ特徴を取り上げて，それをもって動物から人間

```
                生の営み
    生きている…………反射活動，調節作用……脳幹・脊髄系
    生きてゆく
       たくましく………本能行動，情動行動……大脳辺縁系
       うまく…………適応行動 ⎫
                            ⎬…………………新皮質系
       よく……………創造行為 ⎭
```

図 2-1

出典）時実利彦『人間であること』(岩波書店，1970, p. 39)

を決定的に分かつ特徴であると主張する，特性論的な人間観が多かった。M. シェーラーによって類型化されたホモファーベル論，E. カッシーラーのシンボリック・アニマル論などは，人間の存在様式における道具使用，象徴使用を取り出し強調したものであるから，図 2-1「生の営み」でいう新皮質系でコントロールされる適応的行動において特異的に見出される特徴を掘り下げ，敷衍した人間論である。また，サルトルの実存的人間論，脱目的存在論等は，「生の営み」でいう新皮質系でコントロールされる創造的行為において特異的に見出される特徴を掘り下げ，敷衍した人間論である。さらに『教職教育心理』のときに学んだ動物の学習心理学は大脳辺縁系でコントロールされる本能的行動，情動的行動から一歩抜きでた感覚運動的なレベルでの適応行動を研究対象としていると言ってよいであろう。また，K. ローレンツの動物的人間論は，上記「生の営み」でいう大脳辺縁系でコントロールされる本能的行為，情動的行動において特異的に見出される特徴を掘り下げ，敷衍した人間論である。これらの人間論はそれぞれの観点から見てどれも間違いではないにしても，人間存在をトータルにとらえているとは言えず，どこまでも特性論的な人間論であった。

それに対し，時実の提示した人間観は人間をトータルに捉えうるパースペクティブを提供していたのである。もちろん，この視座が時実独自のものであったのか，それとも脳科学者一般に共有されていたものかどうかは，その当時知る由もなかった。しかし，とにかく時実大脳生理学との出会いによって，大学院入学以来ずっと研究関心を定めることができないでいた迷いがようやく吹っ切れたような思いを抱いた。大脳生理学との出会いはこのときが最初であった

ので、これ以降『脳の話』(1962)、『脳と人間』(1968)、『大脳生理学』(1970)といった時実利彦氏の著作を通して大脳生理学を勉強していくことになった。特に時実大脳生理学には、「教育の目的は人間形成であるから、神経細胞を人間としての精神を持ち、人間としての行動ができるようにさせることである。したがって、神経細胞の配線の過程である脳の発達に即した育成がなされるところに、保育、教育の科学性、近代性があるはずだ」（時実, 1970, p. 32）という教育的観点があったこと、脳科学的に見ても人間は教育されるべき存在として生まれついているという教育的人間観があったことが魅力的であった。生まれてから神経細胞は増殖も再生もしないとか、アマラ、カマラという狼少女の話をそのまま受け入れているといった、今では間違いとされていることが散見されるにしても、今読み返して40年後の今日の脳科学の水準から見てもその大枠は現在でもほとんど変わらないことには感心させられる。

　こうして、修士論文の主題としてようやく『人間性と教育』というテーマが定まることになった。人間性を「生物種としてのホモ・サピエンスが可能態としては普遍的にもつ欲求体系であって、その普遍性の生理学的根拠は、脳神経系の構造および機能の同一性にある」と定義したうえで、教育は人間存在のいかなる存在様式によって要請されるかを考察したものである。修士論文の目次は以下のとおりであった。

　　修士論文本論
　　　　序章　問題関心をめぐって
　　　　第一章　これまでの人間性論
　　　　第二章　人間性と欲求
　　　　第三章　人間性の構造
　　　　第四章　人間性の特性
　　　　第五章　人間性の展開
　　　　第六章　文化本質論
　　修士論文補論Ⅰ　人間観・価値観の類型と人間性
　　修士論文補論Ⅱ　能力と人間性
　　修士論文補論Ⅲ　文化の構造と教育

人間性の基礎を脳神経系の構造および機能に求めたことからも明らかなように，修士論文は時実大脳生理学を中核とする人間性論であった。特に第三章「人間性の構造」では，欲求の分類基準として図2-1で提示された統合作用によるレベル分けに従って，次のように基本的欲求と統合系とを対応させた。
　第0次基本的欲求………脳幹・脊髄系
　第1次基本的欲求………大脳辺縁系
　第2次基本的欲求………新皮質系
　第3次基本的欲求………前頭連合野系

　この対応付けから分かるように，この章は時実大脳生理学に全面的に依拠していた。あえて違いを言えば，新皮質系から前頭連合野系を独立させ，4つ目の統合系とし，それに第3次基本的欲求である実存的欲求（対自欲求，脱自欲求，即時＝対自欲求）を対応させたことである。ちなみに，博士課程3年のときに東京大学教育学部紀要の投稿が院生にも開放されたので，『修士論文補論I』をまとめ直して投稿したものが『人間性の構造』（中垣，1975）であり，『修士論文補論II』をまとめ直して投稿したものが『能力の構造』（中垣，1976）である。

2. ピアジェ発達心理学との出会い

　修士論文をようやくまとめあげ，1972年4月大学院博士課程に進学できたものの，修士論文の論究をさらに深めるという気にはなれなかった。修士論文はいわば人間研究のための基礎作業であったから，それぞれの分野で研究されている人間研究と関連付けることによって，それを人間性の全体構造という観点からまとめ直したり，それに対して新しい視点を提供したりすることができるという予想を立てることができたので，修士論文の延長線上においてもそれなりの研究ができたかもしれない。しかし，私個人にとって不満であったのは，このような研究ではどこまで行っても，要領の良いまとめ屋，大所高所からの俯瞰的論説にとどまってしまうということであった。自ら実証的研究成果を上げることなく，常に他者の研究の成果を利用するだけという立場になってしま

うことであった。そのようなときに出会ったのがピアジェの発達心理学であった。今となっては記憶が定かではないが，修士課程でもピアジェの名前に触れたことくらいはあったかと思うが，修士論文執筆においてはピアジェの影響は全くなかった（ピアジェは 1970 年 6 月に来日し，京都の国際会館において来日記念講演会があったことを後々に知ったが，その当時は来日のことも講演会のことも全く知らなかったし，知らされても関心を示さなかったであろう）。

　転機は，博士課程に進学した最初の年，確か 1972 年度の堀尾輝久先生の演習でピアジェの教育学論文を講読したことである。テキストは Jean Piaget, (1972). Science of Education and the Psychology of the Child で，これはフランス語原典 Psychologie et Pédagogie（1969）の英訳版で，演習参加者の全員で英訳テキストを共同購入したことを覚えている。フランス語の原典自体が『フランス百科事典』の第 15 巻「教育と教授」の巻にピアジェが執筆した論文「新しい方法：その心理学的基礎」(1935) とそれ以降の教育と教授の展開を議論した「1935 年以降の教育と教授」というピアジェの教育 2 論文を一冊にまとめて出版したものである。ピアジェはフランス語圏の新教育運動機関紙 Pour l'ère nouvelle（新しい時代のために）の編集者の一人であり，新教育運動の心理学的基礎付けに尽力していたので，堀尾先生は国際新教育運動の担い手としてのピアジェに関心があり，新教育の教育運動論的観点からこの著作をテキストとして取り上げたものと思う。しかし，私自身はピアジェの新教育運動に関心を持ったのではなく，ピアジェの発達心理学，発生的認識論そのものに関心を持った。

　この演習を通じて初めてピアジェの発達心理学，発生的認識論に触れる機会を与えられたものの，ピアジェの心理学説，あるいは，ピアジェの認識論については，正直なところほとんど何も分からなかったと思う。しかしどういうわけか，これまで著作を通じて沢山の学者，研究者に接してきたが，今までに経験したことのなかった何か深遠なものが横たわっていることを直感した。いわば箱の中身が何であるかを言えないにもかかわらず，中身が非常に貴重なものであることだけは確信できるといった心境である。上記テキストにはピアジェ自身の心理学や認識論については詳しく展開されていないので，『知能の心理学』(1967)，『思考の心理学』(1968) など，その当時すでに翻訳されていたピ

アジェ心理学の翻訳を読んだが，悲しいことにほとんど理解できなかったと言っていい。さらに，ピアジェの心理学に関する解説書（波多野完治編著，1965/1965/1966）を読んでもやはり肝心なところはよくわからなかった。結局翻訳や日本語の解説書に頼っていては，ピアジェをよく理解できないままに終わってしまうと思い，アテネフランセというフランス語学校にフランス語を習いに行った。フランス語は第3外国語になるし，博士課程に入ってから外国語を学び始めてどれ程ものになるか心配であったが，ピアジェを原典から理解する以外にないとまでその当時は思い詰めていたようである。第1外国語，第2外国語は教育課程において求められるから学んだ語学であるが，フランス語の場合はピアジェを原典で読むために必要に迫られて学んだ外国語となった。

　なぜこれほどまでにピアジェを魅力的に感じたか，その当時どれだけ自覚していたか定かではないものの，いくつかの理由があったように思う。1つは，認知現象に対するアプローチとしてピアジェは全体論的発想であり，英米系心理学の主流である要素論的発想とははっきり対立していたことである。もう1つは，その当時の教育学は全体論的発想であっても Evidence-based ではなく，むしろ自分の価値観にこだわる Belief-based であったこと，他方英米の心理学は確かに Evidence-based ではあったが全体論的発想はなく，細部にこだわる要素論的発想であった。それに対して，ピアジェ理論は全体論的アプローチであるにもかかわらず，Belief-based に陥らずに Evidence-based であったことである。

　それでは，時実大脳生理学もまた全体論的発想であり Evidence-based であったにもかかわらず，なぜピアジェ発達心理学の方により魅力を感じたのであろうか。その理由はその当時からはっきりしていた。Evidence-based で研究する場合，脳神経科学をやれる立場にはなかったからである。今でこそ，脳画像法の進歩によって理学部や文学部でも脳科学的研究を行うことができるようになったが，その当時は脳神経科学をやるのであれば，医学部に入り直して一から医学を学ぶ以外に方法がなかったのである。そのため，Evidence-based で研究するといっても，そのベースが脳科学にある限り，脳科学者が提供してくれる研究成果を二次的に利用させてもらうしかなかった。つまり，自分自身が研究成果の一次的生産者にはどう頑張ってもなりえなかった。それに対して，

ピアジェ発達心理学では，研究成果の一次的生産者として参加できる余地があった。Evidence-based な研究を行うための敷居が脳科学より発達心理学の方が低かったのである。実際，ピアジェ自身理学部生物学出身でありながら発達心理学的研究をやっているのであるから，自分にもできそうだという印象を持ったのである。

　ピアジェ発達心理学の方により魅力を感じたもう1つの理由は，子どもをもっぱら対象にした研究であるという点である。私は「自分は子どものときから子ども好きであった」と言いたいほど，子どもという存在に特別な魅力を感じていたので，大学院入学後の職業選択において，なにか子どもを相手にできる職業につければいいな，という思いを漠然とではあるが抱いていた。発達心理学的研究を専攻することはまさにこの思いを実現することにつながったのである。しかも，ピアジェが子どもを相手に行った数や量に関する実験のプロトコル（Piaget & Szeminska, 1941; Piaget & Inhelder, 1941）を読むと，子どもの特有の考え方が躍動していてとても面白い。ピアジェ流発達心理学は，子どもを相手にする研究ができるだけではなく，その研究自体が「え！それってほんと？」と常識的な子ども観を打ち破るほど面白いのであるから，ピアジェにのめり込んでいったのである。

　こうして，博士課程に進学してからは，教育学専攻および教育心理学専攻の院生仲間を募って「ピアジェ研究会」や「発生的認識論研究会」を組織し，そこで行う勉強会が大学院博士課程の理論面での研究の中心となった。また，当時ピアジェ研究の第一人者であり，ピアジェの翻訳や解説を多数ものにしていた波多野完治先生の自宅にも押しかけて，いわば波多野先生の自宅で行う出張ピアジェ研究会とでもいうべき研究会を何回か開催したものである。しかし，こうした研究会だけで満足していたわけではなかった。Evidence-based な研究を行うためには自らも研究成果の一次的生産者になる必要があったので，当時私の住んでいた地域の幼稚園，小学校，中学校に出かけていわゆるピアジェ課題の追試や自分で工夫した認知的課題を子どもに実施し，データをとるようになった。今となっては一介の大学院生が紹介状もなくのこのこと学校に出かけて行って，児童相手の調査実験をやらせてもらうことなど考えられないことであるが，幸いなことにいずれの学校においても調査実験に協力してくれたこ

とに今更ながら感謝している。

　こうして，脳神経科学とはいったん別れることになった。再び脳神経科学に興味を持つようになったのは，ずっと後になってピアジェの『生物学と認識』（1967）を読むようになってからである。後から知ったことであるが，ピアジェもこのころ脳科学に関係する論文を書いていた（Piaget, 1973, 1972）。ピアジェの後追いとなったが，認知発達の研究が深まれば深まるほど，それを脳神経系の発達とどう関係づけるかという問題が自ずと提起されてくるのである。

参考文献

波多野完治（1966），『ピアジェの児童心理学』国土社．
―――編著（1965），『ピアジェの認識心理学』国土社．
―――編著（1965），『ピアジェの発達心理学』国土社．
中垣　啓（1975），「能力の構造」『東京大学教育学部紀要』第 14 巻 pp. 209-219.
―――（1976），「人間性の構造」『東京大学教育学部紀要』第 15 巻 pp. 1-12.
―――（1979），「組み合わせ操作の発達的研究」『教育心理学研究』27 巻 2 号．
―――（2010），『命題的推論の理論――論理的推論の一般理論に向けて』早稲田大学出版部．
Piaget, J. & Szeminska, A. (1941), *La genèse du nombre chez l'enfant*. Neuchâtel, Paris: Delachaux et Niestlé.（遠山啓・銀林浩・滝沢武久訳（1962），『数の発達心理学』国土社．）
Piaget, J. & Inhelder, B. (1941), *Le développement des quantités chez l'enfant: conservation et atomisme*. Neuchâtel; Paris: Delachaux et Niestlé.（滝沢武久・銀林浩訳（1965），『量の発達心理学』国土社．）
Piaget, J. (1947), *La psychologie de l'intelligence*. Paris: A. Colin.（波多野完治・滝沢武久訳（1967），『知能の心理学』みすず書房．）
―――（1964），*Six études de psychologie*, Genève: Ed. Gonthier.（滝沢武久訳（1968），『思考の心理学』みすず書房．）
―――（1967），*Biologie et connaissance*, Gallimard.
―――（1972），*Science of Education and the Psychology of the Child*, New York: Viking Press.（原典は Piaget, J. (1969), *Psychologie et pédagogie*, Paris: Denoël. その中に，二論文 Education et instruction depuis 1935, (1965) と Les méthodes nouvelles, leurs bases psychologiques, (1935) が収録されている．邦訳は竹内良知・吉田和夫訳（1975），『教育学と心理学』明治図書）

Piaget, J. (1972), Operational structures of the intelligence and organic controls. In Karczmar, A. G. & Eccles, J. C. (eds.) *Brain and human behavior.* (pp. 393–398). Berlin; New York: Springer.
―――― (1973), The development of intelligence in the child: heredity, environment, and self-organization. In Richardson, F. (ed.) *Brain and intelligence: the ecology of child development.* National Educational Press.
ポルトマン，A．／高木正孝訳（1961），『人間はどこまで動物か』岩波書店．
時実利彦（1962），『脳の話』岩波書店．
―――― (1968),『脳と人間』雷鳴社．
―――― (1970),『人間であること』岩波書店．
――――編著（1970),『大脳生理学』(第7刷) 朝倉書店．
徳田御稔（1951),『進化論』岩波書店．

第3章
高次脳機能研究への道

坂爪　一幸

1.「心」の捉え方の変遷

　心理学の目標は「心」の理解である。「心」の何を対象にして，どのような方法で研究するのかは，心理学の存在意味に関係する根本的な問題である。心理学における「心」の研究の歴史には，いくつかの大きな変遷がある。

　心理学は自然科学が盛んになった19世紀末に成立した。1879年にブント（Wundt, W.）がライプチッヒ大学に心理学実験室を開設して，心理学を哲学から独立させた。ブントは心理学の研究対象を当人が直接に経験できる「意識」に定めた。研究方法には内観（自己観察）を採用した。「意識」を直接観察できるのは当人自身以外にはないためである。ブントの心理学は意識主義心理学，あるいは構成主義心理学と呼ばれている。

　20世紀に入ると，ワトソン（Watson, J. B.）の提唱した行動主義心理学が大きな勢力となった。行動主義心理学は，「意識」は主観的な現象であり，公共性がなく，客観性や実証性を重んじる科学的な研究の対象にはなりえず，「意識」を対象にする限り，心理学は科学になることはできないと主張した。「心」は観察することが不可能なブラック・ボックスとされて，科学的な心理学の研究対象からは否定された。代わりに，誰もが観察できる「行動」を研究対象にして，「行動」の予測と制御を心理学の目標にした。研究者が直接に操作・観察できる刺激（独立変数）と反応（従属変数）との間の関係（規則性）を明らか

にして，あらゆる「行動」を刺激と反応の要素的な単位から説明しようとした。

　行動主義心理学の考え方は，心理学の研究対象を飛躍的に拡大した。「意識」を内観して報告したり記録したりする場合，自己観察や言語の能力が未熟な子ども，言語に障害のある者，知的能力に障害のある者，そして動物などは対象にできなかった。「行動」を研究対象にすることで，それらの制約から解き放たれた。しかし，人間の複雑で高次の「行動」を刺激と反応によって説明できなくなり，行動主義心理学は行き詰まりをみせた。その後，刺激（独立変数）と反応（従属変数）との間に媒介概念（仲介変数）を挿入する新行動主義心理学が興った。

　「行動」を説明する概念としての行動主義心理学や新行動主義心理学は衰退したが，行動主義心理学が提唱した研究方法は現在まで用いられている。研究者が直接に操作し測定できる刺激と反応（行動）の客観的な観察から，それらの関係を可能な限りうまく説明できるモデルを構築する仕方は依然として利用されている。行動主義心理学がブラック・ボックスとした「心」の中身を構築する研究方法の枠組みとして，行動主義心理学の図式は現在まで採用され続けている。

　20世紀後半になると認知主義の勃興に伴って，行動主義心理学がブラック・ボックスとしてきた「心」の中身を直接考えようとする気運が高まった。この背景には情報処理科学と神経科学の発展による影響が大きい。情報処理科学を背景にして，「心」の働きを情報処理モデルで説明しようとする認知心理学が誕生した。認知心理学は「心」を一種の情報処理機構（コンピュータ）とみなしている。情報の入力・処理・出力までの一連の情報処理や変換の過程を「心」の働きと考えている。そして直接に観察と操作が可能な情報の入力と出力との関係を適切に説明できる処理・変換過程を間に想定した情報処理モデルの構築を目標にしている。神経科学の発展から，「心」の現象を脳モデルから考える神経・生理心理学が展開してきた。神経・生理心理学は「心」の基盤は脳にあり，「心」の現象は神経活動の結果と考えている。「心」の現象を説明する脳モデルの構築を目標にしている。

　情報処理モデル（数理モデルを含む）や脳モデルから「心」を理解しようとする心理学は現在まで続いている。さらに最近ではこれらの2つの流れが融合

して，認知神経科学や認知神経心理学などの領域も興ってきている。

2.「行動」の基盤への関心

認知心理学は 1960 年代頃からアメリカで提唱されて発展してきた。日本では，1970 年代から 1980 年代頃まで行動主義心理学の修正版である新行動主義心理学の勢力が強かった。筆者が大学の学部で心理学を学んだのは 1970 年代の後半である。当時は新行動主義心理学の立場からの授業が中心であった。筆者らの世代は，新行動主義心理学に立脚した心理学を学んだ最後の世代であろう。

筆者は学部，およびその後の大学院在籍中には，学習心理学を専門にしていた。動物実験を通じて，味覚嫌悪学習という現象から，パブロフ型の連合学習を研究していた（坂爪，1984；坂爪，1986）。学習心理学は有機体の環境への適応機制（学習現象）の解明を目標にしている。その頃，学習心理学をリードしていた代表的な研究者はアメリカのペンシルバニア大学のレスコラ（Rescorla, R. A.）教授であった。レスコラ教授は学習心理学者であり，動物行動の実験研究から，学習・行動の理論を構築していた。特に，パブロフ型学習について，レスコラ－ワグナー（Rescorla-Wagner）・モデルと呼ばれた新しい理論を提唱した研究者であった。筆者はレスコラ教授の実験の独創性や理論構築の美しさに憧れ，多くの公表された論文を詳細に読み続けていた。やがて，レスコラ教授が大きな影響を受けたと思われる研究者の存在に気づいた。ポーランドの生理学者コノルスキー（Konorski, J.）教授である。コノルスキー教授は条件反射学で有名なロシアの生理学者パブロフ（Pavlov, I. P.）の弟子である。コノルスキー教授は 2 冊の本を著していた。1948 年に刊行された『Conditioned Reflexes and Neuron Organization』，および 1968 年に刊行の『Integrative Activity of the Brain』である。特に前者の本には，レスコラ教授の巧みな実験や理論の基本的なアイデアが書かれていた。筆者は衝撃を受けて繰り返し読んだが，内容を正確に理解するには神経生理学や脳に関する知識が必要であった。当時の大学の心理学関係の専門科目には，そのような領域を学べる授業はなかった。

このようなことから，心理学を専門にするにしても，行動の基盤になっている脳の働きを学ぶことの必要性を感じ始めていた。その一方で，筆者の関心は「心」を理解することであり，神経細胞自体やその働きである活動電位や神経伝達物質について，また脳自体の構造や脳波などの生理機能について知りたいわけではないことも自覚していた。脳との関係から「心」を考えたいという思いが次第に強くなっていった。

3. 成熟後の「心」の障害とリハビリテーション

筆者が大学と大学院で心理学を学んでいた 1975 年から 1980 年頃，日本では認知心理学の萌芽期であった。新行動主義心理学の洗礼を受けて学んできたことにも原因があるが，当時，認知心理学にはあまり興味を感じなかった。コンピュータのような情報処理機構として「心」をみるのではなく，"生きている"「心」を理解したいという思いが強かった。「心」の科学的研究の方法論に制約されてきた伝統的な実験心理学には，"生きている"「心」の視点が不在であることに不満を感じていた。しかしその一方で，「心」の解釈論的な研究に偏向してきた従来の臨床心理学には，「心」の不可解さと曖昧さが強いように思えて躊躇していた。

そのように考えていた頃，脳に損傷を受けた患者を専門に診断・治療しているリハビリテーション病院への勤務の誘いを受けた。1982 年頃であった。その病院のベッド数は 500 床程度で，入院患者のほとんどが脳損傷患者という病院であった。動物を対象にした実験系の心理学から，人を対象にした臨床系の心理学に転換することには大きな迷いとためらいがあったが，脳に関することを臨床の現場で学べると思って勤務を決めた。仕事の内容は，脳出血や脳梗塞などの脳血管障害，脳腫瘍による占拠性病変，アルツハイマー病やパーキンソン病などの変性疾患，そして交通事故などの脳外傷によって，脳に損傷や病変が生じた後の精神・心理機能の変化を確認・評価して治療することであった。現在では，高次脳機能障害と認知リハビリテーションと呼ばれている領域である。当時はまだ高次脳機能障害という言い方はなく，脳損傷後の失語や失認や失行などは神経心理学的症状と呼ばれていた。アメリカでは認知リハビリテー

ションという題名の書籍が出版されはじめた頃で，日本ではまだほとんど認知されていなかった。

　リハビリテーション病院で経験した脳損傷後にみられる「心」の活動の変化，つまり高次脳機能のさまざまな症状や障害は，心理学が研究対象にする「心」を理解するうえで，多くの重要な手がかりを与えてくれるものであった。脳損傷後に生じた「心」の変化には，「心」の内部構造が反映されている。つまり，「心」には機能的な構成要素があり，それらの構成要素が脳の特定の領域の損傷によって，特異的に機能しなくなる事実を示してくれた。脳損傷のために高次脳機能に障害を負った患者の回復や適応への過程は，「心」の形成（障害からの回復や適応）を理解するための貴重な姿を教えてくれた。

　リハビリテーション病院では，さまざまな高次脳機能障害の評価とリハビリテーションに携わってきた。特に筆者が研究してきたのは，注意障害（坂爪ほか，1986；坂爪ほか，1987；坂爪ほか，1993），半側空間無視（坂爪，1993），前頭葉機能障害（坂爪，1993；本田・坂爪，1998），そして認知症に代表される知能の病理についてであった（坂爪・今村，1995）。当時，これらの高次脳機能障害は，症状の概念，症状に関連した脳損傷部位，症状の評価の仕方，そして治療法などはまだまだ不明確であった。

　筆者にとって，高次脳機能障害の患者との出会いは，脳損傷に起因する自然現象としての症状からみえてくる「心」の構成要素の存在性，そして脳損傷後の価値現象としての苦悩に適応していく「心」の実存性とを明瞭に示してくれるものであった。さらに，リハビリテーションを通じて，生きて変化する「心」の可能態や変容性を知ることができた。これらは，伝統的な実験系心理学や臨床系心理学からは決して学ぶことができない，非常に貴重な経験であった。

4．成熟前の「心」の障害と療育

　成人の高次脳機能障害の場合，「心」の基盤である脳が成熟した後で，脳に病変や損傷を受けたために，一度正常に発達した「心」が変化する。前述のリハビリテーション病院では，そのような獲得（後天）性に生じた「心」のさま

ざまな状態像と，それらが自然回復やリハビリテーションを通じて変化していく過程の両者を経験することができた。

　それでは，何らかの原因で脳の成熟に問題が起きた場合，「心」の形成はどのように影響を受けるのであろうか。このようなことに関心を持つようになった頃，某自治体が発達に障害がある子どものための総合的な専門施設（医療・教育・福祉を統合したセンター）を新たに設立することになり，誘いを受け，1992年に着任した。仕事は発達障害のある子どもの評価と療育であった。成人を対象にしたリハビリテーション病院では対象者の平均年齢は約60歳であったが，子どもを対象にしたこのセンターの利用対象者の平均年齢は約3歳であった。

　センターの対象者は主に，精神遅滞，コミュニケーション障害，自閉性障害，注意欠陥／多動性障害，学習障害などのある子どもであった。当時から，発達障害のある子どもに対しては，行動の目立つ特徴から診断名がつけられ，また発達・知能検査によって測定された能力の水準から遅滞の有無などを判定されてはいたが，行動や能力の基盤になっている高次脳機能が神経心理学的に解析されることはほとんどなかった。現在も，このような事情には大差がないように思われる。

　筆者は成人の高次脳機能障害者に関わってきた経験から，発達障害のある子どもに対しても，神経心理学的な解析とそれに基づいた科学的な療育が必要であると感じていた。神経心理学的な症状解析と視点を導入するために，神経心理学的評価表を1994年に作成した。この評価表をセンターの臨床心理部門に取り入れて，子どもへの療育を考える資料として活用してきた（坂爪・本田，2000）。このセンターでは，受診した子どもについてのカンファレンスを毎週1回水曜日の午後に開催していた。カンファレンスには，医師，看護師，薬剤師，保健師，理学療法士，作業療法士，言語聴覚士（当時は言語療法士），臨床心理士，保育士，そしてケースワーカーの全スタッフが参加した。このカンファレンスの際に，子どもの高次脳機能を神経心理学的に把握することの重要性と実際の解析結果とについて報告していた。高次脳機能のプロフィールを読み解き，具体的な療育を実施するための処方箋を示してきた。

　発達期にある子どもの変化は早い。3ヵ月程度の間に，子どもの高次脳機能

の状態は明らかに変化する。もちろん，短期的な変化があまりみられない子どもがいることも事実である。子どもの示すこの変化には，注目すべき点が2つある。一つは，子どもの高次脳機能の発達上の問題は，成人の高次脳機能障害の状態と類似であるという点である。他の一つは，成人の高次脳機能障害が回復していく過程が，子どもの高次脳機能が発達していく過程と対応しているという点である。成人の高次脳機能障害は比較的長い時間経過の中で回復していくが，子どもの高次脳機能の発達は，その回復過程を早回しでみせてくれる。

後に，高齢者の施設で，認知症のある高齢者への治療的レクリエーションに取り組んだ（坂爪・久保田ら，2003；久保田・坂爪，2003）。その経験から，そのような高齢者の高次脳機能が「解体」して，子どもの高次脳機能と類似した状態になる過程をみることもできた。これらを通じて，19世紀のイギリスの天才的な神経学者ジャクソン（Jackson, J. H.）が臨床症状から喝破して提唱した「神経系の進化と解体」の原理を感得させる多くの症状や現象を目の当たりにみることができた。リハビリテーションや療育や特別支援教育を考えていく上で，これらは極めて貴重な経験であった。

5. 神経心理学，発達神経心理学，そして教育神経心理学

成人の高次脳機能障害では，神経心理学の役割は時代と共に変遷してきた。初期の脳損傷の有無の推定から，脳損傷部位の推定を経て，現在は症状や障害の機能的な構造分析へと役割は変化してきた。「心」の機能的な構造分析とは，健常な機能と障害された機能とを明確にして，さらに障害された機能の障害単位を同定することである。

高次脳機能の障害単位の同定は，治療対象の明確化をもたらした。「心」の障害への漠然とした理解からは，治療対象を具体的に定めることは困難である。障害単位の同定と治療対象の明確化は，さまざまな治療介入法の開発と実践を促した。これが神経心理学的視点に基づく治療介入，すなわち神経心理学的リハビリテーションや認知リハビリテーションの発展へとつながった。

神経心理学が伝統的に対象にしてきたのは，何らかの原因によって脳に損傷を受けた患者が示す「心」の障害（器質性障害）であった。「心」の物質的基盤

である脳に生じた損傷によって現れた「心」の障害を理解するためには，脳の構造と機能についての知識，および「心」に関する知識の両方が必要である。このことは，神経心理学が基礎と臨床の両方の視点と知識とを必要とする学際的な領域であることを意味する。

　歴史的にも，神経心理学は神経学や精神医学など，心理学以外の他の領域との関連が深かった。加えて，神経心理学は脳損傷患者が示す「心」のさまざまな機能や能力の障害の評価（神経心理学的評価）と治療（リハビリテーション）を両輪に発展してきた。初期の代表的な研究者を例にあげれば，全体論的立場から障害を深く考察したゴールドシュタイン（Goldstein, K.）は神経学，心理学，精神医学，そしてリハビリテーションに通じていた（Goldstein, 1934）。脳の細胞集成体理論を提唱し，また前頭葉損傷後の知能を研究したヘッブ（Hebb, D. O.）は心理学，神経学，そして神経生理学に通じていた（Hebb, 1949）。高次脳機能に関する大脳の機能系理論を提唱し，またそれに基づく治療を実践したルリヤ（Luria, A. R.）は心理学，神経学，欠陥学，そして条件反射学に通じていた（Luria, 1973, 1980）。神経心理学的症状を理解する枠組みとして離断仮説（症状を中枢間の神経連絡の離断によって説明）を提唱したゲシュヴィンド（Geshwind, N.）は神経学と心理学に通じていた（Geshwind, 1965）。ジャクソンの「神経系の進化と解体」の原理を精神症状に適用して器質力動論を提唱したエイ（Ey, H.）は精神医学，神経学，そして哲学に通じていた（Ey, 1975）。このように当初から，神経心理学は基礎と臨床とが密接に関連し，また他領域とも深く関係する学際的特徴を持っていた。神経心理学の研究を通じて出会えたこれらの研究者の論文や著作から，筆者は大きな影響を受けた。

　発達に障害のある子どもを対象にする場合には，発達的な視点が欠かせない。脳の成熟に伴って，高次脳機能がどのように獲得されていくかという視点が必要である。高次脳機能への時間軸の影響を考慮に入れなければならない。成人の場合，高次脳機能障害の各症状と関連する脳領域との対応関係はかなり詳細に明らかにされている。しかし子どもの場合，高次脳機能の局在性はまだ不明確な点が多い。脳構造の成熟に伴って，高次脳機能を担っていく脳領域の局在性や役割はダイナミックに変化していく。これらを解明していく発達神経心理学の一層の発展が必要である。

神経心理学や発達神経心理学に基づく高次脳機能に関する研究を，発達障害のある子どもへの教育的な支援のあり方や，さらには健常な子どもへの効果的な教育のあり方に積極的に活用していくことも重要である。今後は，「心」と脳科学とを関連づけた高次脳機能の神経心理学的なモデルから，教育の内容，教育の方法，教育の時期など，教育に関する問題に積極的に貢献する教育神経心理学（Educational Neuropsychology）の確立と発展が望まれる。

引用・参考文献

秋元波留夫訳編（2000），『ジャクソン　神経系の進化と解体』創造出版．

Ey, H.（1975），*Des idees de Jackson a un modele organo-dynamique en psychiatrie*. Edouard Privat, Editour Toulouse.（大橋博司・三好暁光・浜中淑彦・大東祥孝訳（1979），『ジャクソンと精神医学』みすず書房．）

Geshwind, N.（1965），Disconnexion syndromes in animals and man. *Brain*, 88, 237–294, 585–644.（河内十郎訳（1984），『高次脳機能の基礎——動物と人間における離断症候群』新曜社．）

Goldstein, K.（1934），*Der Aufbau des Organismus: Einführung in die Biologie unter besonderer Berücksichtigung der Erfahrungen am kranken Menschen*, Martinus Nijhoff.（村上　仁・黒丸正四郎訳（1957），『生体の機能——心理学と生理学の間』みすず書房．）

Hebb, D. O.（1949），*The organization of behavior: A neuropsychological theory*. John Wiley & Sons.（鹿取廣人・金城達夫・鈴木光太郎・鳥居修晃・渡邊正孝訳（2011），『行動の機構——脳メカニズムから心理学へ』（岩波文庫，上・下巻）岩波書店．）

本田哲三・坂爪一幸（1998），「遂行機能障害のリハビリテーション」『失語症研究』18（2）; 146–153．

久保田恭子・坂爪一幸（2003），「認知リハ的レクリエーション活動導入による痴呆性高齢者の知的機能の変化」認知リハビリテーション研究会編『認知リハビリテーション2003』新興医学出版社，pp. 20–25．

Luria, A. R.（1973），*The working brain: An introduction to neuropsychology*. Penguin Books, New York.（鹿島晴雄訳（1999），『ルリヤ神経心理学の基礎——脳のはたらき　第2版』創造出版．）

Luria, A. R.（1980），*Higher cortical functions in man*. 2nd ed. Basic Books.

坂爪一幸（1984），「味覚嫌悪学習における実験的研究——unconditioned stimulus 経験のもたらす逆向的・順向的効果」『心理学研究』55（2）; 80–87．

―――― (1985),「ラットの味覚嫌悪学習に及ぼす CR 消去後の US 単独提示効果」『動物心理学年報』35（2）; 91-95.

―――― (1993),「非視覚的感覚――運動課題による左半側空間無視の分析」『心理学研究』64（2）; 128-134.

―――― (1993),「機能遂行速度の制御の障害と脳損傷側の関連――effortful 条件と non-effortful 条件における遂行速度の比較」『神経心理学』9（4）; 230-239.

坂爪一幸・平林　一・遠藤邦彦・牧下英夫 (1986),「臨床的『ヴィジランス』検査の試み」『失語症研究』6（2）; 1083-1089.

―――― (1987),「臨床的『ヴィジランス』検査の試み（Ⅱ）――脳損傷側の左右差，臨床症状との対応，及び遂行パターン差の検討」『失語症研究』7（4）; 289-299.

坂爪一幸・平林　一・金井敏男 (1990),「脳損傷患者の持続的注意力の障害と主観状態，知的機能，及び日常情意行動の関連」『精神医学』32（10）; 1111-1119.

坂爪一幸・本田哲三 (2000),「小児の認知障害のリハビリテーション」『小児科』41（7）; 1305-1314.

坂爪一幸・今村陽子 (1995),「脳損傷患者のレーヴン色彩マトリックス検査の成績と痴呆，年齢，構成障害および性差の関連」『神経心理学』11（3）; 158-169.

坂爪一幸・久保田恭子・植屋悦男・大貫　稔 (2003),「痴呆性高齢者への治療的レクリエーションの試み――知的機能の変化を指標にした効果の検討」『日本健康医学会雑誌』12（1）; 16-21.

Ⅱ　脳科学研究の現在とカリキュラム開発

第4章
認知発達と第二の誕生

中垣　啓

Scientists once thought the brain's key development ended within the first few years of life. Current findings, however, indicate that important brain regions undergo refinement through adolescence and at least into a person's twenties. (SfN, Brain briefings, January 2007)

1. 脳（大脳皮質）の構造的発達

(1) 胎生期における脳とニューロンの発生

　神経系は中枢神経系と末梢神経系からなり，中枢神経系は脳と脊髄からなる。脳は上位脳と下位脳に区別され，下位脳には中脳，橋，小脳，延髄が，上位脳には大脳と間脳が含まれる。小脳を除く下位脳はまとめて脳幹とも呼ばれている。大脳はさらに大脳皮質，大脳髄質，大脳基底核からなる（図4-1）。大脳皮質は古皮質，原皮質，中間皮質，新皮質に分けられるが，新皮質は系統発生的に新しく獲得され，霊長類において特に進化した神経組織で，高次認知機能の最上位中枢となっている。ここでは高次認知機能を問題としたいので，もっぱら大脳新皮質の発達を扱うことにする（以下の脳の組織と発達に関する基礎的な知見はもっぱら Segalowitz et al. (2003), Dowling (2004), Blakemore et al. (2005), Couperus et al. (2006), Zelazo et al. (2010) に基づいている）。

　大脳の神経組織は，ニューロンとその活動を支えるグリア細胞からできている。ニューロンは核を含む神経細胞体，細胞体より枝のように伸びて他のニュ

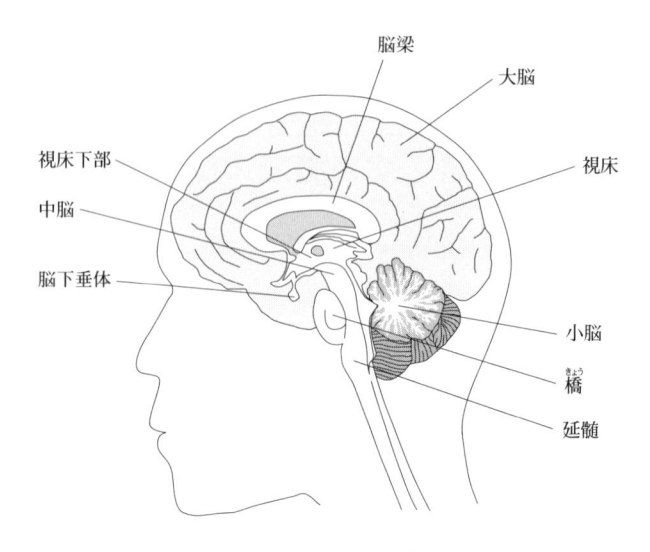

図 4-1　脳の正中矢状断面図

ーロンからの信号を受け取る樹状突起，他のニューロンに信号を伝えるための通路となる軸索よりなる。軸索の末端は他のニューロンの樹状突起と結びつき，シナプスを形成する。神経インパルスは軸索末端において電気的に次のニューロンに伝えられるのではなく，シナプスにおける神経伝達物質を介して伝えられる（図4-2）。成人の脳細胞のうちニューロンは約 1,000 億個，グリア細胞はさらにその 10 倍ほどあり，1つのニューロンは 1,000 個から 10,000 個のシナプスで他のニューロンとつながっているという。大脳は外見的な構成成分としては灰白質，白質，脳脊髄液から構成されている。灰白質はニューロンの神経細胞体が集積している大脳皮質や神経核のようなところで，白質はニューロンの神経細胞体がなく，軸索だけが束のように集まり走っているところである。

　ヒトの脳の形成は受精後3週間目ころ，胚の外胚葉正中部に作られる神経板から始まる。神経板はその両端が巻き上がって管状の神経管となり（neurulation），受精後4週間目には神経管の先端部が3つにくびれて前脳，中脳，菱脳からなる1次脳胞が形成される。5週目になると神経管の分化はさらに進んで5脳胞（終脳・間脳・中脳・後脳・髄脳）からなる2次脳胞となり，胎生3ヵ月目には先端から大脳，間脳，中脳，橋，小脳，延髄という脳の基本構造が明

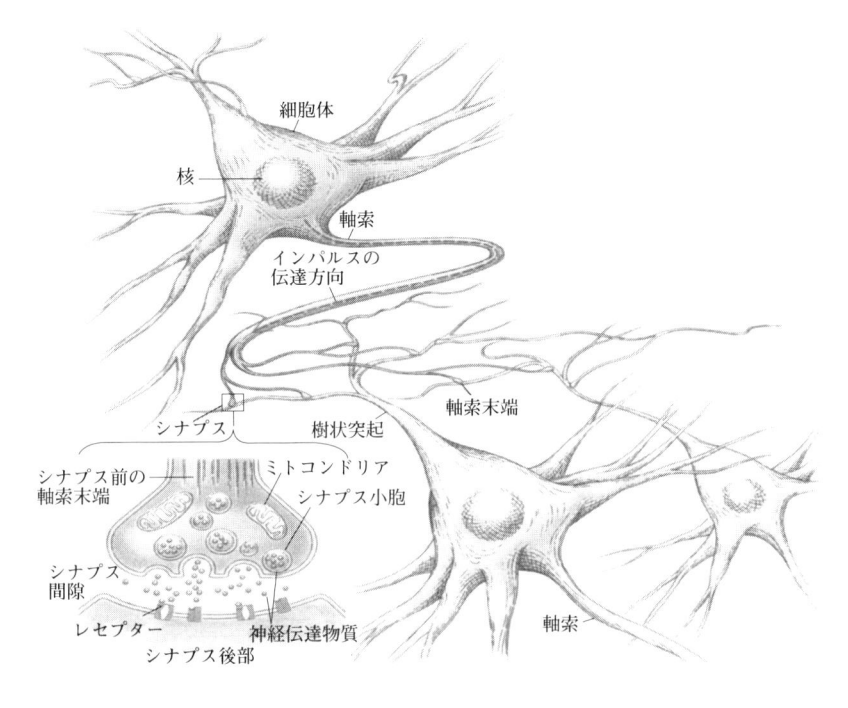

図4-2　ニューロンの構造図

出典）Fishback, J. D. (1992), Scientific American September（橋本隆紀・小幡邦彦訳『日経サイエンス』1992年11月号「脳と心」）

確となる（図4-3）。

　神経管が形成されるとすぐにその内側面にある神経上皮細胞（神経幹細胞）で盛んに細胞分裂がおこり，その娘細胞がニューロン前駆細胞やグリア前駆細胞となる。前駆細胞はさらに細胞分裂を繰り返して，その娘細胞がニューロンやグリア細胞となる（neuronal proliferation）。ニューロン前駆細胞の発生は受精後18週までにほぼ終了する。したがって，ニューロンは，胎生期後半や出生数ヵ月間にも多少は作られるものの，受精後5ヵ月までにほぼすべてのニューロンが作られてしまうことになる（Dowling, 2004）。ただし，成人の脳にも海馬や脳室下帯に神経幹細胞があり，極めて限定的であるが，新しくニューロンを作り出す可能性を失っているわけではない。

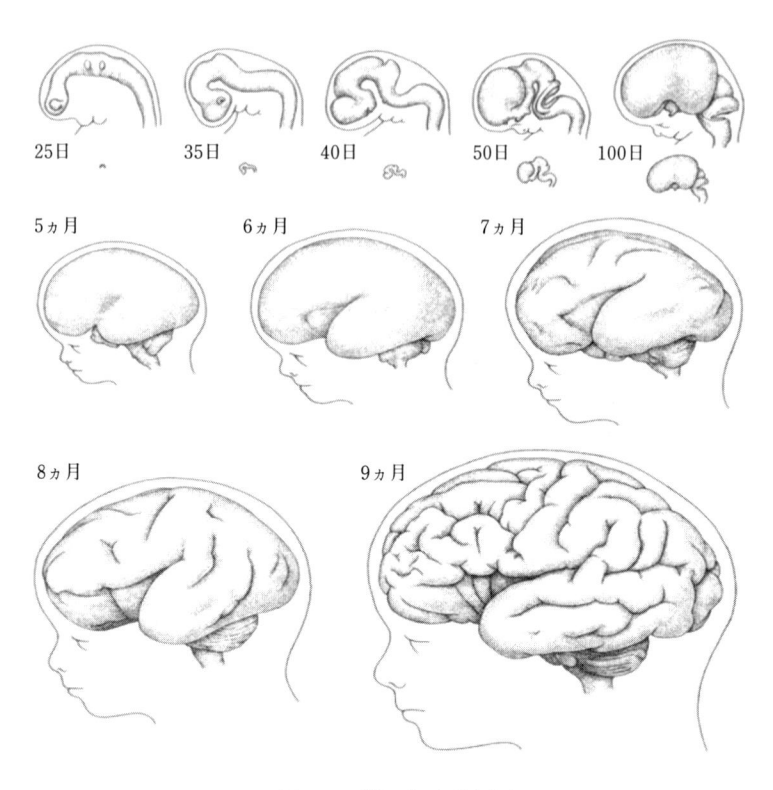

図 4-3　脳の発生過程図

出典）Cowan, W. M.（1979），The development of the brain（天野武彦訳（1979）「脳の発生」『サイエンス』9（11）: 68-81）

　ニューロン前駆細胞の娘細胞がその分裂増殖サイクルより外れると二度と分裂することがない細胞，すなわちニューロンとなる。しかし，この段階ではニューロンは細胞としてできたばかりであり，ここからニューロンの成長のいわば"長い旅路"が始まる。まず，出来立てのニューロンは神経上皮細胞層より離脱して最終的な目的地に到達するまで移住する（neural migration）。ニューロンの移住はニューロンが作られ始める受精後8週目からほとんどのニューロンを作り終わる受精後5ヵ月まで続く。大脳新皮質ではこのニューロンの移動は放射状グリアと呼ばれる特殊なグリア細胞を足がかりにして行われ，這い上がるように神経管の表面にむかって移動する。この独特の移動方式によってあ

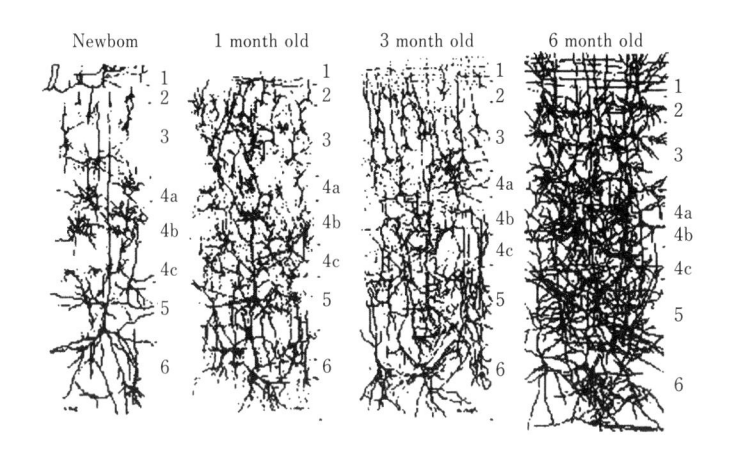

図4-4　視覚野の皮質6層形成過程

出典）Segalowitz, S. J. et al.（2003), p. 55, Figure 3.2
Reproduced by permission of SAGE Publications, London, Los Angeles, New Delhi and Singapore, from Valsiner, J. & Connolly, K. J. eds., Handbook of Developmental Psychology. Copyright © Segalowitz, S. J. & Schmidt, L. A., 2003

とに作られたニューロンほど既に作られたニューロン層の先に（外側に）移住することになるので，大脳新皮質は内側から外側に向かって順次成長していき，最終的には厚さ2～4 mmほどの6層構造を持ったシート状の組織という新皮質特有の細胞構築が実現される（図4-4）。

　若いニューロンが最終的な目的地に到達すると，その場所でどのような種類のニューロンになるのかが決まる特定化が起こり，それに基づいてニューロン自身の成長が始まる（neuritogenesis）。まず軸索が成長し，それから樹状突起が細胞体より灌木の茂みのように伸びてくる（arborization）。このようなニューロンの成長とともに軸索と樹状突起は出会い，シナプスが形成される。ニューロンは近接した，あるいは，遠隔のニューロンと，場所によっては効果器や受容器と結びつき，シナプスで結ばれた複雑な神経回路網が形成されていく。この時点でニューロンは多くの場所で過剰に作られ，周りのニューロンと過剰なシナプスで結ばれることになる。しかし，軸索の伸長や樹状突起の繁茂による複雑な神経回路網の形成は，脳の成熟過程の前半を構成しているにすぎない。その後，他のニューロンと多くのシナプスで結ばれたニューロンは生き残り，

周りのニューロンと機能的な結合を作れなかったニューロンはアポトーシス（apotosis）によって消失してしまう。ニューロン前駆細胞の急激な分裂によって，受精後5ヵ月頃までに脳のほぼすべてのニューロンが形作られ，その細胞数は大人の2倍ほどにもなる。それでも，乳児は出生時において大人とほぼ同じ数のニューロンを持つことになるのは，過剰生産されたニューロンの約半数がこうした細胞死によって胎児期に消去されてしまうからである（Blakemore et al., 2005）。

しかし，ヒトの誕生時の脳重は約400gでチンパンジーの成人の脳とほぼ同じ重さしかないのに，成人の脳は1,400gほどもある。しかも，3歳児で既に1200gほど（成人の脳の85％ほど）になり，10歳児でほぼ大人と同じになる。それでは，誕生後に起こる脳の目覚ましい成長は何によってもたらされるのであろうか。この点に関して，Dowling（2004）は次の3点を挙げている。

① グリア細胞や他の支持細胞の増加，血管の増加
② ニューロン自身の成長。これは，神経細胞の核を含んだ細胞体が大きさを増すだけではなく，軸索が延伸し，樹状突起が繁茂することを含んでいる。軸索の延伸や樹状突起の繁茂は，ニューロンが移住を終えて目的に到着した時から，したがって出生以前から始まっているものの，出生後の脳の発達に最も貢献する要因である。樹状突起の場合，その成長全体の80％以上が出生後に起こるものと考えられている。
③ ニューロンの髄鞘化。髄鞘化（myelination）というのは，グリア細胞の一種である細胞が自分の細胞膜でニューロンの軸索を包み込んで，軸索の周りに脂肪に富んだ層を作ることである。髄鞘化によって，軸索は周りの環境から絶縁され，神経インパルスの伝導効率を100％も上げることができるという。

上記3点は誕生後に起こる脳の目覚ましい成長を説明するものであるが，脳の機能という観点から見た場合この時期に起こるもっとも重要な過程はシナプスの形成である。ニューロンが新たに作られ目的地に移住すると樹状突起を成長させ，その周りのニューロンの軸索と結びついて新しいシナプスを盛んに形

成する。これがシナプス発生（synaptogenesis）である。シナプス結合が作られるのはもっぱら樹状突起においてであるから，樹状突起が出生後に飛躍的に成長するということは，シナプス結合が出生後から著しく増加するということを意味している。このとき，シナプス結合の著しい増加とともにシナプスの再編やシナプスの刈り込み（synaptic pruning）が行われる。シナプスの再編というのは，初期にはニューロンの軸索がその端末部において他の多数のニューロンとシナプス結合を作っているが，ニューロンが効率よく機能することができるようにシナプスの結合のパターンが組み替えられていく過程である。シナプスの刈り込みというのは，作られた過剰なシナプス結合のうち神経インパルスの通路として使われないシナプスが消去されていく過程である。

　シナプス発生，シナプス再編，シナプス刈り込みは，繰り返し刺激によりシナプスの信号伝達効率が持続的に向上する現象である長期増強（LTP），低頻度の刺激によりシナプス伝達効率が持続的に低下する現象である長期抑制（LTD）と並んで，学習・発達における脳の可塑性を実現する最も重要なメカニズムであると考えられている。例えば，日本人（日本語を母語とする人）はアルファベットのRとLを区別することができないが，日本人でも乳児のときは生後10ヵ月ぐらいまでなら両者を区別できるという。これは人として生まれれば，シナプスの過剰生産によってあらゆる音素を区別できる潜在能力を備えているものの，日本語を母語とする人にとってはRとLを区別する必要がないため，両者を区別するのに必要なシナプス結合は刈り込まれていくと同時に，日本語の音素を含めて日本語の聞き取りと発話に必要なシナプスは強化されていくためであると考えられている。このようにシナプス発生とその再編・刈り込みは経験を通しての脳機能の最適化と洗練に欠くことができない過程である（Blakemore et al., 2005）。

（2）脳画像法による子どもの脳の発達

　それでは，3歳以降のヒトの脳の発達はどうなっているのであろうか。これまで子どもの脳の発達を研究することは非常に難しかった。そもそも発達途上にある脳の標本を得ることが難しかったし，動物実験のように生きたまま侵襲的に脳を調べることが許されないので，得られる標本は何らかの事故や疾患に

よって亡くなった後の剖検に基づくほかはなかった。そのため神経科学者でさえかつては生後3年間の脳の急激な成長の後には大きな変化はないと考えていた。20世紀後半になって，脳波（EEG），陽電子断層撮影法（PET），脳磁図（MEG），磁気共鳴画像法（MRI）など様々な脳計測法，脳画像法が開発され非侵襲的な計測が可能となったが，空間的分解能の限界や造影剤による被爆，高磁場曝露の影響の怖れがあり，子どもの脳の発達を研究するためには使われていなかった。しかし，磁気共鳴画像法（MRI）については，大人に対する多くの臨床例の蓄積から磁場曝露の悪影響の怖れがなくなってきたことと，造影剤による被爆の問題がないこと，空間分解能も相対的に高いことなどが相まって20世紀末頃から子どもの脳の発達的研究にも用いられるようになってきた。

　その代表的な研究としては，米国国立精神衛生研究所（the National Institute of Mental Health）の精神医学部門が研究主任のギードを中心として行った縦断的方法による子どもの脳の発達研究がある（Giedd et al., 1999; Giedd, 2004）。ギードらは4歳から21歳までの健常な児童・青年145名について大規模なMRIによる脳画像検査を縦断的に実施することによって，大脳の各部位における白質と灰白質の量を発達的に調べた。それまでのMRI画像検査による脳の発達的研究はすべて横断的調査であり，そうした調査から大脳の白質の量は誕生から大人になるまでずっと増加していくこと，灰白質は生後3年間に急激に増加して，3，4歳ころピークに達し，それ以降成人するまで一様に減少していくものと思われていた（例えば，Pfefferbaum et al., 1994; Reiss et al., 1996）。ところが，ギードらは大脳の白質については従来から知られていた通り発達とともに一様な増加を確認したが，灰白質については4歳以降思春期に至るまで増加し，思春期を過ぎると減少するという，もう一つ別のピーク（逆U字型発達曲線）が存在することを発見したのである（図4-5）。しかも，灰白質の変化は皮質領域毎に異なっており，灰白質の増加は前頭葉および頭頂葉においては10～12歳ころにピークに，側頭葉では16～17歳ころにピークに達し，その後減少していた（ただし，後頭葉において逆U字型発達は見られなかった）。Giedd et al.（1999）の発見は，調査した研究者自身も当初データを疑ったほど，当時の研究者の常識をくつがえすものであった。大規模縦断的発達研究によって初めて，4歳以降もこれまで予想していなかったほど脳はダイナミックな変

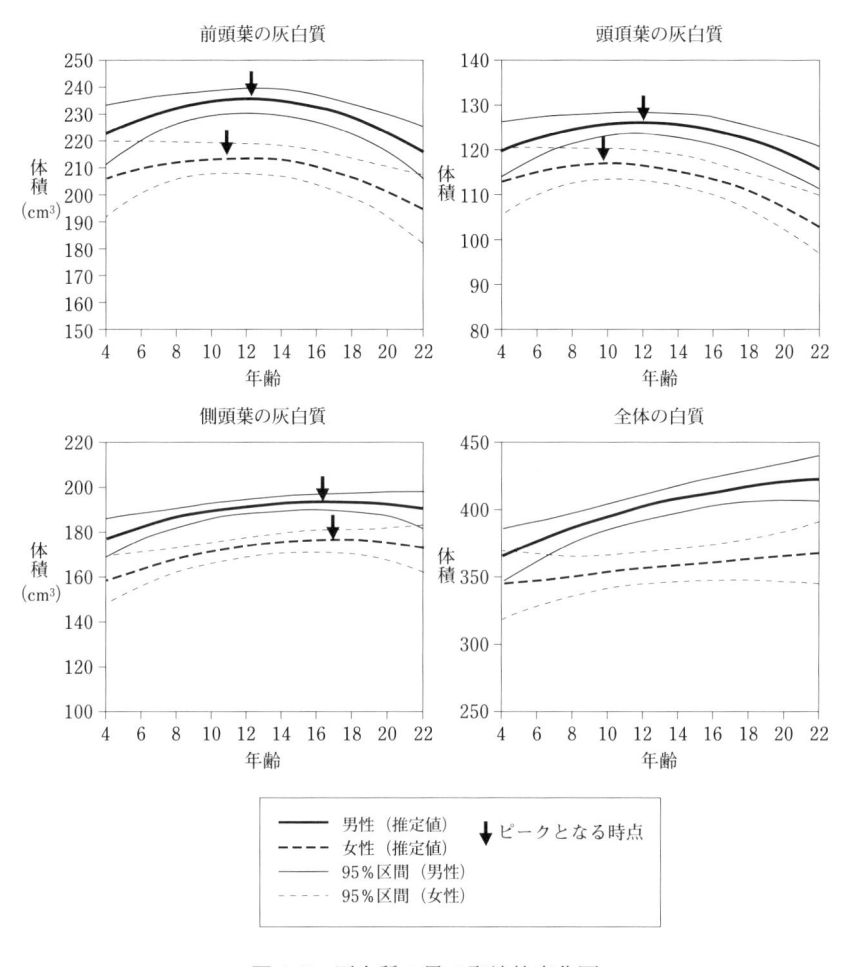

図 4-5　灰白質の量の発達的変化図

出典) Giedd et al. (1999), p. 59, figure 3.3

化を示すことが分かったのである（このあたりの事情は，Strauch（2003）を参照のこと）。おそらく，脳は同じ年齢でも個人差が大きいため，従来の横断的発達研究では個人差にかき消されて，第二のピークを捉えきれなかったのであろう。

　ギードらも認めるように，この灰白質の増加と減少が神経網（neuropil）の

変化によるものか，細胞の大きさの変化によるものか，それとも樹状突起や軸索の増殖によるものかはまだわかっていない。しかし，灰白質の逆U字型発達と同じように，シナプス密度（皮質単位体積当たりのシナプス数）も逆U字型の発達経路を示すことが知られている。シナプス発生はニューロンの軸索と樹状突起が出会うようになるとすぐ始まるが，特に出生前後から1年の間に急激な増加を示し，このころ毎秒4万ものシナプスが形成されるという（Zelazo et al., 2010）。出生後シナプス発生と並行して起こるシナプスの再編と刈り込みの結果として，全体としてシナプス密度はある時点でピークに達し，その後緩やかに減少していく。ただし，シナプス密度がピークに達する時期は皮質の部位によって異なり，視覚野（後頭葉にある一次視覚皮質），聴覚野（側頭葉にある一次聴覚皮質）では生後9ヵ月ころにピークに達し，その後は漸進的に減少して10歳くらいにようやく大人と同じ程度のシナプス密度に落ち着くことが知られている（Huttenlocher & Dabholkar, 1997）。この間シナプス密度はピーク時と比較して実に40％ものシナプスの刈り込みが起こるという。

　それでは，執行機能，行動抑制，注意配分など高次認知機能を担っているとされる前頭前野のシナプス密度はどうであろうか。Huttenlocher & Dabholkar（1997）によれば，前頭葉の中前頭回のシナプス密度は一次視覚皮質と比べてずっとゆっくりとしたペースで増加し，ピークに達するのは生後3歳半ころであるという。この研究では，被験体（事故や病気で亡くなった遺体）が3.7歳児から12.1歳児と一挙に飛んでおり，その中間のデータがない。そのため，中前頭回のシナプス密度は正確にいつごろピークに達するのか，どのような減少傾向をたどるのかがはっきりしない。しかし，前頭前野のシナプス密度もシナプス増殖とその刈り込みによってやはり逆U字型発達を示すことは確かである。

　大脳新皮質の灰白質の量が3，4歳をピークに逆U字型発達をたどり，前頭前野のシナプス密度もやはり同じころ逆U字型発達を示すとすれば，両者は偶然の並行現象ではなく，シナプス密度の変化が結果的に灰白質の量的変化をもたらすのではないかと推測される。もちろん，シナプスという微小なものによって実質的な体積増は期待できないが，シナプスが増殖するということは，それに並行してシナプス増殖を支える，軸索の延伸や樹状突起の分岐という神

経細胞そのものの成長が伴っていると考えられる。そうだとすれば，第二のピークについても同じことが言えるであろう。Giedd et al. (1999) は思春期のころピークに達する灰白質の逆U字型発達から，「この増加が第2波のシナプス過剰生産に関連しているなら，それは発達の臨界期の前触れであるかもしれない。この時期に若者を取り巻く環境や若者の活動が選択的シナプス除去を誘導するのかもしれない」と言っている。臨界期 (critical period：ただし，Gieddらは critical stage と記している。現在では，敏感期 sensitive period と呼ばれることが多い) というのは，母国語の習得に典型的に見られるように，ある機能や能力を最も効率よく自然に獲得できる時期がある場合，その特定の時期を指している。ここで，ギードらが発達の臨界期を持ち出したのは，シナプスの過剰生産と刈り込みが激しく繰り返される時期がおおむね発達の敏感期と一致しているからである。

　よく知られているように，ヒューベルとウィーゼルによる猫の片目遮断実験で哺乳類にも敏感期が存在することが明らかとなった。すなわち，生後一週間以内に子猫の片目に眼帯をして視覚入力を遮断して育て，3ヵ月後に眼帯を外して視覚刺激を受けられるようにしたところ，網膜や視床にある外側膝状体 (目から入った情報を一次視覚野に中継する神経核) のニューロンは正常に機能していたが，眼帯をしていた目から視覚刺激を受け取るはずであった一次視覚皮質のニューロンは生理学的，解剖学的に重大な変化が起こり，その目は実質的に機能しなくなっていた。眼帯をつけていた目はその後何ヵ月たっても視力を回復することができなかったのに対し，猫が正常な視力を発達させてから眼帯をつけて視覚刺激を長期にわたって断っても，視覚遮断の影響ははるかに小さかったのである (Blakemore et al., 2005；Dowling, 2004. ただし最近，マウスの大脳皮質視覚野の抑制細胞は，敏感期後の片目遮断でも影響を受けること，つまり，可塑性を保持していることがあきらかにされた (Kameyama et al., 2010) ので，敏感期という考え方そのものをもっと柔軟に捉える必要があることが示唆される)。

　ヒューベルとウィーゼルの実験は視覚発達における敏感期の存在を明らかにしたものとして有名であるが，一方で，哺乳類の一次視覚皮質のシナプスは一般に誕生前後から爆発的に増大して数ヵ月の間にピークに達し，その後減少していくことが知られている。アカゲザルの場合は，出生後4ヵ月頃，視覚皮質

のシナプス密度は成体の2倍ほどになり，その後刈り込まれて3歳ころに成体の水準に落ち着くという (Rakic et al., 1986)。したがって，一次視覚皮質のシナプスの増殖と除去が盛んになる時期が，視覚機能が最適に作動するための敏感期であるということができよう。

Giedd et al. (1999) が，灰白質の量がピークに達する思春期のころを発達の第二の臨界期と呼んでいるのは，灰白質の量の増加がシナプス過剰生産に直接関連していると想定しているからである。しかし，思春期ころにシナプス過剰生産が実際に起こっているのかどうか直接確かめられたわけではなく，シナプス過剰生産だけで思春期における灰白質の激動を説明できるのか不明であり，シナプス過剰生産の第2波に関しては不確定なところが多い。しかし，もしHuttenlocher et al. (1997) が明らかにしたように中前頭回のシナプス密度が3.5歳ころピークに達し，その後は減少していくというのであれば，そして，Giedd et al. (1999) が明らかにしたように，11〜12歳のころの前頭葉灰白質の量的最大化がシナプス増殖によるものであるとすれば，ギードらの言うように11〜12歳ころ同じ部位で2度目のシナプス増殖があることになる。

(3) 大脳新皮質の成熟過程と髄鞘化

大脳新皮質は脳幹・間脳を覆う大脳半球の表層部を占めるシート状の組織で，前方より前頭葉，頭頂葉，後頭葉，そして両側に位置する側頭葉という4つの脳葉に分かれている（図4-6）。大脳半球を前後に大きく分かつ中心溝を挟んで前方に（前頭葉側に）一次運動野，後方に（頭頂葉側に）一次体性感覚野が位置し，両者を合わせて一次感覚運動野と呼ばれている。連合野についていえば，側頭葉は聴覚情報の処理をはじめ，記憶，言語，視知覚などに関わっている。後頭葉はもっぱら視覚情報を処理しており，頭頂葉は異なる感覚モダリティーからの感覚情報を統合し，空間関係の処理（特に外界の対象と自己とを3次元空間の中に位置づけること）を行っている。前頭葉，特に外側前頭前野は計画，意志決定，注意制御，反応抑制など意識的行為のコントロールセンターと目されているところである。

ところで，Giedd et al. (1999) の研究は脳葉ごとの灰白質および白質の容積の発達的変化を追ったものであったが，Gogtay et al. (2004) は，大脳皮質の

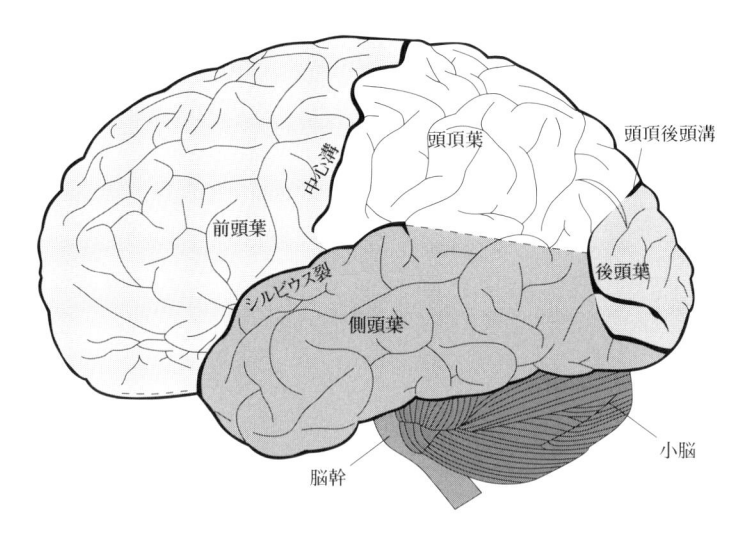

図 4-6　新皮質の領野図

出典）http://www.bartleby.com/107/illus728.html

もっと狭い部位ごとに灰白質密度の発達的変化を調べている。すなわち，4歳から21歳までの13人の健常な人のMRI脳画像を縦断的に（2年ごとに8〜10年間）調べた結果をまとめている。この研究でも灰白質密度の逆U字型発達を確認したが，新皮質の領域ごとに灰白質密度がピークに達する時期が違っていた。灰白質減少は最初背側頭頂葉，特に，大脳半球間に近い一次感覚運動野から始まり，そこから前方は前頭葉の方に，後方および側方は頭頂葉，後頭葉の方に，そして最後に側頭葉の方に広がっていく。灰白質の減少は背外側前頭前野でも結局は起こるが，それは青年期の終わりにようやく起こる（4歳から21歳までの大脳新皮質の成熟過程は映像化されており，PNAS（Proceedings of the National Academy of Sciences）の以下のサイトで見ることができる：http://www.pnas.org/content/101/21/8174/suppl/DC1#F1）。

　また皮質成熟の順序は，心理的機能の発達順序に一致していた。歩くとか見るといった基本的機能に対応する脳領域は早く成熟し，空間的定位，言語，注意といった機能に関連する領域がそれに続き，脳の司令塔ともいわれ最も高次な認知機能を担うとされる前頭前野は最後に成熟する。実際，前頭前野は情報

の保持や操作，注意の維持と配分，計画の組み立てと遂行などを担っており，どのような課題であれ，主体にとってチャレンジングな課題に取り組む時に必要とされる領域である（坂井，2008）。系統発生的に最も新しく進化し，他の霊長類と比較して異常に大きくなっている背外側前頭前野が最後に成熟することに示されるように，皮質の中でも系統発生的に見てより新しい脳領域がより古い脳領域より遅れてゆっくり成熟する傾向があり，皮質の個体発生はある程度皮質進化の順序をたどることが示唆される。

　さらに，Shaw et al.（2008）は3.5歳から33歳までの健常な者375人を対象に縦断的にMRI脳画像を撮り，皮質の厚みの発達的変化を調べ，変化の仕方が皮質の細胞構築の仕様によっても違うことを明らかにした。すなわち，最も複雑な6層構造を持つ新皮質ではその厚みの発達的変化は一般に上昇，下降，水平化という3次元的発達曲線を示すのに対し，島皮質や前帯状皮質のような中間的な皮質は上昇，下降という2次元的発達曲線を示し，嗅皮質のような2層構造しか持たない古い皮質は単純な線形的下降を示す（先に指摘した皮質体積の逆U字型発達は3次元的発達曲線に分類される）。このように，大脳皮質の発達といっても脳の領域ごとに異なる，さらに複雑な構造的変化が生じていることが分かってきた。

　脳の発達において見出されるもう一つの重要な過程は，軸索の髄鞘化である。既に指摘したように，髄鞘化は軸索を周りの環境から絶縁し，神経インパルスの伝導効率を上げるために欠かせない。そのため，脊髄や脳幹など生命維持に不可欠な機能を担う部位では出生時に髄鞘化は完了するのに対し，小脳と中脳の髄鞘化は生後まもなく，大脳皮質の髄鞘化は生後2年目前後から始まる。大脳皮質内でも部位によって成熟の時期が異なるが，高次連合野にあるニューロンの軸索の髄鞘化とシナプスの再編は，青年期およびそれ以降も続いているという（Dowling, 2004）。死後剖検に基づく研究では，皮質の軸索の髄鞘化は誕生から20歳くらいまで顕著に進むが，その後も50歳ぐらいまで引き続き進行することが分かっている。神経インパルスの伝導効率を上げる髄鞘化が50歳に至るまで進行しているということは，脳の成熟がこの時期まで，つまり加齢による脳の後退現象が始まるときまで続くということであり，身体的な成熟と比較して脳の成熟は著しく違っている。大脳の白質については発達とともに一

様に増加し，その増加は50代まで続くが，白質の増加現象は絶え間ない軸索の髄鞘化のよるものであると考えられる（Sowell et al., 2004）。

　以上のような脳画像解析による脳の発達研究で一貫して示されたことは，思春期・青年期の脳はいまだ発達途上にあるということである。出生から3歳ころまで続いたニューロン構成諸要素の急激な成長がその後ゆるやかになっていくものの，白質と灰白質の量的変化という観点から見ると，思春期・青年期においてもなお再組織化の波にさらされていることが明らかになったといえよう。

2. 認知発達と様相分化

(1) グローバルな認知発達の指標としての様相分化

　思春期・青年期に大脳の構造的・機能的再編成があるとするなら，認知発達においてもそれに対応する何らかの行動的知的再編が起こっているはずである。思春期・青年期の変動であるから高次認知機能にかかわる再編であることが予想されるが，脳科学で取り上げられる高次認知機能といえば，n-バック課題や遅延反応課題で測られる作動記憶，Go-NoGo課題やStroop課題で測られる反応抑制などがよく調べられている。しかし，この時期にある機能が獲得されているかどうかを問題としているのではなく，幼児期からある機能の効率化や容量の増大を問題にしており，発達的な飛躍，再編成を調べるためには適切な課題であるとはいえない。他方では，推移律や三段論法などを用いた演繹的推論課題や，計画的遂行能力を測る「ハノイの塔」課題なども調べられているが，もっぱら問題解決における脳内機構を調べる課題として，つまり，推論においてはこの脳部位が，プラニングにおいてはあの脳部位が活性化するといった類の研究であって，グローバルな認知発達との関連づけは希薄である（渡邊，2008）。しかしながら，思春期に大脳の構造的・機能的再編成があるとするなら，認知発達においても単なる量的な拡大ではなく，再編成に対応する何か大きな変化，発達的飛躍が存在しているはずである。もちろんKuhn（2006）のように，青年期の認知発達の主要な特質を執行制御（Kuhnのいうcognitive control）の向上によって特徴づけることも可能であり，確かに執行機能の向上はこの時期の特徴である。しかし，執行機能は青年期に初めて獲得されるとい

うようなものではなく，年齢とともに向上していく連続的な変化である。それに対して，ここで問題にしたいのは，思春期・青年期における大脳皮質の非線形的変化に対応する行動・認知上の根本的再編である。

　それでは，11〜12歳ころに起こる，認知発達における大局的変化は何であろうか。あるいは，その変化を捉える行動的指標として何を取ればよいであろうか。もちろんこのような問題関心とはかかわりなく，小学生後期，あるいは中学生期に発達的飛躍が起こる課題は多数見出されている（例えば，Inhelder et al., 1967; Braine et al., 1983 を見よ）。論理的推論，因果的推論，確率的推論など様々な推論領域において，小学生後期，あるいは，中学生期あたりに発達的飛躍が見出される課題が存在している。しかし，論理的推論，因果的推論，確率的推論はそれぞれの推論領域で，さらには各推論領域のそれぞれの課題において異なった発達を示すであろう。また，3つの領域以外にもいろいろな課題領域を考えることができ，ここでも領域ごとに，あるいは，課題ごとに異なる発達を見出すであろう。このとき，認知発達上の重要な飛躍といっても，どの領域，どの課題を取り上げればいいのであろうか。単に数多くの領域，数多くの課題を発達的に検討すれば，いずれは統一的な発達段階に行き着くという保証はないであろう。とすれば，認知発達と脳の発達との関係を見るための課題として，どのような行動的指標が認知発達の大きな切れ目としてふさわしいかを検討することが必要であろう。この要件は高次認知機能を支える脳科学的機構を解明するという課題に先行して検討すべき問題である。

　それでは，認知システムの全体的フレームワークとなり，認知発達の大局的変化を見るための指標として何がふさわしいであろうか。ここではそのような目的を果たすためにふさわしい指標として様相分化を提案，検討してみたい（Piaget, 1961/62）。この様相分化というのは，ここでは可能性と現実性の分化のことである。可能性と現実性の分化というのは，可能なものが現実の単なるヴァリエーションではなく，現実が多様な可能性の1つとして位置づけられるようになることである。

　例えば，言明『この箱の中にリンゴが入っている』を与えられたとき，実際に箱の中にリンゴが入っていれば，その言明は真であり，入っていなければ偽となる。もしその言明が真であることが分かっていれば，箱の中を確かめなく

てもリンゴが入っていると断定することができる。この意味で，言明『この箱の中にリンゴが入っている』は現実の記述であるといえる。しかし，言明が『この箱の中にリンゴが入っているか，ミカンが入っている』であれば，この言明はリンゴが入っている事態とミカンが入っている事態において真となることになり，一義的に真となる事態を決めつけることができない。

したがって，言明が真であることがわかっていても，箱の中にリンゴが入っていると断定することができない。つまり，『この箱の中にリンゴが入っているか，または，ミカンが入っている』という言明は複数の可能な事態の記述であり，現実そのものの記述ではない。しかし，子どもの認知様式において現実性と可能性とが分化していなければ，『この箱の中にリンゴが入っているか，または，ミカンが入っている』というような言明を与えたとき，あたかも単一の現実の記述であるかのように受け取るであろう。そのため，言明が真であることがわかっていれば，箱の中にリンゴが入っていると断定してしまうと予想される。

子どもの認知様式において現実性と可能性の分化が可能かどうかという観点は，子どもの推論様式を特徴づける上で極めて重要である。というのは，今日でも，基本的な推論スキーマは5，6歳ころにはすでに獲得されていると一般に信じられているからである（Braine et al., 1983, Johnson-Laird et al., 1991）。上記の選言文でいえば，選言三段論法の推論スキーマ（選言文で与えられる大前提『pまたはqである』と小前提『pでない』とから，結論『qである』を演繹する推論形式のこと）は早くから可能であるとされている。具体例でいえば，大前提『この箱の中にリンゴが入っているか，または，ミカンが入っている』と小前提『リンゴが入ってない』を真として与えられると，結論『ミカンが入っている』を演繹できるという（Braine et al., 1981）。しかし，5，6歳児には現実性と可能性の区別が難しいとすれば，大前提から『箱にはリンゴとミカンが入っている』という単一の現実を想定するであろう。次に，小前提を聞いて『じゃ，箱に入っているのはミカンだけだ』と結論するであろう。このような推論過程でたどり着いた結論は，結果的に選言三段論法の推論スキーマに従った結論と一致している。つまり，5，6歳児に選言三段論法の推論スキーマの獲得を想定しなくても，子どもの反応を十分説明可能なのである。

同じことは条件文に関する推論スキーマについても言える。条件文に関する推論スキーマ MP（条件文で与えられる大前提『p ならば q である』と小前提『p である』とから，結論『q である』を演繹する推論形式のことで，ラテン語 Modus Ponens のアクロニム（頭字語）である。日本語では，肯定式と呼ばれることもある。なお，『p ならば q である』における条件 p を前件，帰結 q を後件という）は条件文を用いた推論形式の中では，最も根本的な推論形式である。スキーマ MP も，遅くとも 6 歳頃には獲得されると，一般には信じられている（Braine et al., 1983）。実際，1 つの箱について，例えば，『箱の中にリンゴが入っているならば，ミカンも入っている』という言明を真なるものとして与え，次に第 3 者が箱の中を覗き込んで，『この箱の中にリンゴが入っています』ということを確認してから，子どもに『じゃ，この箱の中にミカンは入っている？』と問うと，5，6 歳児でもほとんどの者がこれを肯定することが知られている（Braine, Reiser & Rumain, 1984）。しかしながら，子どもの認知様式において現実性と可能性が未分化であるとするなら，条件文で与えられる大前提『p ならば q である』を複数の可能な事態を含んだ言明ではなく，『p であって q である』というように単なる現実の記述として，言い換えれば，条件文を連言文であるかのように子どもが受け取ったとしても，結論『q である』が出てくる。したがって，Braine et al.（1984）の実験結果から推論スキーマ MP の早期獲得を結論づけることはできないのである。推論スキーマ MP の早期獲得を確立するためには，論理的に妥当な結論が推論スキーマ MP に基づく演繹的推論によるものであるのか，それとも，現実性と可能性が未分化なために結果として見かけ上の正判断に導かれたのかを区別できるような課題が必要であろう。

　選言三段論法にしろ，条件推論スキーマ MP にしろ，その正判断が基本的推論スキーマによるものであるのか，それとも，現実性と可能性との未分化によるものであるのかという問題は，論理的推論能力の発達を考える上で，極めて重要である。何故なら，基本的推論スキーマの早期獲得説が正しければ，このような基本的な推論スキーマは「いずれも初めから与えられているのだ」という生得説，脳神経系の成熟説を示唆することになるからである（「遅くとも 5，6 歳頃」というのは，「5，6 歳頃に獲得される」というよりも，言語的推論課題を用いた調査が可能な年少児が 5，6 歳頃であり，「そのとき既に獲得されている」とい

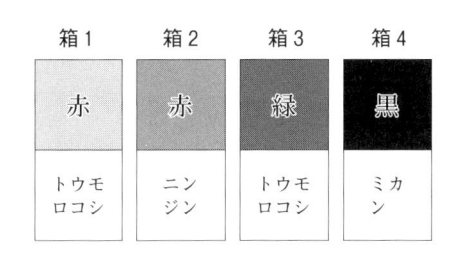

箱1（pであってqである箱）；赤色の箱で
　　トウモロコシの入った箱

箱2（pであってqでない箱）；赤色の箱で
　　ニンジンの入った箱

箱3（pでなくてqである箱）；緑色の箱で
　　トウモロコシの入った箱

箱4（pでなくてqでない箱）；黒色の箱で
　　ミカンの入った箱

図4-7　条件文解釈課題における4つの事例

うことに他ならない）。それに対して，基本的推論スキーマは早期に獲得されるのではなく，従来信じられてきたよりもずっと遅くに獲得されるというのであれば，論理的推論能力の漸進的構築説を示唆することになるであろう。その場合，基本的推論スキーマの早期獲得を前提として提出されていた，論理的推論に関する説明理論，例えば，メンタルロジック理論（Braine et al., 1998）やメンタルモデル理論（Johnson-Laird et al., 1991）は根本的に再考されなければならないことになる（中垣，2010）。

(2) 条件文課題にみる様相分化の発達

以下では，現実性と可能性が分化していることを様相分化，分化していないことを様相未分化，様相分化・未分化を問う課題を様相分化課題と呼ぶことにする。それでは，現実性と可能性が分化しているかどうかを調べるにはどうすればよいであろうか。まず思いつくことは，様相未分化によって条件文を連言文であるかのように子どもが受け取るというのであれば，同一の被験児に対して条件文と連言文を与えて両者を同じように解釈するかどうかを調べることであろう。実際，小学校低学年においては，条件文『pならばqである』は往々にして連言文『pであってqである』と混同されることが指摘されている（中垣，1986; Lecas & Barrouillet, 1999）。このことは，条件文の真理値表を調べる課題において，結果的に連言文の真理値表と一致する解釈がかなりの頻度で見出されることから明らかである。しかしながら，これまでの研究では，条件文

『pならばqである』と連言文『pであってqである』とを同一の調査対象者に提出して結果を比較したものはなかった。そこで，条件文，連言文という2つの論理的な文を同一の調査対象者に提出して，本当に両者が未分化であるのかどうかを調べる必要がある。

この点を明らかにするため，中垣（2008）では，小学2年生21名，5年生27名を調査対象児として，連言文と条件文が区別されているかどうかを臨床的に調べている。連言文，条件文が記述する事例として，図4-7のような4つの箱を用意した（箱は色を表示したパネルと中身を表示したパネルを蝶番でつなげた箱のモデルである）。

ここで，pとは『箱の色が赤色である』，qとは『箱の中にはトウモロコシが入っている』であり，連言文は『ここにある4つの箱の中には，箱の色が赤色で，中にトウモロコシが入っている箱があります』，条件文は『ここにある4つの箱は，箱の色が赤色であるならば，その中にはトウモロコシが入っています』となる（ここで連言文として特称連言文『pであってqであるものが存在する』を用いたのは，4つの事例のうち箱1しか「pであってqである」ものが存在しないからである）。図4-7にあるような4つの箱を見ながら，箱の色と中身に関する上記の連言文あるいは条件文を与え，4つの箱の記述としてそれぞれの文が正しいかどうかを問い（連言文・条件文真偽判断課題），そのあと，それぞれの箱について与えられた文を真とするか，偽とするかを問うた（文解釈課題）。そして最後に，解釈課題で用いられた連言文を記載したカードと条件文を記載したカードを上下に並べて，両カードに書いてある言明は同じことを言っているのか，それとも違うことを言っているのかを問うた（条件文・連言文直接比較課題）。

結果は表4-1の通りであった。与えられた連言文，条件文が4つの箱全体の記述として正しいかどうかを問う真偽判断課題において，連言文では，箱1（赤色の箱でトウモロコシの入った箱）があるため文全体が真となるが，このことは小2生，小5生ともほとんど理解していた。しかしながら条件文では，箱2（与えられた条件文に対する反証例）があるために文全体が偽となるにもかかわらず，小2生のほとんどは箱1があるがゆえに真としており，条件文と連言文とはほとんど区別されていないことが明らかになった。小5生になるとこれ

表4-1 真偽判断課題と文解釈課題の成績

%（実数）

	真偽判断課題		文解釈課題	
	真と判断した者		連言的に解釈した者	
与えられる文	連言文	条件文	連言文	条件文
小2（21名）	95%（20）	95%（20）	90%（19）	86%（18）
小5（27名）	89%（24）	59%（16）	89%（24）	56%（15）

らを区別する者は出てくるものの，それでも6割程度の者（27名中16名）はまだ，条件文と連言文とを区別できていない。4つの箱のそれぞれについて，与えられた文を真とするか，偽とするかを問う文解釈課題では，連言文については連言的解釈（箱1が文を真とする箱であり，その他の箱は偽とする箱であるという解釈）が正しい解釈となるが，条件文では誤った解釈となる。連言文では，小2生，小5生ともほとんどの者が正しく連言的解釈をしていた（表4-1）。しかしながら，条件文では，箱2のみが文を偽とするにもかかわらず，小2生のほとんどは箱3も箱4も文を偽とする箱であると判断し，連言文と区別することなく条件文についても連言的解釈をしていた。小5生になると条件文と連言文とを区別する者が出てくるものの，それでも6割近くがまだ連言的解釈をしていることが分かる。

2つの言明を直接比較させる条件文・連言文直接比較課題では，まず初めに「どちらも同じことを言っていますか」と問い（質問1），子どもが「違う」と答えたときは，さらに「どちらも同じ意味ですか」と問うた（質問2）が，最初の質問1では小2生，小5生ともに「違う」と答える者の方が多いにもかかわらず，次に，意味的に同一かどうかを問う質問2になると，小2生ではほとんどの者が「同じ」と判断し，小5生でも約半数が「同じ」と判断した。最初の質問1で「違う」と答えた者は，そのほとんどが2つの言明の字句上の違いを指摘するに留まるもので，論理的な理由に基づいて差異を指摘するものではなかった。以上の結果から，連言文と条件文とを直接比較させても，小2生ではまだ両者をほとんど区別できないこと，小5生になると両者は区別され始めるものの，その違いはまだ明瞭ではなく，未だ5割以上の者が両者を混同して

いることが分かる。

　連言文と条件文とは，一見全く関連性のない言明のように思われるにもかかわらず，両者を区別している者は少なかった。これは，与えられた言明を現実の記述と受け取り，複数の可能な事例を含む可能性の記述として理解することが難しい，つまり，可能性と現実性の未分化を仮定すれば，予想される通りの結果である。小2生では条件文と連言文とをほとんど区別せず，ほぼ全員が条件文を連言文に還元して理解しているし，小5生でも3分の2ほどは条件文を連言文に還元していた。さらに，条件文を全称で与えているにもかかわらず，条件文を真とする箱が1つでもあれば，たとえそれを偽とする箱が存在していても言明全体を真とするという，全称命題と特称命題との未分化も特徴的に見られた。興味あることは，連言文，条件文という2つの言明を直接比較させても，中垣（1986）とほぼ同じ結果が得られたという点である。直接比較課題の場合は文構造のメタ認知，すなわち文解釈課題における真偽判断に関する認知として，文解釈課題より遅れることが予想されたが，結果は文構造の理解（文解釈課題）の水準とその構造に関するメタ認知（直接比較課題）の水準とは，ほとんど変わらないように思われる。

　それでは，いつ頃様相分化が可能になると言えるのであろうか。この調査で取り上げた課題では，論理的に正しく判断できる者は小2生ではほとんどおらず，小5生でも半数を超えていない。しかし小5生においては，半数を超えることはないにしろ，かなりの者が条件文は単なる現実性の記述ではないことを理解できるようになっていることを考慮すると，小学校中高学年頃より，様相未分化より分化への移行が始まるということができるであろう。

　しかし，連言文・条件文解釈課題では，様相未分化が条件文の連言文への還元から推測されているにすぎない。様相未分化をもっと直接に確かめるためには，Braine et al.（1983）が早期に獲得されるとした基本的推論スキーマが実は様相未分化によるものであることを示す必要がある。例えば，スキーマ MP の場合，既に指摘したように，子どもの認知様式において現実性と可能性とが未分化であるとするなら，大前提『pならばqである』を複数の可能な事態を含んだ言明ではなく，『pであってqである』というように単なる現実の記述として子どもが受け取ったとしても，結論『qである』が出てくる。このこと

を確かめるためには，（小前提『p である』なしに）大前提『p ならば q である』だけから，結論『q である』を，さらには『p である』さえ演繹するかどうかを調べればよい（以下では，この課題を条件文様相分化課題と呼ぶことにする）。中垣（2008）では，小 1 生 23 名（ただし，年齢が 7 歳 6 ヵ月以下の小 2 生 5 名を含む），小 3 年 20 名，小 5 生 20 名を調査対象児として，条件文様相分化課題を臨床的に調査している。

　具体的には，対象児の前にふたの閉まった実物の箱を 2 つ提示し，この 2 つの箱の中身を見た先生がどちらの箱についても，『箱の中にイチゴが入っている（p）ならば，レモンも入っています（q）』と言っているという場面を設定する。先生の言っていることは本当であることを教示した上で，2 つの箱の一方を調査者が取り上げ，先生の言っていることをヒントにして考えると，この箱の中身についてどんなことが言えるかを調査対象児に問うた。条件文の前件 p については，『イチゴが入っている』，『イチゴが入っていない』，『入っているとも入っていないとも決められない』という 3 つの選択肢の中から，正しいと思う判断を選ばせた。さらに，条件文の後件 q についても，『レモンが入っている』，『レモンが入っていない』，『入っているとも入っていないとも決められない』という 3 つの選択肢の中から，正しいと思う判断を選ばせた（なお，箱を 2 つ用意したのは，質問をより自然なものとするためである。原理的には，箱 1 つでも質問は成り立つが，たった一つの箱について，『この箱の中にイチゴが入っているならば，レモンも入っています』という言い方は不自然であるので，条件文の前件が真となる箱と偽となる箱が共存しうる事態において条件文を与えるために，2 つの箱に当てはまる言明として大前提を与えた）。

　小前提を与えられることなく，大前提『p ならば q である』だけから前件 p あるいは後件 q の真偽について，対象児がどのように判断したのかを学年ごとに集計した結果が表 4-2 である。

　『p（あるいは，q）である』と判断した者を真，『p（あるいは，q）でない』と判断した者を偽，『p（あるいは，q）の真偽を決定できない』とした者を未決定に分類した。未決定が規範解であるが，「先生が嘘を言っているかもしれないから，決められない」などという，明らかに誤った理由で未決定としている者もいるので，表 4-2 には理由付正判断者数も括弧内に記した。理由付正判

表 4-2　条件文様相分化課題の成績（実数）

判断	前件 p の真偽判断			後件 q の真偽判断		
	小1生	小3生	小5生	小1生	小3生	小5生
真	18	15	11	18	11	12
偽	3	0	2	4	4	2
未決定	2 (1)	5 (4)	7 (6)	1 (1)	5 (4)	6 (6)
合計	23	20	20	23	20	20

注：括弧内の数字は理由付正判断者数

断者数は前件についても後件についても小1生1名，小3生4名，小5生6名であり，正判断率はそれぞれ4％，20％，30％となる。大前提『pならばqである』だけから，『pである』や『qである』という結論を小1生で78％，小3生で65％，小5生で58％は承認しており，小5生でも半数を超える者が様相未分化的判断をしていた。

　条件文様相分化課題において，前提『pならばqである』だけから，前件pも後件qも共に真であると推論するということは，小学校低学年では『pならばqである』をあたかも『pであってqである』かのように受け取っていることを示している。『pならばqである』という前提が与えられたとき，可能な事態としては『pであってqである』事態だけではなく，『pでなくてqである』事態，あるいは『pでなくてqでない』事態が考えられるにもかかわらず，『pでない』事態を考慮せず，小学校低学年ではp, qが共に真となる事態のみを考慮していることが分かる。このことは条件文『pならばqである』を仮説として受け取っているのではなく，現実の事態の記述として受け取っていること，言い換えれば，可能性と現実性とがまだ未分化であることを示している。

　条件文様相分化課題の結果は小学生児童における可能性・現実性未分化を示しているだけではない。推論スキーマMPを既に獲得しているとこれまで一般的にはみなされてきた小1生のほとんどが（大）前提『pならばqである』だけから『qである』あるいは『qでない』を結論したということは，推論スキーマMPを問う課題における結論qの承認は推論ルールを用いたものではない可能性を示している。推論スキーマMPの獲得は条件法の構造構築を前

提とするという論理操作構築説の立場からすれば，この結果は予想された通りの結果であるとはいえ，従来の考え方を根本から覆す成果であり，推論スキーマ MP の早期獲得に根本的な疑問を投げかけるものである（中垣，2010）。それでは，推論スキーマ MP はいつ頃獲得されるのであろうか。より正確にいえば，現実性と可能性という様相が分化するのはいつごろであろうか。クラス単位で実施された集団調査ではあるが，中学生 3 年生を対象に実施され条件文様相分化課題では 66％ の者が前件 p の真偽について正判断（未決定判断）をしているので，小 1 生，小 3 生，小 5 生，中 3 生の正判断率はそれぞれ 4％，20％，30％，66％ となる。したがって，条件文に関する様相分化は小学生 5 年生ころから始まり，中学生の全期間を通して獲得されていくということができよう。

（3）認知発達における様相未分化の一般性

ところで，前項で紹介した文解釈課題および様相分化課題はいずれも条件文を用いたものであったが，子どもの特徴的認知様式としての様相未分化は条件文に固有にみられる現象ではない。選言文を用いても結果は基本的には同じである。小学生低学年では，選言文解釈課題において選言文『p であるか，または，q である』は連言文『p であって，q である』に還元されて，選言文と連言文とが区別されないし（中垣，1990），選言文様相分化課題において選言文『p であるか，または，q である』という前提だけから『q である』や『p である』を（誤って）演繹することが知られている（中垣，2009）。同じことは連言否定文についても言える（連言否定文というのは，連言『p であって q である』を否定した文である）。連言否定文様相分化課題において，連言否定文『p であって q である，ということはない』という前提だけから『q でない』や『p でない』を（誤って）演繹することが知られている（中垣，2010）。このように，様相未分化反応は単なる現実の記述を超えた多様な仮説的言明について見出される。

さらに，ここで紹介した文解釈課題および様相分化課題はいずれも言明の解釈に関するものであったが，子どもの認知様式における様相未分化は言明の解釈に固有のものではなく，言明に関する推論にもみられる。たとえば，有名な

カード 1	カード 2	カード 3	カード 4
R	D	7	3
(p)	(not-p)	(q)	(not-q)

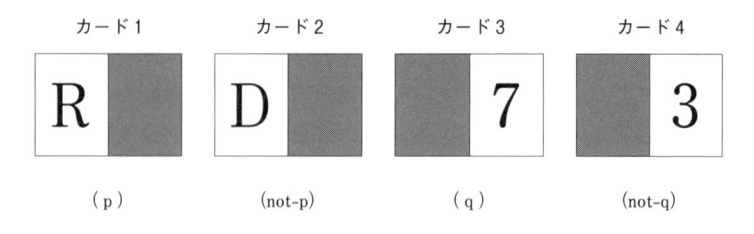

図 4-8　条件 4 枚カード問題の提示カード例

論理的推論課題である 4 枚カード問題にも様相未分化反応が見出される。4 枚カード問題というのは，与えられた規則『p ならば q である』が遵守されているかどうかを知るために，その前件 p の遵守・違反，あるいは，後件 q の遵守・違反を知るだけで十分かどうかを問う課題である（中垣，2010）。

具体的には，例えば，図 4-8 のようなカードの左半分にアルファベット，右半分に数字が書かれた 4 枚のカード（ただし，カードの半面はカバーされているため，どのカードもアルファベットと数字が同時には見えないとする）とこの 4 枚のカードが遵守すべきに規則『カードの左に R を印刷するならば，その右には 7 を印刷する』を提示した上で，4 枚のカードが規則を守っているかどうかを知るために，少なくとも，どのカードを点検する（すなわち，カバーを取って，アルファベットあるいは数字を確認する）必要があるかを問うものである。

『カードの左は R である』を p，『カードの右は 7 である』を q とすれば，4 枚のカードに関する規則は『p ならば q である』と書け，カード 1，2，3，4 はそれぞれ p，not-p，q，not-q を真とするカードとなる。規則『p ならば q である』の違反例は『p であるのに q になっていないカード』であるから，p と not-q に相当するカード 1，4 が点検を必要とするカードとなる。それに対し，not-p と q に相当するカード 2，3 はカバーされた半面が何であれ違反例とはなりえないので点検を必要としない。ところが，大学生でも点検カードとして p と not-q を選択する者はわずか 10% 前後であり，誤選択タイプとしては p と q を選択するものが一番多い（この誤選択タイプはマッチングバイアスと呼ばれている）。

ところで，4 枚カード問題の規範的正判断者（p, not-q 選択者）が大学生でも極めて少ないことはよく知られているが，あまりよく知られていないことは，

中学生にこのタイプの4枚カード問題を実施した場合，一番多いカード選択タイプは p, q 選択ではなく，not-p, not-q 選択となることである（中垣（1992）では，not-p のみ，あるいは not-q のみの選択を入れて，46% が not-p, not-q 選択であった）。not-p, not-q 選択が出現するのは，カード p（あるいは，カード q）はその反対側が q（あるいは，p）となっていて既に規則を守っているものとみなし，反対側がどうなっているのかがまだ不明なカード not-p や not-q を点検しようとするのである。カード p（あるいは，カード q）は規則の前件（あるいは，後件）を真とするので「規則を守っている可能性のあるカード」となるが，可能性と現実性とが十分に区別できないとすれば，そこから容易に「規則を既に守っているカード」にすり替わってしまうであろう。だからカード p（あるいは，カード q）は点検が必要のないカードとなる。規則「p ならば q である」に対してカード p（あるいは，カード q）を既に規則を守っていると捉えることは，「守っている可能性のあるカード」と「現実に規則を守っているカード」との区別が十分にできていないことを示している。つまり現実性と可能性とが未分化であるがゆえに，質問の意味を取り違えてカード選択を行ってしまうのである。この場合，推論者は規則が守られているかどうかを点検しようとしているというより，むしろカードの見えない半面がどうなっているのかを点検しようとしているといえる。4枚カード問題のように，非常に難しい推論課題であるために通常大人に対してのみ実施される課題を，年齢層を下げて実施すれば，推論課題においてもやはり様相未分化反応が頻出するのである。

　様相分化課題では状況次第で真にも偽にもなりうる仮説的言明を与えて，その言明を現実の記述に還元して推論してしまうかどうかを問うものであった。それに対して，状況の如何にかかわらず必ず真となる言明（『p であるか，または，p でない』のようなトートロジー（恒真式）），あるいは，必ず偽となる言明（『p であって，p でない』のような矛盾）を与えたとき，子どもはその言明をどのように判断するであろうか。もちろんこの課題では言明の真偽はアプリオリに決まっているので，様相分化課題のように言明を真として与えるのではなく，言明の真偽を知るために現実を点検する必要があるかどうかを問うのである。例えば，内舘（2006）では，箱の中のケーキに関するトートロジー言明課題および矛盾言明課題を実施している。

トートロジー言明課題についていえば，ケーキが入っていることが分かっている箱を提示して（ただし，箱の蓋は閉まっているのでケーキは見えない），箱の中のケーキに関する言明『ケーキの上にイチゴがないか，イチゴがあります』を与えて，この言明が真であるか，偽であるか，それとも（真偽を知るためには）箱を開けて調べてみる必要があるかどうかを問うのである。もし子どもが様相未分化であるならば，このようなトートロジー的言明であっても，それを1つの現実の記述と見なすであろう。この課題では言明が真として与えられるわけでもないし，箱の中身が見えているわけでもないので「箱の中を見てみる必要がある」と答えるであろう。しかし箱のふたが開けられて，確かにイチゴがあることを確認すると言明は「本当である」と判断され，イチゴがないことを確認すると言明は「嘘である」と判断されるであろう。実際，小学生の大半はこのような判断パターンを示し，中2生でも半数の者がこれと同じ判断パターンであった。それに対し，言明がトートロジーであることから，箱の中を見てみるまでもなく言明は「本当である」と答えることができた者は，小学生ではほとんどおらず中2生でも21％に過ぎなかった。同じことは，言明『ケーキの上にはイチゴがあって，イチゴがありません』というような矛盾言明を与えても見出された。すなわち，箱の中身が見えていなければ「箱の中を見てみる必要がある」と答え，イチゴがあることを知れば，言明は「本当である」と判断し，イチゴがないことが分かれば，言明は「嘘である」と判断するという判断パターンが最も一般的であった。

　興味深いのは，典型的誤判断パターンと規範的正判断との中間的判断パターンが見出されることである。選言文を用いたトートロジー言明の場合，ケーキの上にイチゴがあることを確認しても，ないことを確認しても言明は「本当である」と判断できるにもかかわらず，箱の中が見えていないと言明は「本当であるかどうか調べてみないと分からない」とする判断パターンが中2生にかなりいたことである（同様の中間的判断パターンは連言を用いた矛盾言明課題にも見出される）。この判断パターンは選言文『pであるか，pでない』の前項『pである』が真であっても，後項『pでない』が真であっても言明『pであるか，pでない』が真になることを知っていながら，それでもなお言明というものが現実の記述であるという観念から抜け出せないで点検の必要性に固執しており，

可能性と現実性の区別が中学生でも難しいということを如実に示している。

このように文解釈課題，文直接比較課題，様相分化課題，トートロジー言明課題，矛盾言明課題，4枚カード問題のような推論課題で見てきたように，子どもの認知様式における様相未分化はいたるところで姿を現す現象であり，現実性と可能性の未分化から分化への移行は認知発達の大きな段階を画する重要な契機であるということができよう。

3. 「10歳の壁」と第二の誕生

(1) 大局的認知発達の段階基準としての様相分化・未分化

ピアジェ認知発達理論によれば，認知発達は感覚運動的知能の時期（0〜2歳），前操作期（2〜5, 6歳）具体的操作の時期（6, 7〜11歳），形式的操作の時期（11, 12歳以降）という4段階を経る（Piaget, 1961/62）とされる。また，フィッシャー等はピアジェの発達段階論を基礎にしながらも，知的操作の発達を知的技能（skills）の洗練化と捉えなおすことによって，より細かな発達段階を設定している。しかし，11, 12歳までに限っていえば，3-4歳頃の表象的マッピング（representational mapping），6-7歳頃に可能になる表象システム（representational systems），10-12歳頃に可能になる表象システムのシステムとしての，単一抽象（single abstraction）を重要な発達的契機としている（Fischer, Yan & Stewart, 2003）。一方，安彦忠彦が唱えている「興味・要求の中心の移行による発達段階論 Shifting Interest & Need Center Theory（SINCT）」によれば，11, 12歳までに限っていえば，運動と行動における模倣と繰り返しの時期（0〜3歳），言語と数における模倣と繰り返しの時期（5〜7歳），論理的・批判的思考と方法の時期（9〜11歳）ということになる（安彦, 2006）。

これらの考え方に共通して言えることは，重要な発達的契機となるのは，いずれも3, 4歳前後，6, 7歳前後，10, 11歳前後となっている。3, 4歳前後は表象機能の獲得によって誕生以来の近隣時空間（日常生活の時空間）での適応を抜け出して，過去，未来を含む遠隔時空間での適応が可能となり，また同時に言語獲得によって他者とのコミュニケーションによる社会化が始まる時期であるから，この時期が重要な発達的契機とされるのは自然なことであろう。

さらに 6, 7 歳前後は小学校入学前後で，保育園・幼稚園における活動と遊びを中心とした総合的な保育から小学校における教科別系統的学習が可能となる時期であるから，この時期もまた重要な発達的飛躍に裏付けられていることは自然であり，そのことは学制の切り替わりとして反映されている。

　それでは，10, 11 歳前後はどのような発達的契機となっているのであろうか。10, 11 歳前後と言えば，小学校 4, 5 年生であり，（少なくとも，日本の）学制の切り替わりに対応しているようには見えない。しかし，小学校教育において繰り返し問題とされる「10 歳の壁」はこの時期に必要な発達的飛躍のネガティブな現れではないであろうか。「10 歳の壁」と言われるのは，よく知られているように，小学校 4, 5 年生頃になると，授業，特に算数の授業についていけなくなる子どもが急増する現象である。小学校低学年では算数が好きであった子どももこの時期になると算数が嫌いになったり，不得意科目になったりするという。計算は得意だけれど文章題になると式が立てられない子ども，教えられたことをそのままあてはめる問題ならできるが応用問題になると見当はずれな間違いをする子ども，重さや面積といった外延量に関する問題は何なくできるのに速さや濃度や比率のような内包量になると理解できなくなる子どもがこの時期に急増する。この「10 歳の壁」は一般に，小学校中高学年において算数教育に導入される教材が小学校低学年と比較して，より考える力を要求するようになることによって説明される。しかし，教材ではなく子どものほうに注目すれば，新しく算数教育に導入される教材を理解するのに必要な認知発達上の飛躍がまだ伴っていないということでもある。

　それでは，小学校中高学年あたりで，期待される認知発達上の進歩とは何であろうか。このころ認知発達上の重要な飛躍が何か見出されるのであろうか。筆者は 10, 11 歳ころが認知発達上の大局的変化が起こり始める時期であり，前節で指摘した可能性と現実性の分化がそのような大局的変化と呼ぶにふさわしい認知システムの再編成であろうと考えている。前節の条件文・連言文直接比較課題において，連言文『p であって q である』と条件文『p ならば q である』とが小学生では十分に分化していないことを明らかにした。また，条件文様相分化課題において，小学生では一般に，前提『p ならば q である』が真であることから，ただちに前件 p も後件 q も共に真であると推論し，条件文『p

ならば q である』をあたかも連言『p であって q である』かのように受け取っていることを明らかにした。後者の調査結果から，小学生の多くは条件文『p ならば q である』を仮説として受け取っているのではなく，現実の事態の記述として受け取っていることが分かる。このように，条件文『p ならば q である』をあたかも『p であって q である』かのように受け取っているのであれば，提示された 4 つの事態のうち，『p であって q でない』事態が反証例となるだけではなく，『p でなくて q である』事態，『p でなくて q でない』事態もまた『p ならば q である』の反証例となり，条件文は連言的に解釈されることとなる。したがって，条件文『p ならば q である』を現実の記述と取れば，『p であって q であるものが存在する』という特称連言文と区別されない。それゆえ，2 つの調査結果はどちらも，可能性（仮説）の世界と現実の世界とが未だ未分化であることを明らかにしている。

　このように分析してくると，可能性の世界と現実性の世界との分化というのは，発達上の大きな切れ目の指標として相応しいものと思われる。一定の課題を与えてその結果から発達段階を設定しても，別の課題を与えれば別の発達段階が設定され，あるいは，順序的観点からは同じ発達段階が設定されても，獲得時期のずれのために，同じ発達段階に達するのが時期的に大きくずれる場合，発達上の大きな切れ目の指標として採用できない。この点，様相上の区別は特定の課題が解けるかどうかということではなく，課題そのものを調査対象者がどのように受け取っているかという観点から取り出されたものである。課題解決の時期という観点から課題を分析した場合，その時期には課題の内容・特質に応じて，様々な発達段階の存在，様々な時期的ずれのため，課題横断的な発達段階を設定しがたいにしても，様相上の区別という観点からは，もっと一般的な発達段階が設定可能ではないかと思われる。というのは，様相上の区別というのは，課題内容依存的な獲得物ではなく，認知システムに内在的な大局的フレームワークになっているものではないかと想定されるからである。

　実際，条件文様相分化課題では，推論スキーマ MP に従った推論をしているかどうかを問うのではなく，その前提たる『p ならば q である』という条件文をどう受け取っているのかという観点から調査された。その結果，推論スキーマ MP の獲得は従来考えられていたよりはるかに遅いことが明らかとなっ

た。この知見は極めて重要である。というのは，条件文の2つの妥当な推論スキーマ MP と MT（推論形式 MT とは，条件文で与えられる大前提『p ならば q である』と小前提『q でない』から，結論『p でない』を演繹する推論形式のことで，ラテン語 Modus Tollens のアクロニムである。日本語では，否定式と呼ばれている。）のうち，推論スキーマ MP は早期に獲得されるのに対し，推論スキーマ MT はずっと遅れて中学生頃とされていたからである（Evans, Newstead & Byrne, 1993）。条件文様相分化課題から推測された推論スキーマ MP の獲得が小5生で30％，中3生で66％であることを考えると，推論スキーマ MP もまた，推論スキーマ MT とほぼ同じ頃獲得されると言える。ということは，これまでばらばらに位置づけられていた推論スキーマ MP と MT の獲得時期は，ほぼ同じ発達的時期に位置づくことになる。つまり，条件文理解の発達はその推論スキーマの獲得時期で見る限り，統一的な発達段階を設定できなかったのに対し，与えられた前提の様相上の区別という観点を導入することにより，統一的な発達段階を設定できる可能性が切り開かれたのである。そして，様相上の区別という観点からみると，小学校中高学年が発達的飛躍の始まりの時期であることが示唆されるのである。

(2) 「10歳の壁」と様相未分化

それでは，「10歳の壁」で子どもが直面する問題は様相分化・未分化とどういう関係があるのであろうか。速さや濃度や比率のような内包量は外延量÷外延量で書き表わされることから分かるように，重さや長さのような外延量が別の外延量によって関係づけられることによって生ずる。1つの外延量を現実の一側面だとすれば，別の外延量は同じ現実の別の側面であり，したがって内包量は現実の異なる2つの側面の関係づけである。現実の異なる2つの側面を同時に考慮しそれを関係づけるためには，おそらく現実性そのものを対象化することができる視点に立つ必要があり，ここに様相分化がかかわってくるのであろう。また，計算は得意だけれど文章題になると式が立てられないのは，計算の場合は式が与えられているので答えを出すための手順に関するルールさえ知っていれば解答できるのに対し，文章題では式を自分で立てる必要があるからであろう。式を立てることができるためには，計算式が現実において意味する

ところのものを理解している必要がある。計算式を現実に関する一次操作であるとすれば、そうした一次操作そのものを対象化してその操作の意味を考える必要があり、文章題にあった計算式を組み立てることは現実の一次操作を超えた二次的操作であり、可能性の世界に属するであろう。文章題が難しくなるのは、ここでも様相分化がかかわってくるからではないだろうか。このように、「10歳の壁」で子どもが直面する問題は様相分化・未分化と深くかかわっており、「10歳の壁」としてしばしば語られる速さや比率観念の理解に対する、あるいは、文章題に対するつまずきは、可能性と現実性の分化・未分化の文脈でも語ることができる。

　第2節で紹介した様相分化・未分化にかかわる課題はすべて論理的領域に属していた。しかし、「10歳の壁」で子どもが直面する問題の分析から明らかになったように、可能性と現実性の区別が必要な課題であれば、課題領域にかかわらず様相分化の問題が出現してくる。例えば、当たり1個とはずれ1個が入っているくじ袋からくじ引きをするとき、先手と後手ではどちらが得か、それともどちらも同じかどうかを問う確率課題がある（もちろん、このくじ引きでは先手が引いたくじを袋に戻すことをしない）。先手が当たり後手が外れる場合も、先手が外れて後手が当たる場合も等しくあるので、先手も後手も当たる確率は同じである。しかし、この課題でくじ引きを実際に実行すれば、必ず一方が勝ち、他方が負けとなる。そのため先手も後手も当たる確率は同じであると判断できるためには、2つの可能な場合を同時に考慮し、その可能性の世界に現実に起こるであろう事態を挿入する必要がある。しかし様相未分化であれば、可能性の世界を現実性に還元して、「先手が得」（先手が当たり後手が外れる場合に還元）としたり、「後手が得」（先手が外れ後手が当たる場合に還元）としたりしてしまうであろう。この課題は［当たりの数＝はずれの数］で同数であるため、［先手の当たりやすさ＝後手の当たりやすさ］を連想しやすい課題であるにもかかわらず、中1生の44％がこのような判断をしていた（中垣, 1989）。

　誤判断者の理由を分析しても、「先手が当たり、後手ははずれを取ると思うから（先手の方が得）」というように、先手がまず当たりとはずれのどちらを取るであろうかを勝手に予測し、そのとき後手は何を取るか（取らされるか）を考えて、そのくじ引き事態においてどちらが当たっているかということから、

どちらが得かを判断していることが分かる。先手が当たりを取ると予測すれば先手が得，はずれを取ると予測すれば後手が得と判断されることになる。つまり，可能性と現実性とが未分化な者にとっては，この課題を確率課題とは捉えられず，くじ引き競技の予測課題として捉えてしまうことが分かる。前節で問題にした課題は論理的な文の解釈や推論に関するものであったが，それとは内容的にまったく異なる確率課題であってもやはり様相未分化に特有の反応が出現してくる。しかも，小学生のデータがないので断定的なことは言えないが，この確率課題の様相未分化者が中1生で44％ということはやはり小学校中高学年から様相分化が始まり，中学生期にかけて分化が進展していくということが示唆される。つまり，論理的な課題も確率課題もそれぞれ固有の発達を示すであろうが，様相分化という観点から見ればどちらも同じような発達を示しているのである。

このように，高次認知機能の発達に関して様相分化という，従来考えられたことのなかった指標を導入することによって，統一的な発達過程を構想する可能性が切り開かれる。これまでは同じ条件文に関する課題であっても，推論スキーマMPはいつごろ，推論スキーマMTはいつ頃，条件文解釈はいつ頃，4枚カード問題のような条件文を用いた推論課題（中垣，1992）はいつ頃というように，課題ごとに異なった発達過程があるように発達を描き出していた。それに対し，子どもが与えられた課題をどのように捉えているかという様相分化・未分化という基準を採用すれば，これまで課題内容毎にばらばらに捉えられてきた発達過程を集約して，認知システム全体のフレームワークの発達段階として統一的に発達過程を描き直す可能性が切り開かれるのである。

様相分化・未分化というような認知システムにおける大局的変化を脳の構造的・機能的変化に結び付けようとするとき，これまでのような特定の高次認知機能と脳内における特定の活性部位との対応関係を明らかにするという類の研究では不充分であろう。大局的な認知発達段階に対応して大脳皮質の大局的な再編成を考慮しなければならない。このような観点から最新の脳科学の成果を見ると，少なくとも，様相分化の始まる10-12歳頃については，それを脳科学的にも裏付けることのできる，脳の大局的な変化を見出すことが期待できるのである。

(3) 思春期・青年期の脳の発達と第二の誕生

　第1節において最新の脳科学が明らかにした子どもの脳の構造的発達を紹介した。前頭連合野，側頭連合野，頭頂連合野などにおいて，Giedd et al. (1999) の言うように，11～12歳ころ2度目の樹状突起とシナプスの増殖があり，青年期を通じて刈り込まれていくということは，あるいは，Blakemore et al. (2005) が言うように，思春期・青年期に入ると脳は再組織化の波にさらされるということは，認知発達上極めて重要な意味を持っているものと思われる。

　第一に，認知発達は従来から青年期まで，あるいは，それ以降も発達することが知られていた (Commons et al., 1984)。それに対し，脳の発達は，生後数年で終了すると従来考えられてきたので (本章冒頭に掲げた the Society for Neuroscience の Brain briefings (January, 2007) を参照)，その後の認知発達は脳の機能的な変化であると考えられていた。しかし，思春期・青年期においてなお脳が構造的にもダイナミックに発達し続けるということは，認知発達と脳の構造的発達とは絶えず相即しているのではないかということを示唆している。もちろん，両者の関係は脳の成熟が認知発達をもたらすという一方的な関係にあるのではなく，認知発達と脳の発達との円環的因果関係を考慮する必要があろう。この点で興味深いのは，この時期の脳の構造的発達が経験期待的なもの (experience-expectant) か経験依存的なもの (experience-dependent) かという点である。

　例えば，視覚を支える脳組織は生まれ落ちた世界に存在する3次元の物体から光刺激を受け取ることを強く"期待して"おり，ある時期に光刺激を受け取る機会を失えば，あるいは，偏った刺激しか与えられなければ，正常な視覚を発達させることができない (Dowling, 2004)。経験期待的な回路というのは，視覚の発達に見るように，正常な機能形成のために環境から特定の刺激を特定の時期に必要とするような神経回路である。それに対し，経験依存的な回路は，自転車乗りのスキルや新しい知識の獲得のように，個々人の学習経験に依存して形成されるような神経回路である (Segalowitz et al., 2003)。思春期・青年期における脳の構造的発達が経験期待的なものであれば，脳はその正常な発達のためにどのような経験を"期待して"いるのであろうか，また，いつ頃必要な

経験が与えられることを"期待して"いるのであろうか，といった問題が提起されることになる。こうした問題は，認知発達だけではなく，教育，特にカリキュラム開発に直接つながってくる重大な問題であるだけに，思春期・青年期における脳の発達をもっと詳しく研究することが必要であろう。

　第二に，脳の発達が直線的な発達ではなく，11〜12歳ころ灰白質の量がピークに達し，その後刈り込みによって減少していくというような構造的再編が起こっているということは，認知発達においてもそれと相即して再編成が起こっていることを示唆している。前節で指摘した10-11歳ころの様相分化の始まりは認知発達上の大きな飛躍を示すものであり，同じころ起こる脳の構造的再編に対応しているのではないかというのがここでの仮説である。fMRI（機能的磁気共鳴画像法）やPET（陽電子放射画像法），あるいは，ERP（事象関連電位）を用いた脳イメージング法によって，この仮説を実証的に検討する必要があるが，脳における構造的変化と認知発達における大局的変化が対応している可能性は十分に考えられることである。たとえば，知能指数が大脳皮質の厚みの変動に大いに関係していることを示した研究がある。Shaw et al.（2006）は4歳から18歳までの児童・青年307名に対して大脳皮質の厚みをMRI検査で縦断的に計測している。その際，年齢に応じた知能検査（Wechsler Intelligence Scale）も同時に実施して知能指数（IQ）も測っておいた。調査対象者を知能指数によって上位知能群（IQ＝121-149），高知能群（IQ＝109-120），平均的知能群（IQ＝83-108）に分けて，大脳皮質の厚みの発達を調べたところ，幼児期・児童期前期には知能と皮質（特に右前頭葉の上・中前頭回皮質）の厚みとは負の相関があったのに対し，児童期後期・青年期においては逆に両者は正の相関があったという。言い換えれば，上位知能群は年少のときは平均的知能群と比較して皮質の厚みが薄いのに，思春期を境に関係が逆転し，平均的知能群より皮質の厚みが増すのである。

　横軸を年齢，縦軸を皮質の厚みとしてグラフを描くと，平均的知能群は6歳以降だらだらと皮質の厚みが減少してゆるやかな右下がり直線を描くのに対し，上位知能群は7，8歳ころ皮質が急に厚みを増してきて10，11歳ころ平均知能群を追い抜き，11-12歳で厚みがピークに達し，その後減少して19歳ころ平均的知能群と同じ程度の厚みになるので，くっきりとした逆U字型発達曲線

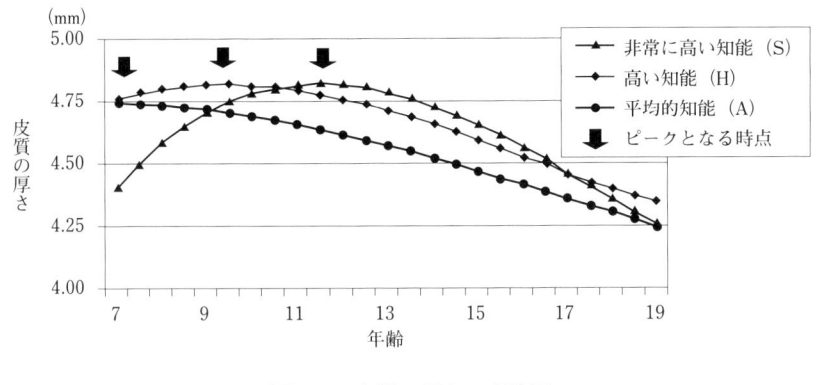

図 4-9　皮質の厚さの変化図

出典）Shaw et al.（2006）の Figure2

を描くのである（図4-9）。この結果は知能の高い者ほど思春期の前後に前頭前野の皮質において激変があることを示しており，この時期の皮質の構造的変化と知的機能の発達とは深い連関があることを示唆している。言い換えれば，知的機能の高さが皮質の厚さそのものと相関しているのではなく，皮質の構造的変化の激しさに相関しているということは，この時期の知的機能の発達には脳の構造的再編成が必要であることを示唆している。

　ところで，脳の構造的再編と認知機能の再編がそれほど関連しているとするなら，思春期における脳の構造的激変に対応して，認知機能の一時的停滞が見出される可能性が示唆される。実際，McGivern et al.（2002）はある感情（喜び，怒り，悲しみ，中立）を表現している顔と感情を表す言葉とを提示して両者が一致しているかどうかをできるだけ早く判断する課題を与えたところ，11，12歳の反応時間はそれより1年若い子どもの反応時間と比べて遅く，その後少しずつ速くなって2，3年後の15歳ころまでに反応時間が安定することを明らかにした。McGivernらはこの一時的な後退現象を11，12歳の思春期における過剰シナプスの刈り込みに先立つ前頭葉回路の相対的非効率化を反映したものであろうと解釈している（Blakemore et al., 2005）。McGivernらが見出した一時的後退現象は判断処理のスピードにおけるものであるが，脳の構造的再編に対応して認知発達にかかわる推論様式においても思春期に何らかの停滞と

混乱が今後見出されるかもしれない。この観点からすれば，「10 歳の壁」も発達における一時的な後退現象であるという見方も不可能ではないであろう。
　最新の脳科学の成果が示唆する認知発達上の第三の意味は，そして最も重要と思われる意味は，思春期・青年期の再発見であろう。早期教育論を待つまでもなく，乳幼児期における豊かな経験と肯定的な人間関係の必要性はつとに強調されるところである。早期教育が唱えられ，多くの識者が幼児期の重要性を指摘するのは，生後数年間に急激に脳が発達するという事実に根拠を置いている。「幼児の可能性は 3 歳までに決まる」という主張（井深，1971）は生後数年間の脳の急速な発達によって脳神経回路網が出来上がり，将来発揮されることになる知的能力や人格的特性はこのころ決まってしまうと考えたからである。したがって，急激に脳が発達する時期である乳幼児期の経験や親の養育，教育的働きかけが子どもの将来を決める上で最も重要だと考えたのである。早期教育の是非はともかくとして，乳幼児期に急激に脳が発達するということは現代の脳科学においても認められていることである。それを根拠にして乳幼児期の経験，母子関係の重要性を指摘するのであれば，最新の脳科学は思春期・青年期においても脳の組織的再編成が起こっていることを明らかにしたのであるから，同じ論理によって思春期・青年期における豊かな経験，人間関係の重要性を強調しなければならない。J. J. ルソーが『エミール』(1762) において「われわれはいわば二度生まれる。一度は生存するために，二度目は生きるために」と書いて，思春期・青年期を「第二の誕生」と位置づけた。この位置づけは人間形成に対するルソーの心理学的洞察に基づくものであったが，安彦 (2007) が指摘するように，最新の脳科学はそれを裏づけるような科学的データを蓄積しつつある。Blakemore et al. (2005) はさらに踏み込んで，人の顔の識別や言語音声の知覚に関する敏感期が乳幼児期に存在し，感覚的な認知機能がこの時期に最適化される (fine-tuning) ことから，青年期に洗練される自己抑制や遂行機能にも敏感期が青年期に存在し，高次認知機能がこの時期に最適化される可能性を示唆している。
　思春期・青年期が高次認知機能の敏感期であるかどうかはともかくとして，思春期・青年期の脳も未だ大人の水準に達しておらず発達途上にあり，この時期の経験，人間関係を通して高次認知機能が洗練されていくことは間違いない

であろう。ただし，同じく経験といっても，乳幼児期においては与えられた環境内での感覚運動的経験が中心であったのに対し，思春期・青年期においては経験主体の自我の関与した経験が重要であり，自己実現の機会としての経験である。脳科学的知見に基づいて青年期教育を組織しようとする場合，乳幼児期の経験とは質的に異なるこの時期特有の経験と経験の編成法を構想する必要があろう。いずれにせよ，思春期・青年期において灰白質の急速な増加とその後の減少という脳皮質編成の激変がみられること，さらに衝動コントロール，注意の維持と配分，計画的行動など大人の特性に関係づけられる機能を担うとされる前頭前野が大脳皮質領域の中でも最後に成熟することなどから，思春期・青年期に特有の非合理的で衝動的な行動はこの時期の脳の再編過程と深く関連していると指摘されている（Sowell et al., 2006; Blakemore et al., 2005; Strauch, 2003）。かつて文学の世界において疾風怒濤の時代として描かれてきた思春期・青年期が脳科学的にも激動の時代であることが分かってきたということは，21世紀における思春期・青年期の再発見と呼べるであろう。今後，思春期・青年期特有の行動特性と脳の発達をどのように関連付けるのかという課題が研究者，教育者に課せられているということができよう。

　思春期・青年期の再発見を認知システムの全面的再編という観点より見た場合，脳科学における研究関心のシフトが必要であろう。これまで脳科学で取り上げられてきた高次認知機能といえば，作動記憶，反応抑制，執行機能などが中心であった。これは人間において最も発達しているとされる前頭前野がそのような機能を担っていると考えられたからである。この場合，これらの機能が獲得されているかどうかを問題としているのではなく，機能の効率，安定性，容量の増大などを問題にしていたため，高次認知機能の大局的変化は等閑視される傾向にあった。もちろん作動記憶，反応抑制，執行機能などの発達は高次認知機能の飛躍を支える前提として不可欠ではあろう。しかし，認知発達における大局的変換をそれらの発達だけに還元することはできない。第2節で様相分化・未分化という指標が認知システム全体のフレームワークとなりうることを示したように，脳科学においても脳発達の大局的変換を問題とするためには，それにふさわしい指標の探究が不可欠である。おそらく，その指標は局所的なものではなく，高次認知機能を支える多数の基礎的諸機能の連携の仕方に関わ

る，あるいは，作動の仕方の全面的再組織化に関わる指標となるであろう。

　脳科学に様相分化・未分化に関わる脳内メカニズムへと研究関心のシフトを求める理由がもう一つある。それは，現実性と可能性の分化が青年期特有の行動特性を説明するための糸口になるから，つまり，現実性と可能性との分化があって初めて青年期の行動特性が説明できるからである。自己との関係でいえば，青年期は自我の芽生えによって特徴づけられるように，現にあるところの自己とそれを客観的に眺める自己とが分離する。前者は現実性に属する現実我であり，後者は可能性の世界に属する理想我である。両者の分離があるからこそ，青年期特有の内省，自己嫌悪，自己研鑽が生まれるのである。他者との関係でいえば，それまで自己との関係で他者の考え方や行動を解釈していたのに対し，青年期には他者本人の立場に立ってその考え方や行動を理解できるようになる。前者は現実性に属する現実的他者であり，後者は可能性の世界に属する理念的他者である。両者の分離があるからこそ，青年期になると他者との対等な討論を通じて，思考内容および価値観の交換が可能になるのである。さらに，社会との関係でいえば，青年期には現実の社会を超えた理念的社会を構想しうるようになる。前者は現実性に属する現実社会であり，後者は可能性の世界に属するユートピアである。両者の分離があるからこそ，それまでは現実の社会をありのままに受け入れていたのに，青年期になると現実社会を堕落し腐敗したものとして批判的にとらえるようになり，様々な社会活動に参画すること，社会運動に身を投ずることに意義を見出すのである。このように，青年期特有の行動特性や認知的情意的特徴は現実性と可能性の分化があって初めて説明可能となるのである。したがって，様相分化・未分化に関わる脳内メカニズムの解明は単に認知発達の大局的変換を明らかにするだけではなく，青年期特有の行動特性や認知的情意的特徴の脳科学的説明につながる可能性を秘めているのである。

　最後に，認知発達における大局的変換の指標としての様相分化・未分化がどのような発達過程を辿るかを一つの仮説として提唱しておきたい。表象獲得が始まる2歳ころは現実性とファンタジーは一体のものであろう。そこから脱却して，想像されたものと現実的なものを区別し始めるのは3，4歳ころ，ファ

ンタジーと明確に区別された現実が安定的に構成されるのは6,7歳頃になるであろう。さらに,現実性と可能性とが区別され始めるのは10,11歳頃,現実性と可能性の関係が逆転して,現実性が可能性の1つとして位置づけられるようになるのは15,16歳以降となるであろう。このような認知発達上の大局的変換が脳科学的にも裏付けられるかどうかは今後の研究に待たなければならない。

参考文献

安彦忠彦（2006),「脳科学的観点から見たカリキュラム開発」『早稲田大学教育学研究科紀要』第15号.

─── (2007),「子どもの早期早熟化に対応した学校体系を──脳科学と連携して考える発達段階論」『BERD』No. 07, pp. 8-13.

井深 大（1971),『幼稚園では遅すぎる──人生は三歳までにつくられる！』サンマーク文庫.

Blakemore, S.-J. & Frith, U. (2005), *The learning brain: Lessons for education.* Malden: Blackwell Publishing.（乾 敏郎・山下博志・吉田千里訳 (2006),『脳の学習力──子育てと教育へのアドバイス』岩波書店.）

─── (2005), The learning brain: A précis. *Developmental Science, 8*（6), 459-471.

Brain Briefings (2007), Adolescent Brain, Society for Neuroscience, See the following web site: http://www.sfn.org/siteobjects/published/0000BDF20016F63800FD712C30FA42DD/0000BDF200000625010FF3BAE4F42E72/file/BrainBriefing_January2007.pdf

Braine, M. D. S. & O'Brien, D. P. (Eds.) (1998), *Mental logic.* Mahwah, NJ: Erlbaum.

Braine, M. D. S., & Rumain, B. (1981), Development of comprehension of "or": Evidence for a sequence of competencies. *Journal of Experimental Child Psychology, 31,* 46-70.

─── (1983), Logical reasoning. In J. H. Flavell & E. Markman (Eds.), *Handbook of child psychology: Vol. 3. Cognitive development* (pp. 263-339). New York: John Wiley & Sons.

Braine, M. D. S., Reiser, B. J. & Rumain, B. (1984), Some empirical justification for a theory of natural propositional logic. In G. Bower (Ed.), *The psychology of learning and motivation: Advance in research and theory: Vol. 18.* New York: Academic Press.

Commons, M., Richards, F. A. & Armon, C. (1984), *Beyond Formal Operations: Late Adolescent and Adult Cognitive Development.* Praeger Publishers.

Couperus, J. W. & Nelson, C. A. (2006), Early Brain Development and Plasticity. In K. McCartney, & D. Phillips (Eds.), *Blackwell Handbook of Early Childhood Development.* MA: Wiley-Blackwell.

Dowling, J. E. (2004), *The great brain debate: Nature or nurture?* Washington, DC, US: Joseph Henry Press. (安田肇訳 (2006),『脳は生まれか育ちか——脳科学入門』青土社)

Evans, J. St. B. T. (2006), The heuristic-analytic theory of reasoning: extension and evaluation. *Psychonomic Bulletin & Review.* 13, 378–395.

Evans, J. St. B. T., Newstead, S. E. & Byrne, R. M. J. (1993), *Human reasoning: The psychology of deduction.* Hove, UK: Erlbaum.

Fischer, K., Yan, Z., & Stewart, J. (2003), Adult Cognitive Development: Dynamics in the Developmental Web. In J. Valsiner and K. Connolly (Ed.), *Handbook of Developmental Psychology* (pp. 491–516), SAGE Publications, London.

Giedd, J. N. (2004), Structural Magnetic Resonance Imaging of the Adolescent Brain. *Annals of New York Academy of Sciences,* 1021, 77–85.

Giedd, J. N., Blumenthal, J., Jeffries, N. O., Castellanos, F. X., Liu, H., Zijdenbos, A., Paus, T., Evans, A. C. and Rapoport, J. L. (1999), Brain development during childhood and adolescence: a longitudinal MRI study. *Nature Neuroscience,* 2 (10), 861–863.

Goel, V. (2005), Cognitive neuroscience of deductive reasoning. In K. Holyoak & R. G. Morrison (Eds.), *The Cambridge handbook of thinking and reasoning* (pp. 475–492). Cambridge: Cambridge University Press.

Gogtay, N., Giedd, J. N., Lusk, L, Hayashi, K. M., Greenstein, D., Vaituzis, A. C., Nugent, T. F. 3rd, Herman, D. H., Clasen, L. S., Toga, A. W., Rapoport, J. L. and Thompson, P. M. (2004), Dynamic mapping of human cortical development during childhood through early adulthood. *Proceedings of The National Academy of Sciences of The United States of America,* 101 (21), 8174-9.

Huttenlocher, P. R. & Dabholkar, A. S. (1997), Regional differences in synaptogenesis in human cerebral cortex. *The Journal of Comparative Neurology,* 387 (2), 167–78.

Inhelder, B. & Piaget, J. (1955), *De la logique de l'enfant à la logique de l'adolescence.* Paris: Presses Universitaires de France.

Johnson-Laird, P. N. & Byrne, R. M. J. (1991), *Deduction.* Hillsdale, NJ:

LEA.

Kameyama, K., Sohya, K., Ebina, T., Fukuda, A., Yanagawa, Y. & Tsumoto, T. (2010), Difference in binocularity and ocular dominance plasticity between GABAergic and excitatory cortical neurons. *The Journal of Neuroscience,* 30, 1551–1559.

Kuhn, D. (2006), Do Cognitive Changes Accompany Developments in the Adolescent Brain? *Perspectives on Psychological Science,* 1, 59–67.

Lecas, J. F. & Barrouillet, P. (1999), Understanding conditional rules in childhood and adolescence: A mental models approach. *Current Psychology of Cognition,* 18, 363–396.

Lenroot, R. K. & Giedd, J. N. (2007), The Structural Development of the Human Brain as Measured Longitudinally with Magnetic Resonance Imaging. In D. Coch, G. Dawson and K. Fischer (Eds.) *Human Behavior, Learning, and the Developing Brain: Typical Development.* (pp. 50–73) New York: Guilford Press.

McGivern, R. F., Andersen, J., Byrd, D., Mutter, K. L. and Reilly, J. (2002), Cognitive efficiency on a match to sample task decreases at the onset of puberty in children. *Brain and Cognition,* 50, 73–89.

中垣　啓（1986），「子供は如何に条件文を解釈しているか？」『国立教育研究所研究集録』第 12 号，国立教育研究所，pp. 37–53.

─── （1989），「くじ引きの順序は確率に影響するか？」『国立教育研究所研究集録』第 19 号，国立教育研究所，pp. 1–17.

─── （1990），「子供は如何に選言文を解釈しているか？──選言解釈の発達的研究」『国立教育研究所研究集録』第 21 号，国立教育研究所，pp. 19–41.

─── （1992），「条件 4 枚カード問題の発達的研究」『国立教育研究所研究集録』第 25 号，pp. 47–68.

─── （2008），「脳機能の発達と発達心理学上の発達段階との相互関係に関する実験的研究」平成 17 年度～平成 19 年度科学研究費補助金研究成果報告書『脳科学的観点から見た子どもの発達と学校カリキュラムの開発に関する基礎研究』（研究代表者　安彦忠彦）.

Nakagaki, A. (2008), Is an inference rule Modus Ponens really an early acquisition? *Abstracts of the XXIX International Congress of Psychology,* p. 113.

中垣　啓（2010），『命題的推論の理論──論理的推論の一般理論に向けて』早稲田大学出版部.

中垣　啓・伊藤朋子（2009），「選言型推論における様相未分化の実相」『日本発達心理学会第 20 回大会発表論文集』p. 132.

中垣　啓・伊藤朋子（2010），「連言否定型推論における様相未分化」『日本発達

心理学会第 21 回大会発表論文集』p. 96.
Piaget, J (1961/62), La formation des structures de l'intelligence. *Bulletin de Psychologie*, 15, 423–426.
Pfefferbaum, A., MD, Mathalon, D. H., Sullivan, E. V., Rawles, J. M., Zipursky, R. B., and K. O. Lim (1994), A Quantitative Magnetic Resonance Imaging Study of Changes in Brain Morphology From Infancy to Late Adulthood. *Archives of Neurology*, 51 (9), 874–887.
Rakic, P., Bourgeois, J. P., Eckenhoff, M. F., Zecevic, N., and Goldman-Rakic, P. S. (1986), Concurrent overproduction of synapses in diverse regions of the primate cerebral cortex. *Science (New York)* 232 (4747), 232–5.
Reiss, A. L., Abrams, M. T., Singer, H. S., Ross, J. L. and Denckla, M. B. (1996), Brain development, gender and IQ in children—A volumetric imaging study. *Brain*, 119, 1763–1774.
坂井克之 (2008),『心の脳科学――「わたし」は脳から生まれる』中公新書.
Segalowitz, S. J. & Schmidt, L. A. (2003), Developmental psychology and the neurosciences. In J. Valsiner and K. J. Connolly (Ed.), *Handbook of Developmental Psychology*. (pp. 48–71) London: Sage Publications.
Shaw, P., Greenstein, D., Lerch, J., Clasen, L., Lenroot, R., Gogtay, N., Evans, A., Rapoport J. & Giedd, J. (2006), Intellectual ability and cortical development in children and adolescents. *Nature*, 440, 676–679.
Shaw, P., Kabani, N. J., Lerch, J. P., Eckstrand, K., Lenroot, R., Gogtay, N., Greenstein, D., Clasen, L., Evans, A., Rapoport, J. L., Giedd, J. N., and Wise, S. P. (2008), Neurodevelopmental Trajectories of the Human Cerebral Cortex. *The Journal of Neuroscience*, 28 (14), 3586–3594.
Sowell, E. R., Thompson, P. M. and Toga, A. W. (2004), Mapping Changes in the Human Cortex throughout the Span of Life. *Neuroscientist, 10*, 372–392.
Stauder, J. E., Molenaar, P. C. & Van der Molen, M. W. (1993), Scalp topography of event-related brain potentials and cognitive transition during childhood. *Child Development.* 64, 769–788.
Strauch, B. (2003), The Primal Teen: What the New Discoveries about the Teenage Brain Tell Us about Our Kids, Paw Prints.（藤井留美訳（2004),『子どもの脳はこんなにたいへん！――切れる 10 代を理解するために』早川書房）
Toga, W., Thompson, P. M. and Sowell, E. R. (2006), Mapping brain maturation. *Trends in Neurosciences*, 29, 3, 148–159.
内舘 愛 (2006),「矛盾およびトートロジーの真偽評定にみる論理的必然性の理

解の発達」『早稲田大学大学院教育学研究科紀要（別冊）』第 14 号（1），1-9.

渡邊正孝（2008），『行動の認知科学』（シリーズ脳科学 2：認識と行動の脳科学）東京大学出版会，pp. 203-263.

Zelazo, P. D. and Lee, W. S. C.（2010）, Brain Development: An Overview. In R. M. Lerner, W. F. Overton, A. M. Freundand & M. E. Lamb（eds.）*The Handbook of Life-Span Development, Volume 1*. New Jersy: John Wiley & Sons.

第5章
特別支援教育における障害の究明とカリキュラム開発

坂爪　一幸

1. 脳科学とカリキュラム開発の関係前史

　特別支援教育では，発達に障害のある子どもが主な対象になる。発達障害の原因は脳機能の不全にある。脳機能に問題が生じる原因は多様である。主な原因としては，遺伝性の要因，染色体に生じた異常，胎児期の低栄養や環境ホルモンや有害物質への暴露，出生時の酸素欠乏や外傷，出生後の養育環境などの影響が考えられている。いずれにしても，それらのために，脳神経系に成熟の遅滞や神経回路網の形成に偏向が生じていると推定されている。したがって，特別支援教育における障害の究明に際しては，発達上の問題や障害を脳機能と関連づけて理解することが基本になる。この点で，特別支援教育と脳科学とには明らかな接点があり，両者の関係が注目されてくる。

(1) 脳科学の概要
　脳科学を簡単に俯瞰しておく。脳科学は「脳」を研究対象にしている。脳の研究は構造と機能とに分けることができる。もちろん，構造と機能は表裏一体の関係にあり，研究も相互の理解に伴って進展してきた。
　脳の構造に関しては，次のことが明らかにされてきた。脳を構成している最小の構成要素は神経細胞である。神経細胞同士は直接につながってはおらず，シナプスという空隙を介して連絡している。多数の神経細胞がシナプス連絡を

形成して神経回路を構成している。そして，特定の情報を処理する神経回路が集まってコラム（機能円柱）構造などの，より高次の神経回路のまとまり（神経回路網）が作り上げられる。特定の情報を処理する神経構造のさらに大きなまとまりとして，特定の機能を営む中枢（領域・領野）が脳に形成される。これは脳機能の局在化といわれている。また，左右の大脳半球の働きに違いが生じて，左右の各大脳半球が特定の種類の情報処理に優位性を示す現象を脳機能の側性化とよんでいる。言語機能の左大脳半球の優位性や空間処理機能の右大脳半球の優位性は，側性化の代表的な例である。

　脳の機能に関しては，単一の神経細胞や神経回路網の生理学的な機能が解明されてきた。神経細胞の活動電位の発見と記録，活動電位の発生機序と伝達形式の解明，神経細胞間のシナプス連絡における情報伝達を仲介する神経伝達物質の同定や解析などが進んでいる。また，神経細胞が多数集まった脳の全体的な生理現象として，脳波や事象関連電位などがさまざまに研究されている。

　さらに近年，後述するような脳イメージング（画像化）技術の発展が特に著しい。CTやMRIなどの脳構造のイメージ（画像）の解析からは，損傷や病変のある脳領域がわかるだけでなく，脳の各領域の大きさの違い，そして各領域間の連絡（神経線維束）の様子などを確認できる。さらに，fMRIやPETなどの脳機能のイメージの解析によって，ある特定の課題の実行時に，脳のどの領域が活動しているかを脳の血流や代謝活動の違いから検討できる。このような脳の賦活研究では，課題実行時の脳血流と課題を実行していない安静時の脳血流の差から，当該課題の解決に関連する脳領域を同定する方法を採用している。

(2) 脳イメージング技術の概要

　今日，脳を"見る"ことができるイメージング技術の進歩が著しい。脳の構造に関するイメージング（構造的脳イメージング）技術，そして脳の機能に関するイメージング（機能的脳イメージング）技術の発展に伴って，脳の形態や病変部位や活動状態などを比較的容易に"見る"ことが可能になった。そのために，脳血管性疾患，脳変性性疾患，脳外傷性疾患，そして脳代謝性疾患などの脳疾患を原因とする精神障害（器質性精神病）と神経基盤との関係が詳細に理解されるようになってきている。また，従来までの技術では脳に明確な異常

を検出できなかった精神障害（内因性・心因性精神病），そして発達障害についても，神経基盤との構造的・機能的関係についての知見が数多く集積されてきている。以下に，脳イメージング技術の概要を述べる。

　脳イメージング技術に基づく脳の理解は，脳の構造と機能の両者から進められている。いずれも対象者に身体的な苦痛を与えることはほとんどなく，非侵襲的に脳を"見る"ことができる。また，脳を"見る"ための各種のイメージング装置は特定の研究機関で学術的に使用されているだけでなく，最近は多くの医療機関でも診断や治療のために利用されている。

　各種の方法に基づいたイメージング装置があるが，身体的・精神的な侵襲性，測定に要する時間，測定課題の設定のしやすさ，精度（空間的および時間的な分解能），そして装置の可搬性などにおいてそれぞれ長所と短所がある。

1）構造的脳イメージング技術

　脳の構造を描出するイメージング技術では，エックス線を利用したコンピュータ断層撮影法（computed tomography: CT）と，磁力による水素原子の核磁気共鳴現象を利用した磁気共鳴画像撮影法（magnetic resonance imaging: MRI）とが代表的である。CT は非侵襲的で短時間に実施できる。MRI は CT に比べ撮像にやや時間がかかり，また強力な磁力を使うためにペースメーカーなどの金属製品を装着している場合には適用できないが，CT よりも精細なイメージの描出が可能である。

　これらのイメージング装置によって，脳の形や大きさなどの形態上の違いや異常や，病変部位の存在の有無と位置を容易に確認できる。特に MRI では，脳の構造をかなり詳細に把握できる。さらに，機器の改良やイメージ処理の解析ソフトウェアの進歩によって，脳の各領域の精緻な描出だけでなく，脳の各領域をつなぐ神経線維束の走行の様子なども描出できるようになっている。

2）機能的脳イメージング技術

　脳の機能を描出する技術では，脳の代謝活動や血流量を測定する。また，安静時の代謝や血流と特定の課題を実行時の代謝や血流との間に変化（差）が生じた脳領域と変化が生じなかった脳領域とを対比することによって，課題の実行に関連する脳領域も特定できる（賦活研究）。この場合，脳の代謝や血流の増大が観察された脳領域以外に，他の脳領域も課題の解決に関与している可能

性がある点には注意が必要である。

　機能的脳イメージング技術には，機能的磁気共鳴画像撮影法（functional magnetic resonance imaging: fMRI），ポジトロン放出断層撮影法（positron emission tomography: PET）や単一フォトン断層撮影法（single photon emission tomography: SPECT）が用いられることが多い。fMRI は脳の活動に伴う脳血管内の血液の磁性変化を利用して血流量の変化を測定する。SPECT では血流に注入した放射性薬物の脳血流の相対的分布を測定する。SPECT は基本的には脳血流の測定しかできないが，PET では脳血流量以外に，脳酸素消費量や脳酸素摂取率などの脳代謝の測定が可能である。

　脳機能のイメージング技術には他にも，脳の神経細胞群の電気的活動によって生じた電場を脳表面の磁場変化として測定し記録する脳磁図法（magnetoencephalography: MEG）や，脳表面の血管内の酸化・還元ヘモグロビンの濃度差を近赤外光によって計測する近赤外光脳内血流計測法（near infrared spectroscopy: NIRS）または光トポグラフィ（optical topography）と呼ばれる技術もある。NIRS は他のイメージング技術に比べて装置が小さく，測定時の身体の動きにも頑健であるために，身体の動きの制止が要求される他の装置にはなじみづらい子どもにも適用しやすい。

（3）脳イメージングと発達障害

　発達障害の脳イメージングの研究は重要であろうが，その一方で，重大な問題がある。これらの研究から得られる知見を教育にどのように活用するのかという問題である。発達障害の基盤や機序の解明と共に，教育方法やその効果検証への利用が考えられるが，そのためには教育につなげるための視点とモデルが必要になる。この問題については後述する。

　主な発達障害について，脳イメージング研究からの知見をいくつか紹介しておく。これらはまだ研究途上であり，現在も盛んに研究されている。今後，従来の知見が修正されたり，多くの新しい知見が得られたりしてくると思われる。

1）注意欠陥／多動性障害

　構造的脳イメージング研究から，右前頭葉が左前頭葉よりも大きいという通常の非対称性が観察されないことが報告されている（Hynd, et al., 1990）。また，

尾状核や淡蒼球の大きさの異常が指摘されている（Castellanos, et al., 1996）。これらは行動選択に関連する前頭葉─線条体系回路の発達的差異を疑わせる。さらに，脳梁や大脳半球全体や小脳が小さいことが示唆されている（Baumgardner, et al., 1996; Castellanos, et al., 1996）。

機能的脳イメージング研究では，右前頭領域の代謝の低下や前頭葉の内側─眼窩領域の代謝の上昇（Zametkin et al., 1993），また前頭前野や線条体領域および右尾状核領域の血流低下が報告されている（Amen, et al., 1993; Teicher, et al., 1996）。

注意欠陥／多動性障害と素行障害（行為障害）とは関連が深いといわれている。素行障害も，注意欠陥／多動性障害と同様に，行為選択系に関連する前頭前野の欠陥が疑われているが，特に社会的行動に影響する情動調節や共感などと関連する前頭眼窩皮質─辺縁系回路の不全が示唆されている。素行障害の構造的脳イメージング研究から，前頭前野領域の縮小が指摘されている。機能的脳イメージング研究では，前頭前野領域の活動低下，右扁桃体および関連の皮質下構造における過活動が報告されている（Davidson, et al., 2000）。

2）広汎性発達障害（自閉性障害）

構造的脳イメージング研究からは，従来から自閉症では巨頭症が指摘されている（Filipek, et al., 1992; Priven, et al., 1995）。出生前の神経細胞の増殖の過多，神経細胞のプログラム死の失敗，そして出生後のシナプス結合の剪定（刈り込み）の失敗などが疑われている。また，小脳虫部の低形成（Courchesne, et al., 1988），記憶や情動に重要な側頭葉内側部（海馬や扁桃体）の萎縮を示唆する側脳室の拡大（Bailey, et al., 1996），そして扁桃体の異常（Abell, et al., 1999; Aylward, et al., 1999）などが報告されている。

機能的脳イメージング研究からは，表情や視線などの顔に関する認知課題実行時に，表情認知に関連する後頭葉内側面（両側舌状回）および近接の側頭葉領域の活動低下（Schultz, et al., 2000; Bookheimer, 2000），また情動処理に関連する扁桃体領域の活動低下が示唆されている（Baron-Cohen, et al., 1999, 2000）。

3）精神遅滞（知的障害）

精神遅滞の原因は多様であり，脳との関連も不明な点が多い。比較的理解が進んでいるのは，ダウン症候群，脆弱X症候群，そしてウィリアムズ症候群

に伴う精神遅滞である。構造的脳イメージング研究からは，以下の点が指摘されている。

ダウン症候群では，全般的な脳の萎縮（小頭症），特に前頭皮質，海馬，小脳の萎縮が報告されている（Jernigan, et al., 1993）。

脆弱 X 症候群では巨頭症と，感覚運動の統合や活動水準や社会的相互作用の異常に関連するとされる小脳虫部の後方部の萎縮（Reiss, et al., 1991），前頭葉や頭頂葉の萎縮を示唆する脳室の拡大（Wisniewski, et al., 1991）が指摘されている。

ウィリアムズ症候群では，脳に全般的な萎縮がみられるが，前頭葉，辺縁系，小脳などの大きさは比較的保たれていることが指摘されている。特に音情報の処理や言語に関係する側頭葉後方部は正常な大きさであることから（Bellugi, et al., 1999），ウィリアムズ症候群の言語能力の高さという特異的発達像の神経基盤が示唆される。

4）コミュニケーション障害（言語発達遅滞）

構造的脳イメージング研究から，側頭葉後方および前頭葉の言語領域の左右大脳半球の対称性の変化（通常は左半球で大きい）や，視床などの皮質下構造を含む脳全体の萎縮が示唆されている（Jernigan, et al., 1991; Plante, et al., 1991）。

機能的脳イメージング研究では，言語関連の障害である読字障害では，言語領域の活動は正常だが，左島葉領域の活動に低下がみられることが指摘されている（Paulesu, et al., 1996）。

（4）脳科学と教育の現状

教育の主な対象者は子ども（幼児・児童・生徒・学生）である。また，特別支援教育の対象者は主に，発達に何らかの障害や問題を抱えた子どもである。発達障害の原因は，脳神経系の成熟の遅滞や神経回路の形成の偏向などに起因する脳機能の発達の遅滞や偏向である。発達障害のある子どもが示す能力や行動の基盤には，脳機能における何らかの問題が関係している。発達障害の有無にかかわらず，発達期にある子どもの脳は周囲との相互作用を通じて構造も機能も大きく変化する。したがって，通常教育であれ，特別支援教育であれ，脳の

構造と機能に関する視点や知識は本来欠かせない。

　前述のように，脳の構造や機能の解明には従来から脳科学が積極的に取り組んできている。脳に関する非常に多くの科学的な研究の成果や知見が報告されている。しかし現状では，それらが教育の現場に適切に還元されたり，積極的に活用されたりしているわけではない。

　子どもへの教育に際して，脳科学の知見を取り入れたり，脳科学の専門用語を冠したりした教育方法や教育論が散見されるが，根拠に乏しい拡大解釈に基づく内容である場合が少なくない。また，脳科学の知見を根拠にして専門用語をまとってはいても，従来から行われている教育と本質的には違いのないことを主張している場合も多い。

　昨今，脳科学に興味や関心を示す教師が多い。その理由は，日々の教育活動における根拠や妥当性を脳科学に希求しているからであろう。しかし忌憚なくいえば，脳科学の研究成果や知見が妥当に活用されているとは言い難いだけではなく，少なくとも現在の脳科学には，これまでの長い経験で築かれてきた教育（カリキュラム・方法・制度など），言い換えれば長い歴史的な検証を経て構築されてきた教育に対して，大きな変更を迫る根拠や影響力はまだ十分ではないのが現状といってよい。教育に理論的な根拠は必要だが，その一方で教育は何よりも実践である。教育の現場を考慮することなしに，まだ未解明な部分の多い脳科学の理論や研究成果を強調するあまり，日々の教育をいたずらに混乱させることは避けなければならない。

(5) 脳科学と教育をつなぐもの

　「脳」自体についての自然科学的な研究成果は数多く報告されている。その一方で，脳科学と教育との関係にはあいまいさが多い。特に教育の現場にいる教師の立場を考えたとき，教師は「脳」を教育の直接的な対象にしているわけではない。教師の一般的な意識としては，教育の対象にしているのは子どもであり，教育に際しては子どもの「心」を暗黙のうちに前提しているのが現実であろう。

　教育によって子どもが知識を獲得していく基盤が脳であることは確かである。しかし，前述のように脳自体の科学的研究と実際の教育活動には大きな隔たり

があり，相互に連携できていないのが現状である。教師にとって，脳の解剖学的な構造や神経伝達物質や脳波や脳血流などの生理学的な知識が，教育にどのようにつながるのかは不明であろう。同じことが脳科学者にもいえる。仮に，脳に関する知識を十分に持っていたとしても，子どもの脳自体を直接的に操作することは技術的には未だ困難であり，また倫理的にも許されない。教育という外側からの働きかけを通してしか，脳に影響を与えることはできない。この点で，脳科学がどんなに進んでも教育の重要性が揺らぐことはない。

　脳科学を教育に生かすために，また脳科学と教育が連携するために必要なのは，脳科学と教育とを関連づけられるモデル，そして実際の教育活動に生かせるモデルである。言い換えれば，「脳」と「心」とを仲介するモデルが必要になる。そのような可能性のあるモデルの一つに神経心理学，あるいは高次脳機能障害学に基づく「心」の理解の仕方がある。特に，発達に障害のある子どもへの特別支援教育には，後述するように，高次脳機能から子どもを理解する神経心理学的なモデルは有用である。さらに，「障害」への深い洞察と配慮も欠かせない。

2. 障害心理学と脳科学の関係づけの可能性
　　　──困難さと有望さ

　一般に，心理学は人間（あるいは「心」）を科学的に理解することを目標にしている。人間は変化する存在である。発達や加齢に伴って変化したり，また経験によって変化したりする。「障害」という状態もまた，人間が示す変化の一つの可能態であろう。しかし通常，障害は人間を苦悩させる。したがって，障害心理学の目標は，人間に生起しうるさまざまな障害から人間の本質を理解するだけでなく，障害によって生じたあらゆる苦悩への支援（治療，教育，助言，指導，対応など）を通じて人間の形成を実践することにある。このためには，人間の存在性とその障害への深い考察が欠かせない。

(1) 障害心理学における人間と「障害」

1) 人間存在の階層性

障害心理学の対象は，現実に日々生活している人間である。絶えず変化している環境との相互作用のなかで，人間は自らを変容していく存在である。このように生きている人間を対象にするとき，人間を断片的に捉えることは実態にそぐわず，また本質を見失うことになりかねない。人間は総合的また包括的に理解されなければならない。生きている人間を対象にする障害心理学にとって，人間をどのように捉えるかということは根本に関わる重要な問題である（坂爪，2003；坂爪，2007）。

人間に対する観点は一般的には，「自由意志に従う存在」と「自然法則に従う存在」とに大別される。前者は人間を自己決定していく存在とみなしている。一方，後者は人間を自然界にある法則性に規定されている存在とみている。実際には，人間をどのように認識して研究するかという点からは，これら2つの人間観を両極端にして，その間にいくつかの認識の観点や研究の方法を区分できる。

人間観の一方の極である「自然法則に従う存在」という見方は，他の自然物と同じように，人間を物理的存在とみなす立場である。人間を極限にまで分解し還元すれば物質に至る。人間の身体は分子や原子といった物質から構成されている。このような物質の構成要素の特性や性質から人間を認識しようとする見方は，人間を物理的存在とみなしている。そして，自然界（物質の世界）に存在する規則性，つまり物理学的な法則性を人間にも適用しようとする。これは物理学的な認識方法に基づいて人間を理解する立場である。

人間は物質から構成されてはいるが，石や鉄などの無機物とは違い，生命を持ち自ら活動する有機的な存在でもある。外界から栄養物を摂取し，消化・吸収し，排泄して自身を維持していく。そして，生殖によって子孫（種）を維持する。また外界の刺激を感知し，処理し，行動して適応していく。さらに，獲得した知識や行動を同世代や次世代に伝達する。このように物質とは異なる特徴を持っている。それらは他の生物にも共通してみられる特徴でもある。したがって，他の生物との比較という生物学的な認識方法によって人間をみることができる。これは人間を生物的存在という観点から理解することになる。

人間は一個の有機体として生存しているだけではない。他の個体との関係のなかで生存し，集団を形成して活動する存在でもある。夫婦，親子，家族，地域，そして国など，他者や他民族などと関係をもって生活している社会的な存在である。このように個体の所属する集団や社会の特徴との関係から人間をみることもできる。これは社会学的な認識方法による人間の把握，つまり人間を社会的存在という観点から理解することになる。

　人間は他者と共に社会的関係を築いていく一方で，他者とは異なる存在でもある。外見，知能，思考，行動，そして性格など各個人固有の特徴やパターン，言い換えれば個性を持つ存在である。このように，ある個人を他者との違い，つまり個別性からみる差異心理学的な認識方法も存在する。これは人間を個性的存在として理解する観点といえる。

　さらに，人間は自分自身で考え方や行動の仕方を選択し決定し，また生き方を模索し築いていく存在でもある。自分自身の可能性を最大限に追求し，存在意味を絶えず自身に問いかけ，唯一無二の自身の価値を追求しようとする存在でもある。これは人間を自己的存在として理解する観点といえる。ここでは哲学的な認識方法が主に適用されることになる。この人間観は，前述の「自由意志に従う存在」に相当する。

2) 人間存在の階層性と「障害」

　以上のように，人間を理解する観点にはいくつかの階層が存在する。各階層には，固有の認識方法が適用されている。しかし，人間存在の各階層はそれぞれが互いに独立してはいない。人間存在のどの階層に焦点を当てるかによって観点や認識方法は異なるかもしれないが，それらの存在性のいずれもが人間には存立している。

　したがって，各階層の存在性の観点や認識方法を総合的に捉えていく必要がある。物理的存在性を基層に持ち，その上に生物的存在性，社会的存在性，個性的存在性，そして自己的存在性を頂点とする階層的な存在として人間を理解することができる。

　人間を階層的存在とみた場合，「障害」（あるいは「異常」）はこれらのいずれの階層においても生起する可能性がある。また，ある階層に生起した障害は，他の階層にも影響を与える。つまり，障害は人間存在全体の問題になる。さら

に，障害はその個人だけでなく，家族や職場や社会にもさまざまな影響をもたらす。苦悩も階層的な人間存在から発生してくるものであり，各階層の存在性に特有のさまざまな苦悩が生起しうることを理解するべきである。障害による苦悩のこのような階層性を理解して，各個人固有の可能性を最大限に開発し実現していかなければならない（坂爪，2000；坂爪，2007）。

(2) 人間の存在性と「障害」のレベル
1) 障害の捉え方

障害は一般に，①機能障害・形態（構造）障害（impairment），②能力障害・能力低下（disability），③社会的不利（handicap）の3つのレベルに分けて把握されている。これらの障害のレベルによる捉え方は，世界保健機構（World Health Organization; WHO）が1980年に公にした「国際障害分類」（International Classification of Impairments, Disabilities, and Handicaps; ICIDH）に基づくものである。この改訂版として，WHOは2001年5月の総会で「国際生活機能分類——国際障害分類改訂版」（International Classification of Functioning, Disability and Health; ICF）を採択している。ICFでは生活機能（functioning）を，①心身機能・身体構造（body functions and structures），②活動（activities），そして③参加（participation）とに分類している。このような生活機能に生じた障害は，①機能障害・構造障害，②活動制限，③参加制約とに分けられている。ICIDHが障害自体に視点を置いた分類であるのに対して，ICFでは障害を生活機能から捉える方向に視点を転換している。

2) 障害のレベルと人間存在の階層性

ICIDHとICFのどちらの分類に従うにしても，このような障害のレベルを前述の人間存在の階層性と対応させると次のようになる。

機能障害・形態（構造）障害は人間の物理的存在性から生物的存在性において生起した障害といえる。例えば，脳外傷や脳梗塞などの脳損傷に起因する言語機能や運動機能の障害は，脳の神経構造の損傷という疾患によって直接生起したものである。

能力障害・能力低下／活動制限は生物的存在性から社会的存在性における障害である。これは機能障害によって生じた日常生活や社会生活上に現れる能力

の障害である。言語機能が障害されたことによって，コミュニケーションの能力が損なわれる。運動機能の障害によって，歩行による移動の能力が失われる。

　社会的不利／参加制約は社会的存在性から個性的存在性における障害とみることができる。機能障害や能力障害によって発生した社会生活において受ける不利益を意味している。言語機能障害によるコミュニケーション能力の低下は，就学を妨げ，就労に関しては決定的に不利となる。同様に運動機能障害による移動能力の低下によっては，就学の範囲や就労できる職種は限定されてしまう。

　ICIDH や ICF には含まれていないが，個性的存在性から自己的存在性における障害として，各個人固有の価値に深く関わる苦悩を無視することはできない。障害に起因して，個人の障害前までの生き方や価値観と，障害後の新たな生き方や価値観との間には，それらの形成過程で，様々な軋轢や葛藤が発生する。これらは他者とは異なる各個人の固有の価値性から生まれてくる苦悩であり，価値的苦悩として理解することができる。

3) 障害の階層性と多様性

　人間の階層的な存在性に対応する機能障害・形態（構造）障害，能力障害・能力低下／活動制限，社会的不利／参加制約，そして価値的苦悩といった各障害は，人間の存在性の階層が上位になるほど，個人による違いが大きくなる。上位の存在性における障害ほど，障害の多様性が増大する（坂爪，2003；坂爪，2007）。

　人間の階層的な存在性のうち，物理的存在性から生物的存在性で発生した原因による機能障害・形態（構造）障害は，基本的には，個人差すなわち多様性が最も少ない障害といえる。人間存在の基層である物理的・生物的存在レベルに起因する障害は，有機体として各個人の身体に共通する構造である感覚系や運動系や内臓系や神経系に生じる障害である。また種々の遺伝性障害や染色体異常は遺伝子情報に依存する障害であり，基層により近い物理的・生物的存在性に起因する障害である。したがって，障害の発生した部位や，障害の重症度などに各個人による違いがあるにしても，本質的には身体（脳を含む）の損傷部位や損傷状態に対応した障害や症状が出現してくる。機能障害・形態（構造）障害では，障害の原因が作用した身体の構造上の損傷部位と，その結果として発生した障害や症状とが最も密接に対応しているといえる。

人間の生物的存在性から社会的存在性に起因するのは能力障害・能力低下／活動制限である。各個人の日常生活の範囲の広さの違いに対応して，機能障害・形態（構造）障害よりも，能力障害・能力低下／活動制限には各個人による違いが増してくる。日常生活のなかで要求されるコミュニケーション能力や移動能力は，各個人によって異なる。各個人の年齢や生活様式や生活範囲の違いに依存して，必要とされる能力の種類やレベルは異なり，結果としてこれらの存在性における障害の多様性は大きくなる。

　人間の社会的存在性から個性的存在性で生じてくる社会的不利／参加制約は，各個人の職業生活や社会生活における活動範囲に対応して，能力障害・能力低下／活動制限よりも，さらに多様性が大きくなる。各個人の就いていた職業の種類や，担っていた社会的な役割などによって，障害発生後の個人が受ける社会的な不利益の範囲は異なる。各個人が営んでいた社会的活動は，その個人によって大きく違っている。結果として，これらの存在性で発生した障害の多様性はかなり大きくなる。

　人間の個性的存在性から自己的存在性で生起してくる価値的苦悩は，各個人の価値観や人生観や生き方に深く関連している。個人の価値観や人生観は，個人の数だけ存在する。したがって，このような存在性で発生した障害の種類は，本質的には個人の数だけ存在することになる。つまり，障害の多様性は価値的苦悩のレベルで最大限に達するといえる。障害の際によく問題にされる「障害の受容」は，このレベルから起因するものであり，価値的苦悩に包含されるものである。

(3) 人間の存在性と「障害」への支援

　これまでに述べてきたように，人間は物理的，生物的，社会的，個性的，そして自己的という階層的な存在であり，上位の階層ほど障害の多様性は大きくなり，因果的な法則性は適用が難しくなる。障害心理学はこのような人間存在全般に関係する。そのために，障害心理学には，心理学的な認識や実践を中核にするが，医学や教育学や福祉学など他の分野の知識や方法や技法も包含した広範囲の学際的な専門性も必要になる。

　障害への支援は，対象にする障害のレベルによって異なる。前述のように，

障害は，機能障害・形態（構造）障害，能力障害・能力低下／活動制限，社会的不利／参加制約の3つのレベルに分けて把握されることが多い。つまり，どのような機能が障害され，実際の日常生活では何が困難で，社会生活上はどんな不利が存在するかを把握して適切な支援を考えることになる（坂爪，2000；坂爪，2002；坂爪・本田，2000）。

　機能障害・形態（構造）障害に対しては，機能や形態の回復・再生を目標にして機能障害別に対応した直接的治療介入や，残存機能を利用した代償的治療介入が行われる。

　能力障害・能力低下／活動制限に対しては，各機能障害が現実の日常生活でどのような実際的な能力の障害を引き起こしているかを明確にして対応する。現在の能力を実生活のなかで最大限に発揮できるようにする適応的治療介入が実施される。これには外的な補助手段を利用する補填的治療介入と，適応行動の形成・維持や問題行動の予防・除去を目的にする行動的治療介入とが含まれる。

　社会的不利／参加制約に対しては，それを引き起こしている環境要因を可能な限り低減する環境設定・改善的治療介入がなされる。本人が受ける不利益を軽減するために，障害の状態を周囲に理解してもらい，適切な環境を整える支援が必要になる。

　価値的苦悩を含む種々の心理的な問題に対しては，心理・カウンセリング的治療介入による解決が試みられる。

（4）障害心理学と脳科学の関係

　障害心理学と脳科学とは，前述の人間存在の階層性からいえば，物理的存在性から生物的存在性において最も関係してくる。つまり，人間に生起する可能性のあるさまざまな障害のうち，脳の構造と機能に生じた問題を原因にした障害が該当してくる。代表的な例は，発達障害と高次脳機能障害になろう。もちろん，これらの階層の存在性に生じた障害は他の階層の存在性にも影響を与える。

　発達障害の場合，比較的低年齢の段階では，生物的な存在性における障害，すなわち言語や認知や注意などの高次脳機能の発達の遅滞や偏向が中核的な問

題となる。しかし，年齢が高くなるにつれて，就学期の集団生活上の問題，就労の問題，そして生き方の問題など，社会的存在性から個性的・自己的存在性における困難さも顕現してくる。これらの階層の存在性で生起してくる問題の代表的な例は，具体的には対人性や社会性や自己評価などにおける困難さである。物理的・生物的な存在性における発達の障害には脳科学的な認識が中核になる。その一方で，社会的・個性的・自己的存在性における障害には心理学的な認識が欠かせない。

　発達障害では，その障害がそれ自体として存在するわけではない。現実に存在するのは，発達障害のある「児」であり「者」である。つまり，脳科学に基づいた発達障害自体の理解と支援，そして心理学に基づいた発達障害「児・者」への理解と支援の両者が必要不可欠である。発達障害のある子どもへの特別支援教育に際しては，人間の階層的な存在性を踏まえた障害心理学の知識が必須である。さらには，脳科学などの他領域の幅広い知識に基づく学際性も要求される。高次脳機能障害と高次脳機能障害「者」の関係にも同じことがいえる。

3．高次脳機能と発達障害

（1）高次脳機能とは

　神経心理学，または高次脳機能障害学の立場からは，「心」はいくつかの機能に分けられる。「心」を言語，認知（感覚・知覚），行為（運動・動作），記憶，注意，遂行（実行）機能，感情，意欲などの機能や，社会性（対人性），知能，そして人格などの能力に分けて理解できる。

　「心」をいくつかの機能や能力に分ける見方には根拠がある。成人の脳損傷患者が示す「心」のさまざまな障害像（神経心理学的症状，または高次脳機能障害と呼ばれている）と脳損傷部位との関連性については，19世紀後半以来，多くの臨床的な記載や科学的な分析がなされてきた。脳のある特定の領域に生じた損傷によって，「心」のある特定の機能だけが低下したり喪失したりすることが発見され，そして脳の損傷部位と症状との関係が詳細に検討されてきた。言い換えれば，脳損傷後には，「心」の全体が失われるのではなく，部分が失

われることが示されてきた。さらに，脳に生じた損傷部位の違いによって，失われる「心」の部分は異なることが確認されてきた。つまり，「心」には構成要素（機能単位・要素的機能）が存在し，それぞれに対応する神経基盤があることが示されてきたのである。

このような神経心理学や高次脳機能障害学の臨床的・実験的な研究の長い歴史のなかで，脳の高次機能に関する多くの知見が蓄積されてきた。そして，左右の大脳半球の機能の違い（機能中枢の側性化），大脳半球内の部位による機能の違い（機能中枢の局在性），さらに脳の特定の部位間の関係（機能中枢間の連絡性）などが明らかにされてきた。最近では，脳イメージング装置を用いた脳の賦活研究から，健常者を対象にして実験的な課題を工夫することによって，「心」の機能過程が活発に解明されてきている。

発達障害のある子どもでは，脳の神経成熟や神経回路網の形成に問題が生じて，「心」の発達が遅滞したり偏向したりする。神経心理学的には，「心」の構成要素であるさまざまな高次脳機能の発達が遅滞したり偏向したりしている状態と考えられる。また，原因疾患や生活環境などの要因と絡んで，子どもの障害（遅滞・偏向）の状態は量的・質的にさまざまに違ってくる。障害の理解に際して，発達的変化という時間軸への考慮が重要になる点で，成人を対象にした神経心理学と，発達期の子どもを対象にする発達神経心理学には違いがある。しかし，支援に際しては，各個人の高次脳機能の"強み"と"弱み"の状態のプロフィール（パターン），言い換えれば高次脳機能の"温度差"や"凸凹"を理解することが前提になる点では，本質的な違いはない。以下，高次脳機能の障害という表現には機能発達の遅滞（遅れ）と偏向（偏り）を含んでいる。

（2）脳の構造と機能の発達

子どもの高次脳機能を神経心理学的に理解するためには，脳の構造と機能，およびそれらの発達的な変化を知ることが必要である。ここに概略を述べる。

1）脳の神経細胞と神経回路網

脳の構成要素は神経細胞とグリア細胞と血管である。神経細胞は胎児期に急激に細胞分裂して増殖するが，妊娠9ヵ月頃で停止する。この段階では成人よりも多くの神経細胞が存在するが，その後，神経細胞の約半分が自然に死滅す

る。死滅する神経細胞は神経細胞同士の連絡（シナプス形成）ができなかった神経細胞である。人間では妊娠2ヵ月頃から，胎児の脳の神経細胞の軸索が伸びてシナプス形成が開始される。このような神経細胞の死滅はあらかじめ決定されていて，プログラム死と呼ばれている。これらの過程は出生前にほぼ完了するとされている。

　神経細胞が他の神経細胞と連絡を形成して，情報処理に必要な神経回路網が構成される。シナプスの数は生後8ヵ月から1年目で最も多くなるが，生活環境に応じて，使われない神経回路は刈り込まれる。このような調整を経て，神経回路網の大部分は3歳頃までに完成される。神経細胞が他の神経細胞と神経回路を形成するときに，特定の刺激の入力がないと，その刺激に対応する機能の神経回路が適切に形成されない（例：動物の制限環境下での飼育実験）。反対に，特定の刺激入力によって，特定の機能が集中的に形成される時期があり，脳の敏感期（あるいは臨界期）と呼ばれている。この時期までの生活環境が後々の脳の機能に影響することから，神経回路網の形成には生活環境によって各個人に違いが生じてくると考えられている。

2）脳の機能中枢と連合野

　脳を巨視的にみた場合，「心」の構成要素の神経基盤には，特定の種類の情報処理に特化した神経回路網が集合した脳領域（機能中枢）がある。機能中枢には，視覚や聴覚などの各感覚様式の情報を専有的に処理する一次野（一次中枢）と，それに隣接する二次野（二次中枢）とがある。

　処理の水準からは，一次野では情報に初期段階の処理が施される。次に，それらの情報が二次野に送られてより高次に処理される。感覚情報の場合，二次野で処理された情報は三次野（三次中枢）に送られ，視覚や聴覚などそれぞれの感覚様式で処理された様式特異的な情報が統合される。異なる感覚様式の情報が統合されて処理されるために，三次野は異種感覚の連合野とも呼ばれている。運動情報の場合も同様に，一次野よりも，二次野が高次の処理を担っている。

　要素的な機能が組み合わされて機能系が構成される。高次の機能系は神経構造的には，大脳の連合野によって達成されている。連合野は，各脳領域が相互に連絡し合ってより複雑な情報を処理する高次の脳領域と考えられている。

3）連合野の成熟と種類

　大脳の連合野は神経発達的には成熟が遅い領域とされている。神経成熟の指標の一つに神経細胞の軸索の髄鞘化がある。神経細胞の軸索に髄鞘が形成されることによって，神経細胞の信号伝達の効率が向上し，また信号伝達の速度が速くなる。連合野では，この神経細胞の軸索の髄鞘化の進行は他の脳領域に比べて時間を要し完成が遅い。したがって発達に障害のある場合には，このような大脳連合野によって達成される機能の発達や，それらに依存した能力の獲得が特に影響されやすいと考えられる。

　大脳の代表的な連合野は側頭連合野，頭頂連合野，そして前頭連合野である。側頭連合野は主に形・色・顔の認知や記憶に関係している。左大脳半球の側頭連合野は言語性の記憶や認知，また右大脳半球の側頭連合野は非言語（主に視覚）性の記憶や認知に関係が深いとされている。

　右大脳半球の頭頂連合野は方向性・転換性注意，位置・方向認知，空間情報の処理などに関係している。左大脳半球の頭頂連合野は読字・書字などの文字情報の処理，計算，行為（道具の使用など）のプログラム，身体部位や手指認知，また左右認知などに関係が深い。

　前頭連合野は最高次の連合野であり，"連合野の連合野"とも称されている。前頭連合野は遂行機能や作動記憶に関係している。遂行機能とは，行動（思考）の目標を設定し，行動の手順を計画し，行動の進行状況を監視し，そして必要に応じて行動を修正・効率化する一連の過程の総称である。作動記憶とは情報を一時的に保持して操作する意識的な記憶過程である。左大脳半球の前頭連合野は言語性の作動記憶，一方，右大脳半球の前頭連合野は非言語（視覚）性の作動記憶と関連が深い。

（3）脳の機能系と発達障害

1）脳の機能系の概要

　主な高次脳機能系と主要な発達障害とを対応させたものを図5-1に示した。図5-1は高次脳機能を神経心理学的に理解する基本的な枠組みであり，各機能系の関係を表している。①環境から情報を受容する感覚―知覚系，②受容した情報を加工し保存する認知―記憶系，③環境へ働きかける運動―行為系，④各

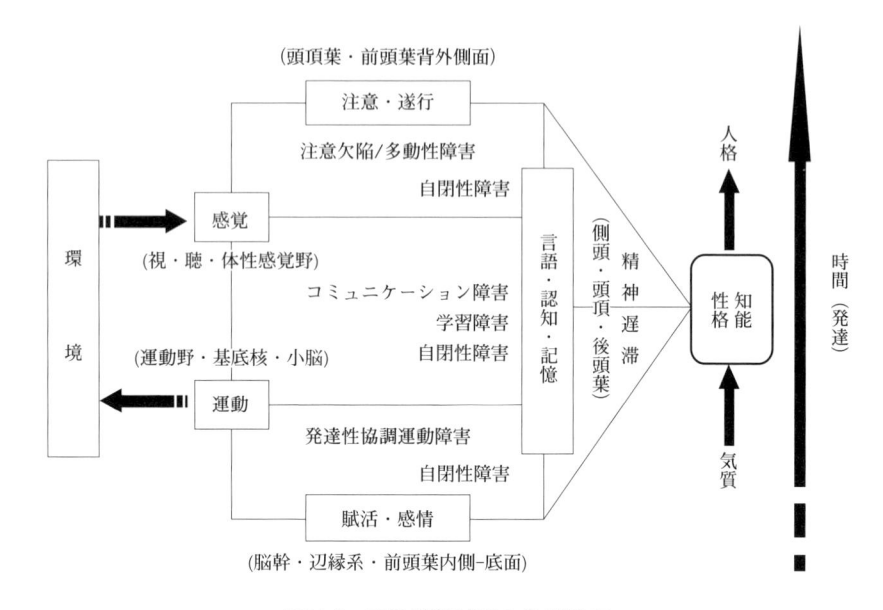

```
                    (頭頂葉・前頭葉背外側面)
                         注意・遂行
                       注意欠陥/多動性障害
                          自閉性障害
         感覚                                    (側
環      (視・聴・体性感覚野)           言         頭  精
        コミュニケーション障害          語         ・  神    知
境          学習障害                ・認        頭  遅    能      時
           自閉性障害               知         頂  滞   性格    間
         運動                      ・         ・         格    (
       (運動野・基底核・小脳)          記         後         ・    発
         発達性協調運動障害           憶         頭         知    達
            自閉性障害                          葉)        能    )
                         賦活・感情                     気質
                   (脳幹・辺縁系・前頭葉内側-底面)
                                                  人格
```

図5-1 高次脳機能系と発達障害

出典）坂爪（2000）を一部改変

機能系を調整する注意―制御系，⑤環境情報や生体情報に快―不快の感情価を付与し，また各機能系の活動水準を調整する情動―意欲・賦活系，そして⑥各機能系の統合体が性格と知能になる。

　図5-1は高次脳機能をある一時点で横断的にみているが，人間の高次脳機能には発達という時間的な変化が存在することを忘れてはならない。特に発達的変化の著しい子どもの高次脳機能は，健常機能だけでなく障害機能も時間経過に伴って変化する。発達神経心理学では，この時間経過に伴う機能の変化を考慮することが特に重要になる。

　なお，前述のように，高次脳機能の発達的変化は脳の神経成熟に伴って一方的に生じるのではなく，生活環境との相互作用によって達成される。このような環境との相互作用は発達の早期ほど影響が大きい（例：発達の敏感期）。また，より高次の機能ほど相互作用の影響を長期に渡って受けやすい。発達障害のある子どもには，早期からの支援が大切になる理由の一つでもある。

2) 脳の機能系と発達障害の関係

　図5-1には，各高次脳機能系と主な発達障害にみられる中核的・特徴的な障害との対応関係を示した。発達障害，特に広汎性発達障害は障害像に多様性が大きいために，各機能系と発達障害の障害像との関係が必ずしも一対一に対応しない場合もあるが，発達障害と高次脳機能系の基本的な枠組みを理解するための一助として示しておく。

　a．精神遅滞（知的障害）：各高次脳機能系，およびそれらが統合された働きである知能や性格などの発達が比較的全般的・均一的に遅滞する。そのために，日常生活の適応能力や活動が制限される。

　b．コミュニケーション障害：主に言語機能系の障害が中核になる。言語機能に密接に関連した他の認知や記憶機能にも影響が現れやすい。子どもの場合，言語機能系の障害は後々，学習の問題（学業習得の遅滞）につながりやすい。

　c．広汎性発達障害：自閉性障害，高機能自閉症，アスペルガー症候群などの総称である。いずれの場合も，対人関係や社会性の障害が中核になる点では共通している。言語・認知・記憶機能系，注意・遂行機能系，そして感情・意欲系など広範囲の機能系が関係する。さらに，それらの機能系の相互の統合的な働きからなる社会性能力に遅滞や偏りが現れる。

　d．注意欠陥／多動性障害：抑制の乏しさ，不注意や注意散漫などの注意機能系の困難さ，および先を見越した行動や計画的な行動や行動の修正などが困難という遂行機能系の困難さなどが障害の中核である。

　e．発達性協調運動障害：運動や動作の協調性が困難，運動や動作が拙劣，道具の使い方が不器用，道具の使い方の習得が悪い，道具の使い方が変則的などを示すが，運動系自体の困難さと共に，他にも言語・認知・記憶機能系と運動系との緊密な連絡にも問題があると考えられる。

　f．学習障害：実年齢や知能の水準に比べて，学業能力が学年相応に習得されず，読字障害（読字の習得困難），書字表出障害（書字の習得困難），算数障害（計算の習得困難）などを示す。このような言語性の学習障害では，主に言語・認知・記憶機能系における困難さが中核になる。対して，非言語性の学習障害では，視空間処理，構成力，そして対人性などにおける困難さが中

核になる。

4. 発達の「壁」と高次脳機能

(1) 発達障害と発達の「壁」

　発達障害，特に精神遅滞（知的障害）のある子どもへの教育に際して，従来から「9歳の壁」の存在が指摘されてきた。「9歳の壁」とは本来，聴覚障害のある子どもにみられがちな，9歳頃までに身につける学力が停滞しやすい現象を指摘した表現であった。つまり，9歳頃の低学年までは健常な子どもと同程度に学力を獲得していくが，それ以降の高学年では抽象的な事柄の理解力や思考力が十分でなく，学習が遅滞しがちになり，小学校4年生程度の学力段階で滞ることが多い事実を表していた。

　この「9歳の壁」という現象の背景には，言語と思考の関係の重要性とともに，健常な子どもでも9歳前後になると，学校での授業を十分に理解できない子どもが増加することにも関連している。健常な子どもにみられる「9歳の壁」の要因としては，高学年になると教科の学習内容が高度化してくることと，認知・知的発達が一時的に停滞する発達心理学的な現象とが指摘されている。

　発達障害のある子どもの発達の特徴や学習の進行にみられる制限や停滞が「9歳の壁」と表現されることもある。小学校高学年の水準の文字言語（読字と書字）や数操作（計算）の習得，また抽象的な思考などの獲得に制限が生じてくることを意味している。健常な子どもにみられる「9歳の壁」と，発達障害のある子どもが示す「9歳の壁」とが同じものなのか，あるいは異なるものなのか，また異なる場合には，質的・量的にどのような違いがあるのかなどは興味深い問題である。実際には，発達に障害があると，「壁」が厚くて越えるのに非常に苦労したり，長く停滞したりする現実がある。

　「9歳の壁」以外にも，発達障害のある子どもには「6歳の壁」，さらには「3歳の壁」ともいえる状態がみられる。一般的な発達障害の場合，これらの「壁」は特に言語機能と言語関連の能力に関して明瞭にみられる現象である。例えば，言語機能の発達が重度に遅滞すると，健常な3歳の子どもの音声言語の水準に到達できず，日常的なコミュニケーションが制限されてしまう。これ

は「3歳の壁」といえるものである。

　言語機能の遅滞が比較的軽度であるときには，音声言語による日常的なコミュニケーションはある程度獲得できるが，健常な6歳の子どもが有する就学に必要な水準の言語機能にはなかなか到達できない。学校での授業活動に必要な水準の言語機能の獲得が停滞する。つまり，音声言語を基盤にして成立していく，より高次の学習活動に影響が現れる。基礎的な文字言語や数操作の習得が困難で，また具体的な思考の段階にとどまりやすい。これは「6歳の壁」といえるものである。

　以下に，「3歳の壁」，「6歳の壁」，そして「9歳の壁」について，神経心理学の立場から，高次脳機能とそれに関連する脳領域との関係で述べておく。

(2)「3歳の壁」と高次脳機能

　「3歳の壁」とは，日常生活の自立に必要な基本的能力の獲得にみられる制限や停滞である。自立の基本的能力の基盤になる高次脳機能の「3歳の壁」には，大脳の機能中枢の二次野の成熟が主に関連すると思われる。二次野の成熟に伴って，視覚では対象物の色，形，奥行き，そして動きなどの情報がより精細に処理されるようになる。聴覚では対象音の音響学的な分析から，言語としての意味的な分析が可能になる。この時期は特に言語機能の発達的な変化が著しいが，運動・動作，注意，抑制の各機能に関しても同様である。

　3歳という時期は，子どもが家族に対する自分の要求表現を中心にしていた家庭生活から，他者との相互のコミュニケーションが必要になる保育園や幼稚園などの集団生活に移行する時期である。他者との集団生活では，音声言語によるコミュニケーション能力以外に，日常の基本的な身辺処理の自立や身近な道具や対象物の操作に必要な運動・動作の調整力，課題などへのある程度の注意の集中力と持続力，そして自分の欲求や要求や情動をこらえる抑制力などが要求されてくる。

　発達に障害のある場合，「3歳の壁」は特に言語機能の獲得の制限として現れやすい。言語は集団生活における対人関係や学校生活での教科学習の習得の基本になる機能である。発達障害のある子どもでは，その診断名（種類）にかかわらず，言語機能の発達に遅れのある場合がほとんどである。発達障害があ

る程度重度であるとき，視覚認知などの他の機能に比べて，特に言語機能の発達が「3歳の壁」をなかなか超えられず，音声言語（会話）による日常のコミュニケーションが困難，あるいは不十分な状態にとどまることも多い。

　言語機能の遅滞が重度の場合，音声言語によるコミュニケーション能力の獲得が制限される。このような状態の神経基盤には，聴覚の二次野でもある言語理解に重要なウェルニッケ野，また運動の二次野でもある発語に重要なブローカ野，そしてそれらの領野間の連絡など，言語系の神経成熟の遅滞や神経回路の形成の偏りが関係していると推定される。

(3)「6歳の壁」と高次脳機能

　「6歳の壁」とは，就学に際して，学校での集団生活や授業活動に必要になる能力の獲得にみられる制限や停滞である。就学期に必要な基本的能力の基盤になる高次脳機能の「6歳の壁」には，大脳の機能中枢の三次野である側頭連合野と頭頂連合野の神経成熟が主に関連すると考えられる。二次野に比べて，三次野である連合野の成熟には時間がかかる。発達に遅滞がある場合には，影響を受けやすい脳領域ともいえる。

　学校生活では，音声言語が十分に発達していることが前提になる。他者とのコミュニケーションに必要になることはもちろん，授業時の教師の説明や校内活動へのさまざまな指示は言語を通じてなされる。音声言語に遅滞がある場合には，これらの活動に際して困難さを伴うことになる。言語機能の遅滞が比較的軽度である場合には，音声言語による生活上のコミュケーション能力はある程度獲得できるが，音声言語を基盤にして獲得されていく，より高次の言語活動に影響が現れる。具体的な例をあげれば，文字言語の習得（読字と書字），数や記号の操作の習得（計算），そして論理的な思考の発達などに困難さを伴いやすい。さらに言語は自分の行動の管理や監視にも関係し，行動手順の計画や修正に大きな役割を果たしている。これらが遅滞すると，状況に依存した場当たり的な行動が多くなりやすい。

　知識の獲得は言語による処理と記憶に大きく依存している。他にも，授業への注意の集中力と持続力，鉛筆やハサミなどの文房具を使いこなせる運動・動作の細かな調節力，文章（空間的に配列された文字列）をたどる注意の方向づけ

と持続力，対象物の位置や方向などの空間情報の処理力，文字を形作る構成力など，さまざまな高次脳機能が関係してくる。神経心理学の立場から少し誇張して言えば，健常な6歳児程度の高次脳機能の成熟があれば，知識の習得程度はまだ不十分で未熟であるにしても，自立的な社会生活を営んでいく基盤を獲得しているといってよい。

就学後の教科学習の基盤になる主な高次脳機能とそれに関連する脳領域は次のようになる。記憶は左右大脳半球の側頭連合野や側頭葉内側部，文字情報の処理や道具の使用動作のプログラム生成は左大脳半球の頭頂連合野，そして注意の方向づけや構成力や空間情報の処理は，右大脳半球の頭頂連合野との関係が深い。

(4)「9歳の壁」と高次脳機能

「9歳の壁」とは，就学期の高学年以降の学力，抽象的な思考，そして社会生活に必要な広範囲の能力の獲得の制限や停滞に主に関係する現象である。学力や抽象的な思考の発達は，言い換えれば知能発達の問題でもある。知能とは，神経心理学的には，複数の高次脳機能が統合されて複雑な課題を解決したり，状況に応じて適応的に活動したりする能力と考えられる。このような高次の能力には，高次脳機能の各中枢自体のさらなる成熟と中枢間の緊密な連絡が必要になる。さらに，それらを統合的に制御する機能に関係する領野の成熟も重要になる。大脳の前頭連合野の神経成熟，ならびに側頭連合野や頭頂連合野の一層の成熟，そして各連合野間の連絡路の神経成熟が関連していると思われる。

就学期の高学年以降の学力や広範囲の社会生活の基盤になる高次脳機能は，主に制御に関係する機能である。遂行機能や作動記憶や流動性知能などの認知的な情報の制御には前頭葉の背外側面，自発性や能動性などの欲動の制御には前頭葉の内側面（前部帯状回），そして認知情報と情動情報との統合的な制御や調整には前頭葉の底面（眼窩前頭皮質）が重要な役割を担っている。

思考や行動の目標設定，そのための手順の計画性と一貫性，そして思考や行動の結果の評価と適切な修正には，前頭葉背外側面の遂行機能が必要になる。多くの情報に基づく総合的な思考や判断には同じく背外側面の作動記憶が関係する。また，興味や関心の広さと深さには前頭葉内側面の自発性や能動性が関

係する。さらに，前頭葉底面は社会的な行動に関係が深く，社会脳や道徳脳や倫理脳などとも称され，意思決定に重要な領域である。意思決定には，認知情報と情動情報とを適切に関連づけて価値を判断したり，情報を重みづけたりする能力が必要になる。

5. 発達障害のアセスメント

(1) アセスメントの意義

　発達障害のある子どもに的確な支援を実施するためには，子どもを正確に理解することが前提になる。正確な理解はあらゆる支援の基本である。子どもの正確な理解には何らかのアセスメント（評価）が必要になる。

　子どもの何をアセスメントの対象にするのか，言い換えれば子どもへの理解の視点の違いによって，支援の仕方は異なってくる。アセスメントの対象は，具体的には，行動，能力，そして高次脳機能に分けることができる。本来は，これらすべてに対する総合的な理解と，それらに基づく包括的な支援が必要である。

　発達障害のある子どもや年少の子どもにアセスメントを実施する場合，負担の強いアセスメントはなじまない。可能な限り負担の少ないアセスメントを心がけるべきである。そのためには，子どもになじみやすく短時間で実施できるアセスメント，また子どもの様子に応じて柔軟に変更できるアセスメントが望ましい。

　アセスメントの場面には，保護者などの支援者に同席してもらうことも大切になる。保護者にアセスメントの結果を正確に理解してもらい，そして日常生活での支援に活用してもらうためには，子どもがアセスメント課題を解決する様子を保護者に観察してもらうことが重要になる。観察後に，保護者に子どもの発達状態を説明して，支援の基本的な原則を保護者と共に確認し合い，さらに具体的な支援の仕方を保護者と協働して考える作業が欠かせない。なお，ここでいう支援は，治療介入や教育やカリキュラム開発などを総称している。

(2) 能力・行動による理解と支援

　発達障害の理解の仕方や枠組みに，診断や判定がある。診断は発達障害の有無や種類を決定するために，また判定は能力の発達水準や達成水準を示すために実施されている。一般的には，このような診断や判定によって子どもを理解している場合が多い。診断や判定も一種のアセスメントである。診断や判定が何に基づいているのか，また，診断や判定の結果から，どのように支援が導かれたり関係したりするのかなどを理解しておくことは重要である。

　発達障害の診断は子どもの示す特徴的な行動とその組み合わせに基づいている。例えば，対人的な関係が築けない，コミュニケーション態度に乏しい，そして興味や関心の範囲が限定的であるなどの行動が目立つと自閉性障害と診断されている。

　発達障害の判定は子どもの示す能力の水準に基づいている。能力の水準は通常，知能検査や発達検査などの心理検査によって測定されている。知能検査からは知能指数（IQ）が算出される。発達検査からは発達指数（DQ）が求められる。個人の検査の成績を示すそれらの数値を標準値（同年齢集団の平均値と標準偏差）と比較して，知的能力や発達の水準を判定している。検査の数値が標準値より低ければ，知的能力や発達に遅れがあると判定される。

　診断に際しては行動を観察の対象にしている。しかし，行動は本来，時と場合によって変わるものである。また，判定の対象にしている能力は検査課題の難易や種類によって変わるものである。このような変わりやすい性質を持つ行動や能力だけに基づいて発達障害を理解した場合，原則のある支援を策定して実行するのは困難であろう。原則を欠く支援は，一貫した方向性のない支援，またゆらぎやすい支援になってしまいやすい。"日和見"的な支援は，支援する立場にある者として不適切であるだけでなく，子どもにとっては"わからない"支援になってしまう。そのような支援は子どもの気持ちを不安定にする危険性があり，そして子どもの発達に不利益をもたらす可能性が高くなる。

　さらに，支援への現実的な問題がある。診断や判定による子どもの理解からは，支援の仕方を具体的に策定して実践することが難しい。例えば，行動特徴から自閉性障害と診断した場合，行動特徴に基づいた理解からの支援は行動特徴の改善だけが目標になりやすく，他の教育的な支援の仕方は不明確である。

また，能力水準から知的能力に遅れがあると判定しても，どのように具体的に支援したら知的能力を改善できるのかは不明確である。具体性を欠く支援の策定は，実践につながらない支援であり，生きた支援にはならない。

(3) 高次脳機能による理解と支援

支援に際しては，支援のための明確な原則，原則に基づく一貫した支援の方向性，そして具体的に実践できる支援を導かなければならない。さらに，実際の支援では，臨機応変な柔軟性も要求される。子どもは日々発達している。子どもの発達状態の変化に応じて，支援を適宜に変えていく柔軟性は大切である。しかし，柔軟性の根底には揺るぎのない原則がなくてはならない。そのような支援のためには，行動や能力の基盤になっているものを理解しなければならない。

行動や能力には，高次脳機能（神経心理学的機能）という基盤がある。脳には，さまざまな働きを専有的に営む中枢（領野）が形成される。また，複数の中枢が相互に密接に連絡し合って，より複雑な働きが営まれている。高次脳機能とは，このような脳の解剖学的構造と生理学的機能との関係からみた心理・精神機能をいう。

高次脳機能には，注意，言語，認知（感覚・知覚），記憶，行為（運動・動作），感情，意欲など多くの種類がある。これらの機能は，言い換えれば，「心」の現象を支えている基本的な構成要素といえるものである。このような高次脳機能が行動や能力の基盤を構成しており，障害された場合には，行動のように時と場合によって変化したり，能力のように課題の難易や種類の違いによって根本の障害像が変わったりすることはない。

発達障害の原因は脳の神経成熟の遅滞や神経回路網の形成の偏向にある。したがって，高次脳機能の状態を明確に理解することは本来必須である。さまざまな高次脳機能の"強み"と"弱み"，"温度差"，あるいは"凸凹"を理解すること，つまり高次脳機能のプロフィールを明らかにすることが重要になる。高次脳機能のプロフィールがわかれば，支援に原則や一貫した方向性を持ち，そして実際の支援を具体的に工夫できる。

6. 特別支援教育に必要なアセスメント

　発達障害のある子どもへのアセスメント（評価）の目的は，的確な支援を実施することにある。このためには，子どもの高次脳機能，能力，行動，日常の活動，そして支援への適応性と効果などを総合的に確認しなければならない。

　そのようなアセスメントを理解して実施するための一助として，筆者が作成した『発達神経心理学的評価表』，および『発達神経心理学的評価表（簡易版）』がある（坂爪・本田，2000；坂爪，2008）。また，アセスメントの実際をわかりやすく例示した DVD も作成した（坂爪，2010）。これらを適宜に参照されたい。

(1) アセスメントの視点

　アセスメントを実施する際には，どのような視点からアセスメントするのか，また何をアセスメントするのかを明確にしておかなければならない。

　一般的には，臨床心理学的な視点から，子どもをアセスメントすることが多い。そのようなアセスメントでよく利用される知能検査や発達検査では，機能が統合されて現れる知能（知的能力）や生活能力を確認している。それらの能力の達成水準を明らかにするために，健常集団の標準値（平均値など）に基づいて，子どもの発達状態を相対的に比較している。その結果は，知能指数や発達指数で示される。

　一方，発達神経心理学的な視点からのアセスメントでは，健常集団の標準値との比較（個人間比較）だけでなく，個人内比較を重視する。子どもの高次脳機能を，言語，認知（感覚・知覚），行為（運動・動作），記憶，注意，感情，意欲，社会性（対人性），そして知能の各領域に分類してアセスメントを実施する。つまり，ひとりの子どもの種々の高次脳機能を分析して健常機能（強みの領域）と障害機能（弱みの領域）のプロフィールを明確にする。

　高次脳機能の臨床発達神経心理学的なアセスメント，および能力や行動の臨床心理学的なアセスメントの概略を以下に述べる。なお成人の神経心理学では通常，高次脳機能障害の症状と脳損傷部位との関連を重視する。子どもの発達

障害の場合,脳領域との関連性は成人の高次脳機能障害ほど明確ではない点に留意が必要である。そのために,ここでは脳領域との対応関係については省略した。しかし,成人から得られている知見は,子どもの高次脳機能を理解するための基本になる。成人の高次脳機能障害と脳損傷部位との関連などについては,坂爪(2007)を参照されたい。

(2) 高次脳機能のアセスメント

　高次脳機能をアセスメントする目的は,子どものさまざまな高次脳機能の健常性と障害性を解明すること,つまり高次脳機能のプロフィールを明確にすることにある。これには特定の高次脳機能に選択的に負荷をかける課題を用いたアセスメントが必要になる。神経心理学的アセスメントはこのために実施される。

　神経心理学的アセスメントは,①伝統的に使用されてきた臨床的な課題によるアセスメント,②障害の本態を詳細に解明するために特別に工夫された実験的な課題によるアセスメント,そして③標準化された汎用的な課題によるアセスメントに分けられる。子どもの状態や目的によってこれらを適宜に使い分けることが大切である。

　次に,坂爪(2008)にならって,高次脳機能別にアセスメントの観察項目と,アセスメントの際に注目すべき臨床症状(病理現象)について述べる。また参考までに,成人および子ども用の標準化された検査をいくつか紹介しておく。標準化された検査とは,検査課題の成績の標準値と判定基準とが統計学的に明確に構成されている検査をいう。また,広く市販されていて比較的手に入りやすい検査でもある。市販されている検査は数が多く,ここで紹介しているのはそれらの一部である。なお,標準化された検査を紹介してはいるが,次の理由から,子どもへの実施を必ずしも推奨しているわけではない。

　低年齢の子どもや発達障害のある子どもには,市販の標準化された検査の適用は難しい場合が多い。検査を無理に実施するのではなく,対象者の状態に応じて適宜に使い分けることが必要になる。検査への過剰な信頼や検査結果への過度の依存は危険性を伴いやすい。検査はあくまでも,子どもを理解するための補助手段であることを忘れてはならない。大切なのは,標準化された検査の

結果を考察して，適切な支援を導くことである。検査結果の考察に際しては，神経心理学的な視点から，高次脳機能を臨床的な課題や観察などで確認しておくことが前提になる。実際には，検査や課題の実施が困難でも，神経心理学や高次脳機能障害の知識があれば，臨床観察から必要な情報を得ることは十分可能である。逆に，神経心理学や高次脳機能障害の知識を欠く場合には，詳しい検査を実施したとしても，発達障害のある子どもを真に理解することはできない。

1）言語
a．観察項目：構音，発語・発話，聴覚的把持力，言語理解，呼称・喚語，復唱，読字・読解，書字・構文，計算などの機能（能力）を確認する。
b．臨床症状：構音の不明瞭さ，発語・発話の非流暢性，喚語・呼称の困難さ，言い間違い（錯語），言語理解の困難さ，文法の誤り，読字・読解の困難さ，書字・構文の困難さ，計算の困難さなどの病理現象の有無を確かめる。
c．標準化検査：成人用には標準失語症検査（SLTA），WAB失語症検査日本版，実用コミュニケーション能力検査（CADL）などがある。子ども用にはITPA言語学習能力診断検査，PVT絵画語い発達検査などが利用されている。

2）感覚・知覚・認知
a．観察項目：視覚，聴覚，触覚（体性覚）の各感覚様式別に確かめる。感覚障害の有無，物体（対象物）や空間（物体間の関係，位置，方向）などの客体の知覚・認知の状態，また自己の身体や病態などの主体に関する知覚・認知機能（能力）を確認する。対象物の同定や指示や呼称などの課題で検討する。
　なお，感覚は刺激による感覚器官の興奮，知覚は感覚器官を通じて外界を知る働き，そして認知は知覚と記憶など他の認知機能とが連携して達成される働きである。
b．臨床症状：感覚障害，知覚障害（統覚型障害：対象のまとまりのある把握が困難），認知障害（連合型障害：対象の意味的な把握が困難）の有無を確かめる。
c．標準化検査：成人用には標準高次視知覚検査（VPTA），BIT行動性無視

検査，ベンダーゲシュタルト検査などがある。子ども用にはフロスティッグ視知覚発達検査などがある。

3）運動・動作・行為

a. 観察項目：運動・動作の調整力，客体（道具）を扱う動作，そして形作る行為を確認する。

b. 臨床症状：粗大運動や巧緻性動作の拙劣さ，象徴的動作や単一の道具の使用動作における不器用さ，複数の道具の系列的な使用動作における順序の誤り，構成行為の困難さなどを確認する。

c. 標準化検査：成人用には標準高次動作性検査（SPTA），子ども用には随意運動発達検査などがある。構成行為は幾何図形の模写課題，パズル課題，積み木課題などで試す。成人用には構成課題であるレイ複雑図形検査やコース立方体組み合わせ検査，子どもには積み木課題の大脇式知的障害児用知能検査が利用できる。

4）記憶

a. 観察項目：記憶は複数の機能（能力）が関連し，またさまざまに分類されている。記憶段階からは記銘・保持・想起，保持情報の時間・容量・操作性からは短期（作動）記憶・長期記憶，保持情報の内容からは意味記憶・エピソード記憶・手続記憶，記憶の管理・監視からは展望記憶・メタ記憶，記憶材料の特異性からは言語性記憶・非言語性記憶，記憶の秩序性からは見当識，そして記憶の意識性からは顕在性記憶・潜在性記憶に分けられる。必要に応じてこれらを適宜に確認する。

b. 臨床症状：記銘や想起の困難さ，見当識の困難さ，記憶の錯誤，言語性記憶と非言語性記憶など材料特異的な記憶の困難さ，適切なタイミングでの想起の困難さの有無などを確認する。

c. 標準化検査：成人用には三宅式記銘力検査，ベントン視覚記銘検査，レイ複雑図形検査，ウェクスラー記憶検査改訂版（WMS-R），リバーミード行動記憶検査（RBMT）などがある。子ども用の標準化された記憶検査は少ない。

5）注意

a. 観察項目：注意は容量・選択・転換・持続・配分性などの下位機能に分

けられる。臨床的には、注意を構成するこれらの機能に特異的に負荷をかける課題を利用して確認する。
b. 臨床症状：注意の散漫さ、注意の固着、不注意、注意の転換の困難さ、注意の配分の困難さなどの病理現象の有無に注目して確認する。
c. 標準化検査：数唱課題（容量性注意）、抹消課題（選択性注意）、トレール・メーキング・テスト（Trail Making Test：転換性注意）、連続打叩課題（持続性注意）、PASAT（Paced Auditory Serial Addition Test：配分性注意）などがある。子どもにもこれらを適宜に工夫して利用する。

6）前頭葉機能
a. 観察項目：前頭葉機能には遂行機能、反応抑制、流暢性、概念形成と転換、作動記憶、そして展望記憶など、複数の機能や能力が関係する。必要に応じてこれらを適宜に確認する。
b. 臨床症状：行動の段取りの悪さ、行動の計画性のなさ、行動の見通しの悪さ、行動の修正の困難さ、行動の効率の悪さ、行動の多様性のなさ、定型的な行動の多さなどの病理現象に注目して確認する。
c. 標準化検査：語や図形の流暢性課題（思考の流暢性）、ウィスコンシン（Wisconsin）カード分類検査（概念形成と概念転換）、ストループ（Stroop）検査（反応の抑制）、ハノイの塔課題（遂行機能）、ティンカートイ・テスト（Tinkertoy Test：遂行機能）、遂行機能障害症候群の行動評価（BADS）などがある。子どもにもこれらを適宜に利用する。

7）感情・意欲
a. 観察項目：感情の自然な変化、感情の深み、感情の多様性、興味や関心の対象の広さあるいは狭さ、自発性や能動性の有無などを確認する。
b. 臨床症状：感情の変化のなさ（平板化）、感受の変わりやすさ（易変性）、感情の浅薄さ、感情の多様性のなさ、感情の偏り、興味・関心の範囲の狭さ、興味・関心の対象の偏り、受動性、無関心などの有無を確認する。
c. 標準化検査：検査を利用する場合、感情・意欲を比較的広範囲に網羅した全般的な検査と、ある特定の感情・意欲状態の把握に特化した検査があり、適宜に使い分ける。POMS, CMI健康調査表、自己評価式抑うつ尺度（SDS）、ハミルトンうつ病評価尺度（HDS）、ベック抑うつ質問票（BDI）、

MAS不安尺度，STAI状態・特性不安検査，P-Fスタディ（絵画欲求不満検査）などがある。

(3) 能力・行動のアセスメント

複数の高次脳機能が統合された現れである能力や行動の確認は，現実の生活能力や環境への適応性を推定するのに必要である。そのような能力の代表は知能であろう。また，多くの能力の統合体で個人特有の適応性を示す性格・人格の特性を確かめるために，臨床心理学の領域で利用されているさまざまな心理検査を用いてアセスメントすることが多い。

1) 知能

a．観察項目：知能は複数の機能の統合からなる総合的な能力である。注意や認知や記憶などの個別機能を統合的に駆使して，複雑な課題を処理する働きが知能になる。

b．臨床症状：抽象力・推理力・判断力の困難さ，考えの多様性のなさ，考えの柔軟性のなさ，考えの浅薄さ，考えの偏りなどの有無を確認する。

c．スクリーニング検査：成人用では，長谷川式簡易知的機能評価スケール改訂版（HDS-R），ミニ・メンタルテスト（MMSE），レーブン色彩マトリックス検査，コース立方体組み合わせ検査などがある。子ども用では，レーブン色彩マトリックス検査や大脇式知的障害児用知能検査などがある。

d．総合検査：ウェクスラー式知能検査がよく利用されている。日本版のウェクスラー式知能検査には，成人用のWAIS-Ⅲ，児童用のWISC-ⅢやWISC-Ⅳ，幼児用のWPPSIがある。他に子ども用としては，田中ビネー知能検査Ⅴ，K-ABC心理教育アセスメントバッテリー，DN-CAS認知評価システムなどが利用されている。なお，K-ABCやDN-CASは伝統的な知能検査というよりも，同時処理や継次処理など情報の処理様式に焦点を当てた検査である。

2) 性格・人格

a．観察項目：性格・人格は個人の比較的一貫した考え方や行動の仕方などを意味する概念である。人間に共通の機能（能力）ではなく，個別性を理解するために実施される。検査様式によって質問紙法，投影法，そして作業法

に分けられる。
 b．臨床症状：性格・人格に未熟性，退行性，そして偏りなどがないかを確認する。
 c．質問紙法検査：矢田部ギルフォード性格検査（YG），ミネソタ式多面人格検査（MMPI），モーズレイ性格検査（MPI）などがある。
 d．投影法検査：ロールシャッハ・テスト，絵画統覚検査，P-Fスタディ，バウムテスト，人物画テストなどがある。
 e．作業法検査：内田・クレペリン精神作業検査が利用されている。

3）生活能力・行動

前述の機能や能力に関するアセスメントは，人工的な場面（検査室）で実施されている。しかし，実際に子どもが活動するのは自然な生活場面（学校・家庭など）である。検査室でのアセスメントに加えて，実際の生活環境における生活能力や行動のアセスメントが欠かせない。生活の場で必要になる具体的な能力や行動の達成状態を確認するアセスメントが必要になる。

低年齢などのために検査課題の実施が困難な対象者では，日常行動のアセスメントから発達状態を確認することが多い。子どもによく利用される家庭での生活状況から発達状態を把握する質問紙検査などはこれに相当する。
 a．観察項目：日常生活を自立的に送るために必要な能力を確認する。大きくは，運動・操作，理解・表出，概念・思考，社会性などの領域について検討する。その際に，摂食，排泄，着替え，遊び方など，日常生活上の具体的な活動も観察する。
 b．臨床症状：各活動の達成状態から，能力に遅滞や未熟さ，そして行動に定型性や非柔軟性などがないかを確認する。
 c．標準化検査：子ども用としては，新版S-M社会生活能力検査や乳幼児発達スケールKIDSなどが比較的よく利用されている。

7．特別支援教育に必要なカリキュラム開発

学校での特別支援教育には，子どもに適した支援カリキュラムの開発が要求される。特に，発達障害がある程度重い場合には，教科教育のためのカリキュ

ラムだけでは不十分である。教科教育への適応には，高次脳機能が基盤になっているからである。障害の程度によっては，教科教育のカリキュラムの開発以前に，高次脳機能を支援するカリキュラムの開発が必要になる。つまり，特別支援教育には，高次脳機能への支援カリキュラムと教科教育への支援カリキュラムの両方の開発が欠かせない。現在の特別支援教育において最も欠けているのは，子どもの高次脳機能への理解と支援，および高次脳機能の状態に配慮した教科教育への支援である。

　以下に，現在の教育現場で最も不足している高次脳機能への支援カリキュラムを開発するためのアプローチについて主に述べるが，教科教育における支援カリキュラムの開発に際しても，これらのアプローチは同じように適用できる。

(1) 支援カリキュラムの前提
1) 健常・障害機能の同定と支援

　高次脳機能の障害（遅滞・偏向）を支援（治療・教育）するには，諸種の高次脳機能の健常な機能と障害のある機能とを明確に区別することが前提になる。そして，障害のある機能をさらに詳細に分析して，真の障害部分を確定する必要がある。つまり，ある特定の機能が下位の複数の構成要素から成り立っている場合，どのような構成要素のどの段階に障害があるのかを同定して支援することになる。

　発達期にある子どもの場合，構成要素の障害に起因する機能の障害は，構成要素の活動が実際に必要とされる時期まで顕在化しないことがある。当該機能への負荷が軽い時期には障害が発現しない場合がある。また，環境条件によっては当該機能を必要としないために，機能障害の存在が隠蔽されることもある。例えば，習慣的な活動が多い日常生活では，新奇な場面や複雑な状況で要求される前頭葉系の制御機能の障害は現れにくい。しかし，機能のより高度な活用が要求される後の時期（就学期など）に，障害が顕現してくる可能性がある。このような場合には，機能障害の将来の顕在化を視程においた予防的な支援も必要になる。

　支援を大きく分ければ，①障害機能や障害された構成要素を改善する直接的な支援，②健常機能や健常な構成要素を介在して代償する間接的な支援，③両

者を併用する混合型の支援がある。これらのうち，直接的な支援はあらゆる支援の基本になる。特に低年齢の子どもでは，効果が大きい。低年齢では，脳の新組織化あるいは再組織化が生起しやすいためと考えられている。支援の種類をより細かく分類すれば，後述するように7種類に分けられる。

2) 発達の保障と支援

子どもは環境から様々な情報を獲得して発達していく。特定の情報に特に感受性の高い敏感期も存在する。このような発達期には，障害機能に専有的に依存した情報獲得や障害構成要素を介した情報処理への依存は非効率的であり，結果として発達の遅滞や歪みを招く可能性がある。

障害機能に健常機能を介在させる間接的な支援は，直接的な支援への抵抗を弱めたり，障害機能を代償・補償したりするために実施される。このような支援は子どもの認知・知的発達を可能な限り保障していく点からも重要である。

効率的な認知・知的発達には，健常機能を最大限に活用することも大切になる。例えば，言語障害の場合，聴覚言語情報の処理が困難なために，子どもは言語的情報や言語指導を避ける傾向を示すことがある。この場合，聴覚言語機能に強く依存した情報の提示だけではなく，聴覚的な言語情報に視覚的な情報を添える必要がある。聴覚言語情報を処理できず意味理解が困難でも，健常な視覚情報処理機能を介在させることで理解が容易になる。意味理解が不全な聴覚言語情報を避け，言語機能への働きかけに抵抗を示しても，理解が容易な視覚情報を併用することで，支援が可能になる。

3) 認知・行動スタイルと支援

子どもが比較的年長の場合，環境の要求に適応するために，障害機能に対応した特有の認知・行動スタイルが子どもに形成されることがある。障害に起因して日常生活を通じて獲得された認知・行動スタイルは，直接的な支援に妨害的に作用することが少なくない。例えば，言語障害のある比較的年長の子どもの場合，聴覚言語的な情報処理が困難なために，視覚的情報処理に強く依存した偏向した認知・行動スタイルを示し，視覚情報（テレビ，ビデオ，絵本など）を好む傾向が強い。その一方で，言語的な働きかけを無視したり，避けたり，嫌ったりする行動が出現しやすい。また障害に起因した失敗経験が多いと，その障害に関係した諸活動への感情的な抵抗が生じやすい。その結果，苦手な言

語課題を用いる言語障害への支援に取り組むことを避けたり逃げたりする。

このような逃避・回避的な認知・行動スタイルは形成が速やかで，また習慣化しやすいために，一度形成されると変容することが難しい。さらに，年齢が高くなるにつれて複雑化してくる。逃避・回避的な認知・行動スタイルを可能な限り形成しないようにするための予防的な支援が大切になる。

(2) 支援カリキュラムの枠組み

成人の脳損傷後の高次脳機能障害に対しては，神経心理学的リハビリテーション，あるいは認知リハビリテーションが実施されている。対象者の高次脳機能を神経心理学的に分析して，健常機能と障害機能とを明確にして治療介入を実施している。障害機能がいくつかの下位の構成要素（要素的機能）からなる場合，どの構成要素に障害の本質があるかをさらに確認して，支援すべき標的対象を明確にしている。

発達障害のある子どもへの支援に際しても，子どもの"強み"の機能と"弱み"の機能を確認して必要な支援を考えることが重要である。神経心理学的リハビリテーションや認知リハビリテーションの治療介入，および発達障害のある子どもへの支援カリキュラム開発の枠組みは次のようにまとめられる（図5-2）。

1）機能改善型支援

障害のある機能に直接的に働きかける支援である。障害機能を反復して使用することによって改善をめざす。発達障害のある子どもでは，現段階の"弱み"の機能を反復使用して自動化すること，つまり努力感なしに機能が使用できるように促す。現段階の機能がある程度自動化すれば，自然に次の段階へ移行していく。子どもが今，少しの苦労でできている水準のことをたくさん練習して，楽にできるようになれば，自然に次段階に移行するということである。子どもは機能を完成した後に使うのではなく，未熟な機能を自ら使うことによって完成させようとする傾向を持っている。このような子どもの本来の傾向を妨げないことが大切である。同じことが，"弱み"の機能だけでなく，"強み"の機能にもいえる。

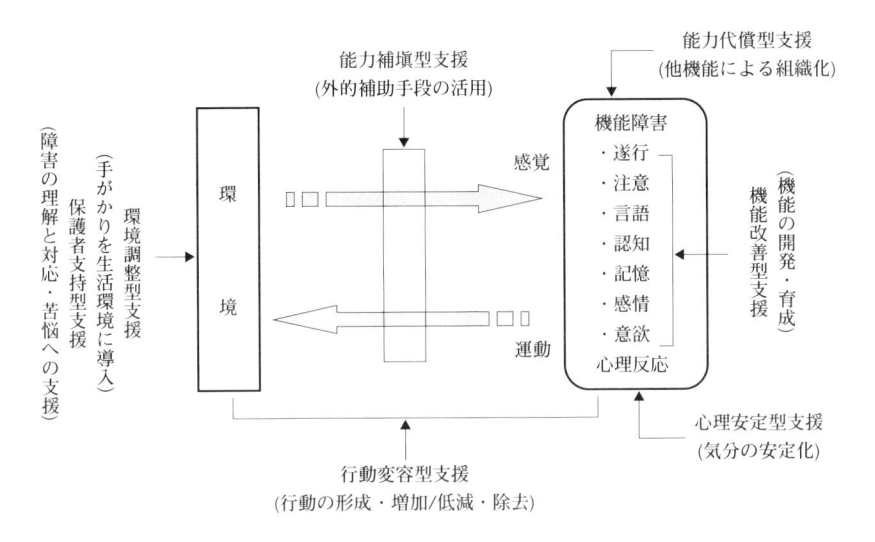

図5-2　支援の枠組み

出典）坂爪（2000），坂爪（2007）を一部改変

2）能力代償型支援

　障害のある機能に他の健常な機能を組み合わせて，支障のない働き（能力）を実現する支援である。このような考え方の代表的なモデルに，ロシアの心理学者ルリヤ（Luria, A. R.）の「機能系の再組織化」があげられる。機能系は複数の構成要素から階層的に構成された複雑な高次の機能単位を意味している。再組織化では，機能系のうちの障害のある構成要素を，他の健常な機能と置換または統合して，機能系全体として健常時と同様の働きを実現する。例えば，言語性の記銘力（言語的な符号化）が障害された場合に，対象の視覚イメージを組み合わせて記銘（視覚的な符号化）することで，支障のない記憶力を達成する。発達障害のある子どもでは，"弱み"の機能と"強み"の機能を組み合わせて，必要な働きを達成する「機能系の新組織化」への支援になる。

3）能力補塡型支援

　機能改善型支援や能力代償型支援は，機能や機能系に適応的な変化（発達）を起こすものである。そのような変化が困難な場合には，何らかの外的な補助手段（道具）を用いて，生活環境との間に適切な関係を実現する支援が必要に

なってくる。例えば，運動障害後の車イスの利用による移動能力の保障，記憶障害後のメモ帳の利用による記憶力の保障，計算障害後の電卓の利用による計算力の保障などがこれに相当する。外的補助手段には，障害や"弱み"のある機能を効果的で効率よく補い，日常的に使用できるものを選択しなければならない。また，補助手段を使いこなすための練習が必要になる。

4）行動変容型支援

人間には環境との関係で行動を形成し変容する学習機序が必ず作用している。行動変容型支援とは，この学習機序を利用して，適応的な行動を形成し，非適応的な行動を減少させる支援である。具体的には，障害機能の"使用"行動の形成，外的補助手段の"利用"行動の形成，日常の適応行動の形成，そして問題行動の改善に分けられる。

障害のある機能を改善するには，対象者自身がその機能を"使用"しなければならない。機能の"使用"行動を形成し維持するためには，その行動と強化事象（行動の生起頻度を高める刺激）との関係（強化随伴性）を最適に構築する必要がある。外的補助手段の"利用"行動の形成と維持にも同じことがいえる。

生活場面で適応的な行動を拡大することも大切になる。通常，治療・教育者は子どもの"障害"（苦手）といった"非適応"的な行動に注目して働きかけている。一方で，子どもの"健常"（得意）な行動には無関心でいる場合が多い。"障害"行動には積極的に改善を志向して支援するが，"健常"行動の拡大を志向した支援は少ない。生活の拡大という面からは，子どもの適応行動を開発する支援が重要になる。

不適応行動や問題行動の予防や低減も大切である。生活場面での自傷，攻撃・破壊，多動，徘徊などの行動を変容するために，それらの行動を生起させている環境事象や維持している強化事象を明らかにして，それらの関係を操作して行動を変容する応用行動分析（行動療法）の技法が利用されている。

5）心理安定型支援

発達障害のある子どもは，生活環境との関係から，さまざまな心理反応を示しやすい。特に，困惑・不安，欲求不満，無力・抑うつなどの負の感情が起きやすい。また成長に伴って，自己認識のあいまいさ，自己効力感の乏しさ，自己評価の低下などの自己意識の問題も生じてくる。場合によっては，家族への

過度の依存や社会的な孤立などを経験しやすい。このような心理的な不安定への無理解や放置は，子どもの生活の質をさらに悪化させる。これらの問題に対して，心理的な支援が必要になる。心理安定型支援の目的は，子どもの負の感情を低減して心理的な安定を確保し，学習能力を最大限に引き出すことにある。

6）環境調整型支援

発達障害のある子どもが状況を正確に理解して的確に行動できるように，環境をわかりやすく整える支援である。子どもが知覚・認知・情動的に混乱せずに行動できるように，環境情報のあいまいさやわかりづらさをできるだけ低減する支援を実施する。このために，子どもの機能や能力に合わせて，各種の情報を明確に整理（構造化）することが大切である。現在，特別支援学校でよく利用されるティーチ（TEACCH）は環境調整型支援のひとつともいえる。

7）保護者支持型支援

発達障害のある子どもの支援に保護者は欠かせない。保護者は子どもを「支援する者」であるが，同時に，子どもについてさまざまな"苦悩"を抱える「支援が必要な者」でもある。いわば，保護者は相反する二重の役割を担っているといえる。保護者の"苦悩"には，障害がわかりやすく説明されない，治療・教育の具体的な方法が示されない，そして障害を周囲から適切に理解されないという現状が反映されている場合が多い。これらの問題を解決する支持的・教育的な支援が重要になる。

（3）支援カリキュラムの留意点

1）「開発」観と「注入」観

障害に対して支援する場合，支援者（治療者・教師・保護者）は一般に，または暗黙のうちに，現状の機能（以下，能力を含む）に"不足するもの"を「注入」する考え方をとりやすい。これは"できないから，できないことをやらせて，できるようにしよう"という見方で，強制的・受動的に外側から"足りないもの"や"欠落したもの"を植え込もうとする立場，言い換えれば"健常性"を補塡しようとする立場である。このような「注入」観に基づく支援はいくつかの危険性を伴いやすい。障害された機能の強制的・受動的使用は子どもに失敗経験を蓄積させやすい。その結果，無力感の獲得，すなわち自発的な

行動が有効な結果をもたらさないという学習（学習性無力感）が成立し，当該機能の使用意欲の低下，生活全般に対する意欲低下，治療・指導課題への嫌悪，治療・指導者や保護者に対する対人的嫌悪などが生じてくる。

一方，「開発」観は，"健常性"を自発的・能動的に引き出そうと考え，"できないなら，できることからはじめて，さらにできるようにしよう"という見方に立つ。障害された機能を自発的・能動的に使用して"できた"という効力感や達成感の経験は，機能の使用意欲の増大，生活全般への意欲の般化，対人関係の良好化をもたらす。さらに，成功経験の蓄積は無力感の形成やうつ状態の発生に対する"免疫"としても作用する。

2）自発的使用意欲の養成と維持

障害の改善には，障害された機能を自発的・意図的に使用することが重要である。機能の自発的使用態度を養成し維持するには，障害の状態や水準に適した要求をすることが大切になる。

子どもは本来，未完成な機能を完成させようとする自然な傾向を持っている。機能は完成した後に使われるのではなく，未完成だからこそ完成させようと試みる。生物的基盤の強い機能ほどこの傾向を示す。例えば，歩行の未熟な子どもが転倒を繰り返しながらも懸命に歩こうとしたり，言語が未熟で正確なことばを話せないにも関わらず盛んに発語したりする姿を日常よく観察する。

このような機能の自発的開発は機能状態に見合った要求環境でこそ発現する。子どもの機能状態を越えた無理な要求は，当該機能の使用意欲を低下させる。また自発性を開発するために，必要以上の補助や介助を控え，自らやれるように環境（課題）を設定する工夫も大切になる。さらに，誤りを過度に指摘したり修正したりせずに，障害機能の使用やうまくやれている行動を細やかに認める（ほめる）ことが必要である。誤りや失敗への過度の干渉は叱り，すなわち罰になり，機能の使用意欲を抑制してしまう。

3）意図性と自動性への配慮

完成した健常な機能は通常は自動的に実行されている。移動時に歩行状態を意識したり，会話時に言語状態を意識したりすることはない。しかし未完成な機能や障害された機能は非常に意図的に実行されている。歩行障害時には歩行動作に，言語障害時には言語理解や発語に常に注意を払い，また強い努力感を

伴う。

　障害機能を非意図的に実行できるようになることが支援の初期目標になる。意図的な実行段階にある機能が自動的な段階になってはじめて，実用的でまたより高次段階の機能を意図的に実行することが可能になる。実際の支援課題の設定に際しては，子どもが軽度の努力感を伴って実行できる水準の課題を十分に練習し，努力感なく実行できるまでを当面の目標にする。自動化がある程度進行すれば，次の機能段階への移行は自然に開始される。これらの過程を順次繰り返して発達していく。

4）気分の安定化

　発達障害のある子どもは環境情報の受容や環境への応答が不適切になりやすく，結果として気分が不安定な状態に陥りやすい。この不安定な気分状態は機能や能力の自発的使用を妨げ，問題行動を生起させ，より水準の高い適応行動の出現を妨げる。代表的な気分状態は不安，抑うつ，フラストレーション（欲求不満）である。

　不安は環境理解が不十分な場合に発生する。障害の存在が環境の認知や理解を低下させ，その結果不安感が発生し，不安の解消行動（多動，自傷，攻撃，退行など）が出現してくる。

　また，障害の存在は目標の獲得や達成を不全にし，欲求や要求の実現が阻害され，フラストレーション状態に陥りやすい。フラストレーション時には，奇声や自他に対する攻撃行動や物の破壊行動，未熟で未分化な行動（退行），閉じこもりや無意味な定型的振る舞いなどの固着行動が出現しやすい。

　さらに，障害の存在は日常生活上の適応行動を制限し，効力感を低下させ，無力感や抑うつ感を発生させる。その結果，受動的・消極的な行動や引きこもりなどの神経症的な行動が出現しやすくなる。

　これらの問題行動は基本的には，不安定な気分状態を安定させる適当な解決手段をとれないために発生してくる。気分の不安定状態は有機体にとって脅威的な事態であり，解消行動は安全の確保という生物的欲求に基づき他の行動に優先して出現する。そのために"障害のある機能を改善する"といった高次の欲求に基づく行動は抑制されてしまう。

　したがって，気分の安定化は障害への支援にとって非常に重要な問題になる。

不安を予防し解消するために，機能や能力の状態に適合した情報提示を心がけ，状況を正確に理解できるように工夫する必要がある。フラストレーションの予防と解消には，欲求に対する理解と欲求充足への配慮，また他の活動による発散などを考慮する。抑うつ感を予防し解消するために，日常の適応行動を細やかに注目し認め，効力感や達成感を経験させる。

5）保護者への支援

子どもの場合，保護者への助言と指導は欠かせない。子どもの発達への支援を効率的にまた効果的に実施するには，家庭での指導が大切であり，保護者の協力が不可欠である。保護者には，子どもを正確に理解して的確に接してもらわなければならない。このためには，発達状態の説明，支援目的の明確化，そして支援の具体化が前提になる。

発達検査や知能検査などの通常の心理検査の結果だけでは，具体的な支援対象の設定と支援手続きの明瞭化は困難である。前述の機能の神経心理学的な分析が必須になる。さらに，家庭での接し方や指導の仕方を助言するだけでなく，保護者自身が自分の子どもの障害に関する最高の指導者や専門家になるように導く教育的な支援も大切になる。

引用・参考文献

Abell, F., Krams, M., Ashurner, J., et al. (1999), *The neuroanatomy of autism: A voxel-based whole brain analysis of structural scans.* Cognitive Neuroscience, 10; 1647-1651.

Amen, D. G., Paldi, J. H., Thisted, R. A. (1993), Brain SPECT imaging. *Journal of the American Academy of Child and Adolescent Psychiatry*, 32; 1080-1081.

Aylward, E. H., Minshew, N. J., Goldstein, G., et al. (1999), MRI volumes of amygdala and hippocampus in non-mentally retarded autistic adolescents and adults. *Neurology*, 53; 2145-2150.

Bailey, A., Phillips, W., Rutter, M. (1996), Autism: Towards an integration of clinical, genetic, neuropsychplogical, and neurobiological perspectives. *Journal of Psychology and Psychiatry*, 37; 89-126.

Baron-Cohen, S., Leslie, A. M., Frith, U. (1985), Does the autistic child have a "theory of mind"?. *Cognition*, 21; 37-46.

―――― (1986), Mechanical, behavioral and intentional understanding of picture stories in autistic children. *British Journal of Developmental Psychology*, 4; 113-125.

Baron-Cohen, S., Ring, H. A., Bullmore, E. T., et al. (2000), The amygdala theory of autism. *Neuroscience and Biobehavioral Reviews*, 24; 355-364.

Baron-Cohen, S., Ring, H. A., Wheelwright, S., et al. (1999), Social intelligence in the normal and autistic brain: An fMRI study. *European Journal of Neurosience*, 11; 1891-1898.

Baron-Cohen, S., Tager-Flusberg, H., Cohen, D. J. (1993), *Understanding other minds: Perspectives from autism*. Oxford University Press, New York.

Baumgardner, T. L., Singer, H. S., Denckla, M. B., et al (1996), Corpus callosum morphology in children with Tourette syndrome and attention deficit hyperactivity disorder. *Neurology*, 4; 477-482.

Bellugi, U., Mills, D., Jernigan, T., et al. (1999), Linking cognition, brain structure, and brain function in Williams syndrome. In: H. Tager-Flusberg ed.: *Neurodevelopmental disorders*. MIT Press, Cambridge, MA, pp. 111-136.

Baxter, L. R. Jr. (1999), Functional imaging of brain systems mediating obsessive-compulsive disorder. In: D. S. Charney, E. J. Nestler, B. S. Bunny eds.: *Neurobiology of mental illness*. Oxford University Press, New York, pp. 534-547.

Bookheimer, S. Y. (2000), fMRI of emotional processing in autism. Paper presented at the Collaborative Programs of Excellence in Autism meeting, Denver, CO.

Broman, S. H., Fletcher, J. M. (1999), *The changing nervous system: Neurobehavioral consequences of early brain disorders*. Oxford University Press, New York.

Carpenter, M., Pennington, B. F., Rogers, S. J. (2001), Understanding of other's intentions in children with autism. *Journal of Autism and Developmental Disorders*, 31; 589-599.

Carter, A. S., Pauls, D. L., Leckman, J. F. (1995), The development of obsessionality: Continuities and discontinuities. In: D. Cicchetti, D. J. Cohen eds.: *Developmental psychopathology*. Wiley, New York, pp. 609-632.

Castellanos, F. X., Giedd, J. N., Marsh, W. L., et al. (1996), Quantitative brain magnetic resonance imaging in attention-deficit/hyperactivity disorder. *Archives of General Psychiatry*, 53; 607-616.

Cohen, N. J. (2001), *Language impairment and psychopathology in infants,*

children, and adolescents. Sage Publications, California.
Courchesne, E., Yeung-Courchesne, R., Press, G. A. et al. (1988), Hypoplasia of cerebellar vermal lobules VI and VII in autism. *New England Journal of Medicine*, 318; 1349-1354.
Davidson, R. J., Abercrombie, H., Nitschke, J. B., et al. (1999), Regional brain function, emotion and disorders of emotion. *Current Opinion in Neurobiology*, 9 (2); 228-234.
Davidson, R. J., Putnam, K. M., Larson, C. L. (2000), Dysfunction in the neural circuitry of emotion regulation: A possible prelude to violence. *Science*, 289; 591-594.
Dawson, G., Osterling, J. (1997), Early intervention in autism: Effectiveness and common elements of current approaches. In: M. J. Guranlnick ed.: *The effectiveness of early intervention.* Brookes, Baltimore, pp. 307-325.
Dennis, M., Barnes, M. (1994), Developmental aspects of neuropsychology: Childhood. In: D. W. Zaidel ed.: *Neuropsychology*, Academic Press, San Diego, pp. 219-246.
Erkinjuntti, T., Lee, D. H., Gao, F., et al. (1993), Temporal lobe atrophy on magnetic resonance imaging in the diagnosis of early Alzheimer's disease. *Archives of Neurology*, 50; 305-310.
Filipek, P. A., Richelme, C., Kennedy, D. M., et al. (1992), Morphometric analysis of the brain in developmental language disorders and autism. *Annals of Neurology*, 32; 475.
Friston, K. J., Frith, C. D. (1995), Schizophrenia: A disconnection syndrome? *Clinical Neuroscience*, 3; 89-97.
Hanlon, R. (1994), Neuropsychological rehabilitation. In: D. W. Zaidel ed.: Neuropsychology, Academic Press, San Diego, pp. 317-338.
Heilman, K. M., Valenstein, E. (2003), *Clinical neuropsychology. 4th ed.*, Oxford University Press, New York.
Hobson, R. P. (1989), Beyond cognition: A theory of autism. In: G. Dawson ed.: *Autism: Nature, diagnosis, and treatment.* Guilford Press, New York, pp. 22-24.
────── (1993), Understanding persons: The role of affect. In: S. Baron-Cohen, H. Tager-Flusberg, D. J. Cohen eds.: *Understanding other minds.* Oxford University Press, Oxford, UK, pp. 204-227.
Howland, R. H., Thase, M. E. (1999), Affective disorders: Biological aspects. In: T. Millon, P. H. Blaney, R. D. Davis eds.: *Oxford textbook of psychopathology.* Oxford University Press, New York, pp. 166-202.
Hynd, G. W., Semrud-Clikeman, M., Lorys, A. R., et al. (1990), Brain mor-

phology in developmental dyslexia and attention deficit disorder/hyperactivity. *Archives of Neurology*, 47; 919–926.

Jernigan, T. L., Bellugi, U., Sowell, E., et al. (1993), Cerebral morphologic distinctions between Williams and Down syndromes. *Archives of Neurology*, 50 (2); 186–191.

Jernigan, T. L., Hesselink, J. R., Sowell, E., et al. (1991), Cerebral structure on magnetic resonance imaging in language- and learning-impaired children. *Archives of Neurology*, 48; 539–545.

Kanner, L. (1943), Autistic disturbances of affective contact. *Nervous Child*, 2; 217–250.

Klinger, L. G., Dawson, G., Renner, P. (2003), Autistic disorder. In: E. J. Mash, R. A. Barkley eds.: *Child psychopathology. 2nd ed.*, Guilford Press, New York, pp. 409–454.

Kolb, B. (1995), *Brain plasticity and behavior.* Lawrence Erlbaum Associates Publishers, New Jersey.

Marenco, S., Weinberger, D. R. (2000), The neurodevelopmental hypothesis of schizophrenia: Following a trail of evidence from cradle to grave. *Developmental and Psychopathology*, 12 (3); 501–527.

Meltzoff, A. N., Gopnik, A. (1993), The role of imitation in understanding persons and developing a theory of mind. In: S. Baron-Cohen, H. Tager-Flusberg, D. J. Cohen eds.: *Understanding other minds.* Oxford University Press, Oxford, pp. 335–366.

Mundy, P., Neal, R. (2000), Neural plasticity, joint attention, and a transactional social-orienting model of autism. *International Review of Research in Mental Retardation*, 20; 139–168.

Ozonoff, S., Pennington, B. F., Rogers, S. (1990), Are there emotion perception deficits in young autistic children? *Journal of Child Psychology and Psychiatry*, 31 (3); 343–361.

――――― (1991), Executive function deficits in high-functioning autistic individuals: Relationship to theory of mind. *Journal of Child Psychology and Psychiatry*, 32 (7); 1081–1105.

Paulesu, E., Frith, U., Snowling, M. et al. (1996), Is developmental dyslexia a disconnection syndrome? Evidence from PET scanning. *Brain*, 119; 143–157.

Peterson, C., Maier, S. F., Seligman, M. E. P. (1993), *Learned helplessness: A theory for the age of personal control.* Oxford University Press, New York.

Plante, E., Swisher, L., Vance, R. (1991), MRI findings in boys with specific

language impairment. *Brain and Language*, 41; 52–66.
Priven, J., Arndt, S., Bailey, J., et al. (1995), An MRI study of brain size in autism. *American Journal of Psychiatry*, 152; 1145–1149.
Reiman, E. M., Raichle, M. E., Robins, E., et al. (1989), Neuroanatomical correlates of a lactate-induced anxiety attack. *Archives of General Psychiatry*, 46 (6); 493–500.
Reiss, A. L., Aylward, E., Freund, L. S., et al. (1991), Neuroanatomy of the fragile X syndrome: The posterior fossa. *Annals of Neurology*, 29; 26–32.
Robertson, I. H., Murre, J. M. (1999), Rehabilitation of brain damage: Brain plasticity and principles of guided recovery. *Psychological Bulletin*, 125 (5): 544–575.
Rogers, S. J., Pennington, B. F. (1991), A theoretical approach to the deficits in infantile autism. *Development and Psychopathology*, 3; 137–163.
Rourke, B. P., Bakker, D. J., Fisk, J. L., Strang, J. D. (1983), *Child neuropsychology: An introduction to theory, research, and clinical practice*. Guilford Press, New York.
Russel, J. (1996), *Agency*. Taylor & Francis, London.
―――― (1997), *Autism as an executive disorders*. Oxford University Press, New York.
坂爪一幸 (1998),「遂行機能障害,記憶障害の認知リハビリテーションにおける学習理論の役割――馴化型・予測型・制御型学習の困難を例として」『認知リハビリテーション』3 (2); 2–13.
―――― (2000),「乳幼児発達検査と発達障害像からみた発達阻害要因の検討」『日本発達心理学会第11回大会発表論文集』p. 449.
―――― (2000),「認知リハビリテーション」渡辺俊之・本田哲三編『リハビリテーション患者の心理とケア』医学書院, pp. 236–249.
―――― (2003),「『障害』と『治療』の意味――障害・リハビリテーション心理学の視点から」『学術研究――教育心理学編』(早稲田大学教育学部研究紀要) 51; 29–47.
―――― (2003),「脳イメージングと臨床心理学」『臨床心理学』3 (2); 275–281.
―――― (2005),「幼児期発達健診から見える就学時の問題および保護者の課題と支援」専門家の学校支援編集委員会編著『専門家の学校支援――大学研究者／医師／臨床心理士／NPO』ジアース教育新社, pp. 170–203.
―――― (2006),「心理評価――心理評価の意味と実施にあたっての注意事項」『総合リハビリテーション』34 (1); 55–62.
―――― (2006),「幼児期発達障害――発達健診・相談の現場から」坂爪一幸編著『発達障害にどう取り組むか』学文社, pp. 4–22.

─── (2006),「高次脳機能障害について──若年から成人まで」本田哲三・坂爪一幸・高橋玖美子編『高次脳機能障害のリハビリテーション──社会復帰支援ケーススタディ』真興交易（株）医書出版部，pp. 13-40.
─── (2007),『高次脳機能の障害心理学──神経心理学的症状とリハビリテーション・アプローチ』学文社.
─── (2008),「神経心理学からみた自閉性障害の特徴と指導のあり方」東京都立青鳥養護学校久我山分校自閉症教育プロジェクトチーム編『はじめての自閉症学級小学１年生』ジアース教育新社，pp. 200-219.
─── (2008),「'がまんできない'の症候学──高次脳機能の立場から」坂爪一幸編著『衝動性と非行・犯罪を考える』学文社，pp. 34-56.
─── (2008),「感情を生み出す神経心理学──自己コントロール力をつけるために」『チャイルドヘルス』11（9）; 18-23.
─── (2009),「自立を妨げる精神機能障害は──感情・意欲・注意障害など」福井圀彦・藤田 勉・宮坂元麿編『脳卒中最前線──急性期の診断からリハビリテーションまで 第４版』医歯薬出版，pp. 317-331.
─── (2009),「神経心理学からみた特別支援教育──高次脳機能障害の成果を応用したアセスメントの開発と支援」『実践障害児教育』427; 42-49.
─── (2009),「脳科学からの知見を活用した特別支援教育の実践」『実践障害児教育』434; 51-54.
─── (2011),『特別支援教育に力を発揮する神経心理学入門』学研教育出版.
坂爪一幸編著 (2008),『特別支援教育に活かせる発達障害のアセスメントとケーススタディ──発達神経心理学的な理解と対応：言語機能編』学文社.
─── (2009),『「食」と発達，そして健康を考える──母親の栄養と赤ちゃんの発達と成長後の健康』学文社.
坂爪一幸監修 (2010),『発達障害の神経心理学的アセスメント──発達神経心理学的評価の実際』(DVD) パブリックヘルスリサーチセンター.
坂爪一幸・久保田恭子・森 優子 (2004),「小児の遂行機能評価課題の検討」『学術研究──教育心理学編』(早稲田大学教育学部研究紀要) 52; 17-27.
坂爪一幸・本田哲三 (2000),「小児の認知障害のリハビリテーション」『小児科』41（7）; 1305-1314.
Sapolsky, R. M. (1996), Why stress is bad for your brain. *Sience*, 273; 749-750.
Schultz, R. T., Gauthier, I., Klin, A., et al. (2000), Abnormal ventral temporal cortical activity during face discrimination among individuals with autism and Asperger syndrome. *Archives of General Psychiatry*, 57; 331-340.
Shapiro, R. M. (1993), Regional neuropathology in schizophrenia: Where are we? where are we going? *Schizophrenia Reseach*, 10; 187-239.

Shin, L. M., Kosslyn, S. M., McNally, R. J., et al. (1997), Visual imagery and perception in posttraumatic stress disorder: A positron emission tomographic investigation. *Archives of General Psychiatry*, 54; 233-241.

Spreen, O., Risser, A. T., Edgell, D. (1995), *Developmental neuropsychology*. Oxford University Press, New York.

Stern, D. N. (1985), *The interpersonal world of the infant: A view from psychoanalysis and developmental psychology*. Basic Books, New York.

Stern, R. A., Bachman, D. L. (1991), Depressive symptoms following strok. *American Journal of Psychiatry*, 148 (3); 351-356.

Swayze, V. W., Andreasen, N. C., Alliger, R. J., et al. (1992), Subcortical and temporal structuers in affective disorder and schizophrenia a magnetic resonance imaging study. *Biological Psychiatry*, 31 (3); 221-240.

Teicher, M. H., Polcari, A., English, C. D., et al. (1996), Dose-dependant effects of methylphenidate on activity, attention, and magnetic resonance imaging measures in children with ADHD (abstract). *Society for Neuroscience Abstracts*, 22; 1191.

Trevarthen, C. (1979), Communication and cooperation in early infancy: A description of primary intersubjectivity. In: M. Bullowa ed.: *Before speech: The beginning of human communication*. Cambridge University Press, London, pp. 321-347.

Wisniewski, K. E., Segan, S. M., Miezejeski, C. M., et al. (1991), The fragile X syndrome: Neurological electrophysiological and neuropathological abnormalities. *American Journal of Medical Genetics*, 38; 476-480.

Wu, J. C., Buchsbaum, M. S., Hershey, T. G., et al. (1991), PET in generalized anxiety disorder. *Biological Psychiatry*, 29; 1181-1199.

Zametkin, A. J., Liebenauer, L. L., Fitzgerald, G. A., et al. (1993), Brain metabolism in teen-agers with attention-deficit hyperactivity disorder. *Archives of General Psychiatry*, 50; 333-340.

第6章
普通教育のカリキュラム開発と脳科学

安彦　忠彦

　学校における典型的な教育は,「普通教育」である。この用語の対に当たるものは「専門教育」あるいは「職業教育」である。それが「特別支援教育」でないことは明確にしておかねばならない。特別支援教育は,その中身として,普通教育及び専門教育・職業教育を行う。広義の教育は,基本的に,文化の伝達と発展を主な目的とする活動であり,それを通して,学校という場だけでなくすべての場で,人間の種々の能力や特性を最大限に拡大伸長する活動だからである。普通教育はその中でも,最も基礎的かつ中枢的な部分の教育であると言ってよい。

　特別支援教育については,第5章で見てきたが,ここでは,その普通教育を念頭に置き,現在の子どもの発達状況と学校制度との関係を踏まえて,そのカリキュラムのあり方と作り方について,脳科学的な見地も含めて吟味検討してみたい。その際,特別支援教育のように,比較的脳科学の研究成果を直接生かせる分野と,普通教育のように,大部分,心理学を介して間接的に生かすべき分野とを区別して考えることにしたい。教育学は,脳科学も心理学も,ともに活用することができるのであるから,それぞれの長所・短所を取捨選択して活用することが妥当だからである。

1. 脳科学への接近
——早稲田大学脳科学研究グループ・脳科学者へのインタヴュー

　筆者の場合を述べよう。筆者は，1984年7月から1年余り，フルブライト若手研究員として，アメリカのフロリダ大学に研究留学した。そのとき，ハーヴァード大学に研究留学していた友人を訪ねて，数日間ボストンに滞在し，その間，暇をみつけて大学の生協に行き，大学で使っているテキストの古本が置いてある棚を見て歩いていた。生協は，学生同士でテキストを融通し合う習慣があるため，その便宜を図っていたのである。そこで，当時，ハーヴァード大学では何を講義しているのかと，関連する棚を歩いてみていくと，大学院教育学研究科の心理学の授業向けに，脳科学の本が何冊か並んでいて，筆者はそれが意外であったため，長く印象に残っていた。

　ところが，15年以上過ぎて早稲田大学に来て後，2004年から脳科学的な研究に踏み込んだとき，海外の脳科学の研究者にインタヴューをして回ることになって，あらためてハーヴァード大学大学院教育学研究科心理学教授のガードナー（H. Gardner）とフィッシャー（K. W. Fischer）の2人を訪ねた際，1990年代以降のハーヴァードの心理学が，筆者が最初に訪れた1980年代半ば以後の研鑽によるものであり，現在の2人の活躍を支えているのは，あの頃の基礎的な作業によるのだということを初めて知った。ガードナー教授は「多重知能理論」を脳科学的基礎に基づき展開して，この20年間ほどは理論的にも教育実践的にも大きな影響を与えてきたし，また，フィッシャー教授は，ピアジェに依拠してそれを一層拡張し，生涯にわたる発達段階を，脳科学の研究成果をもとに見事に構想・提示して見せて，現在は脳科学者との共同研究に励んでいる。1985年当時は，筆者はそのような動きが始まっていたことを知らず，「何をやっているのだろう，地味なことをやっているな。心理学とどうつなげるのかな」と不審に思っていたのである。ただ，筆者自身は1970年以後の大脳生理学に興味を持っていたから，何かしら期待感があったので，それが先述のように印象に残っていた理由であろう。

　そもそも，筆者が2002年に早稲田大学に移って来たとき，これからの10年

は脳科学と教育との関係について研究してみようと決意していた。それは，一つには，名古屋大学教育学部での最後の6年間ほどは，管理職についたために思うように研究ができず，この間に若手に追い越されてしまったという実感をもち，これまでと同じ分野で研究してももう追いつかないと痛感して，方向を変えようと考えていたからである。もう一つは，先述のように，心理学への信頼が薄れてきたものの，その方面の研究はカリキュラム研究には必要不可欠であり，そうであれば，心理学に代わるものとして何があるかと見回すと，脳科学が急速に，しかも大々的に研究を展開していて，もう無視することができないばかりか，大きな期待を抱かせるもののように見えたからであった。

そのような問題意識から，名古屋大学にいた時に，その種の研究への足場固めとして，アメリカの全米教育協会の教育管理・カリキュラム学会（ASCD: Association of Supervision and Curriculum Development）の機関誌"Journal of Curriculum and Supervision"に投稿した結果，審査を通り，同誌2002年冬季号 第17巻・第2号に，'Developmental Stages and Curriculum: A Japanese Perspective'と題する論文として掲載された。この論文は，アメリカの若手の研究者にも関心を持たれ，それなりの反響があったので意を強くした（Abiko, 2002）。

そこで，早稲田大学に移って翌年，2003年からの3年間は大学の研究費を獲得して個人的に情報を集め，さらに2003年と2004年に個人研究で，また2005年からは3年間の共同研究として，同僚の教育学科の三尾忠男，心理学科の中垣啓と坂爪一幸の3人の教授に協力を仰いで，ゆるいものではあるが，早稲田大学教育学部の脳科学研究グループをつくって，科学研究費を獲得したのである。三尾教授には，この種の自然科学的な研究成果の発表の仕方や技法について，写真画像などの文系の研究の場合とは異なる内容が入るので，新しい機器の活用なども含めて助言をもらおうと考えた。したがって，研究の内容に直接関わったのは，安彦，中垣，坂爪の3人であった。

筆者は，上述のように，まずは日本と世界の脳科学者や心理学者で，筆者の研究に関係する人に直接会って話を聞きたいと考え，2年間にわたり日本と海外の研究者にインタヴューして回った。その際，行く先々で，筆者のバックグラウンドは何か，教育学者なのに，なぜ脳科学などに興味を持つのかと聞かれ，

自分で振り返ってみて，小学生の頃から生物が好きで，顕微鏡でゾウリムシなどを夢中で見ていたので，「生命現象」を中心に，強い興味関心があったことを話すと，納得してくれた。そのインタヴューの概要をまとめると，次のようになる。

　まず過去8年ほどの間に，日本人脳科学者でインタヴューしたのは，川島隆太氏（東北大学教授），澤口俊之氏（北海道大学教授：当時），津本忠治氏（大阪大学教授：当時），小泉英明氏（日立総合研究所所長），ヘンシュ貴雄氏（理化学研究所所員：当時）などであり，海外の研究者としては，ドイツのヴァン・デア・メーア（Van der Meer）女史（フンボルト大学心理学教授），アメリカのガードナー（Howard Gardner）氏（ハーヴァード大学心理学教授），フィッシャー（Kurt Fischer）氏（同上），フォスター（Tom Foster）氏（フロリダ大学医学部準教授），ギード（Jay Giedd）氏（NIH：国立全米衛生研究所所員）などである。

　そこで，上記の方々とのインタヴューでは，上述の2002年の筆者の英文論文「発達段階とカリキュラム Developmental Stages and Curriculum」を話の手掛かりとして活用した。ほぼ例外なく，内外の脳科学者すべての方が，子どもの発達段階の大きな枠組みについては，この論文の趣旨に賛成してくれたので，筆者は自分の考えにかなり自信を深めた。この英文論文の要旨は次のようなものである。

　日本では，2000年頃まで，教育心理学界では「もうピアジェの発達段階説は古い」というような見方が広まっていたが，脳科学的には必ずしもそうではない。1970年代の大脳生理学でも最近の脳科学でも，大きく，0歳から3歳頃までが第一段階，5歳頃から7歳頃までが第二段階，9歳頃から11歳頃までが第三段階とする発達段階説が有力であり，これはピアジェの発達段階説を裏打ちするものである。カリキュラム開発のためには，子どもの発達の状況をどうとらえるかが重要な条件となるが，従来の発達段階説は，ピアジェの場合でも，発達に段階があることは指摘するが，なぜそのような順序で発達するのか，どういう動因が働いているのかについては，何も説明していない。筆者は，自分の説を「子どもの興味の中心の移行による発達段階論：Shifting Interest-Center Theory（SICT）」と称し，脳の発達を，それぞれの段階の子どもの興味の中心，すなわち種々の興味の中の主なものが何であるかによって段階区分

し，同時に，段階がなぜ生じるかについての仮説的な説明を行い，「アビコ・モデル」として打ち出した（安彦，2002）。

　この見方では，この段階順序を生むのが「子どもの興味」であり，それは動物として生きる上での必要条件だからであることを根拠としている，という生物学的な説明をしたのである。その際，筆者の説明を聞いて，ガードナー教授は「それは interest '興味' と言うかな？」と反問してきた。筆者もそれには多少問題を感じていたので，生理学的なものが入っていることを考え，「need '要求' と言ってもいい」と答えたのだが，以後は呼称を「子どもの興味・要求の中心の移行による発達段階論：Shifting Interest-and Need-Center Theory（SINCT）」と改称して，今日に至っている。これが，現在の筆者の発達段階論の基礎になっており，現在では，この興味や要求が必ずしもすべて内発的なものとは言えず，外部条件と関わっていることを認める点で，もう少し修正しているが，大枠は変わっていない。

　この他に，これらの脳科学者へのインタヴューで得た情報は，以下のような諸点である。

① 第一線の個々の脳科学者は，極めて狭い部分の研究をしているので，視野が狭くなっており，筆者のような他の研究分野を含む全体を見る人が必要であること。
② 心理学者よりも，生物学的・生理学的な事実を示すことで議論や説得ができること。
③ 知覚・感覚や思考・記憶などのメカニズムの研究は大分進んでいるが，年齢を追った「発達」的な縦断研究は非常に少ないこと。
④ 脳科学の分野は，極めて速く研究が進むので，成果を短期的な視野で，簡単に絶対視することは避けるべきであること。
⑤ 教育への関係づけについては，脳科学者は一様に慎重であり，それについて尋ねても最近は大分精細になってきたが，いまだに一般論で終わる場合が多いこと。
⑥ 早期教育についても，ほとんどの脳科学者は，一般の論者よりも慎重であること。

しかし，ピアジェの発達段階論については，後述のように，中垣氏らを含む発達及び学習心理学者の地道な研究により，脳科学的な裏づけとの結びつきの可能性が強まっているとともに，脳科学自体については，坂爪氏などを含む障害心理学者の幅広い精力的な研究で，障害をもつ子どもへの特別支援教育には，より直接的な貢献を可能にする部分もあり，何から何まで「教育」で改善させるのではなく，薬物で対応してもよい部分は，「教育」で対応する部分から区別することが容易になりつつあると言えよう。

2. 脳科学と教育との関係づけ

　脳科学が教育に役立つであろうという考えは，通俗的とはいえ，間違っているわけではない。しかし，多くの人が考えているほどに，脳科学の研究成果が実際の教育活動にすぐに役立つかといえば，部分的にはその種のものが増えているが，全体としては必ずしもそうではない。一部には「脳科学を基礎にして（Brain-based）」教育学を論じるとまで考える人もいるが，筆者はそれに対して，当分は「脳科学を参照する（Brain-referenced）」のレベルで論じるべきで，まだ，一般に期待されているほどのものはあまりないと述べてきた（安彦，2005）。筆者は実践的関心が強いが，筆者よりも教育との関係を理論的に広く大きく見て，諸外国の脳科学と教育の研究動向を全体的に整理しながら，やはりあまり直接的な関係付けをすることに，慎重な態度を取っているのが田中統治・緩利　誠である（緩利，2009）。

　脳科学の成果を通して提言されていることのほとんどは，従来の心理学者が述べてきたことと大差はなく，新鮮味に欠ける。差があるのは，脳科学的な根拠があるから信用できるという点にある。それでも脳科学は研究が進むので簡単に絶対化はできない。現在の脳科学は，あるがままの脳の働きのメカニズムを解明することが主であり，外からの働きかけで，脳のどこが，どう変化するか，そしてそれが「発達的に」どう変容するのかについて，現段階でもそれほどの関心はない。教育の実際を考えてみると，そこで役立つものは，人的・物的環境づくり，教育機関の教育計画づくり，教師の指導方法・指導技術，教材

づくり，評価方法などの部分に関するものであると言えよう。

　一般に，現在，脳科学が期待されているのは，「指導方法・指導技術や学習方法」に関する部分で，「記憶」や「思考」の能力を高めるには，どのような方法や技術が効果的であるか，という関心からのものである。しかし，全体として，現在の脳科学の研究成果は，優れた教育実践の後追いと言ってもよいものがほとんどで，その意味では，その「優れている根拠を説明できる」ことが，以前とは異なるというだけのことである。それだけでも重要な貢献であると言えない訳ではないが，何か新しい指導方法・指導技術を提示してくれるのかと期待する向きには，いまだに，あまり大きなインパクトはないものばかりと言ってよい（E. Jensen, 1998; M. Sprenger, 1999; P. Wolfe, 2001; J. Rosenfield, 2002; 柏木・岸本，2007など）。

　他方，「教育課程・カリキュラム」づくり（開発・編成）に役立つものはないかと探しても，すでに述べたように，まだこれといって効果的で明確な知見はないと言ってよい。筆者は脳の働きのメカニズムについては，注意はしているが主たる関心がない。後述の，成長・発達の系統性，臨界期，教育内容の最小単位などについて，それなりの知見は増えてきているが，具体的なカリキュラムづくりに役立つものはわずかしかない。

　そうは言っても，脳科学的な観点から子どもの成長・発達を，現時点の研究成果からだけでも見ておくことは必要なので，筆者なりに，復習的に要点のみを押さえておこう。

(1) 時間的な観点から

　脳は，出生時に成人と同じ約1,000億個の脳細胞＝ニューロンをもっているが，出生後10ヵ月頃までは増加し，それを過ぎると減少する。ただし，小脳と海馬のニューロンだけは出生後も増え続ける。出生後，ほぼ1歳になるまでは，細胞間の樹状突起によるシナプス結合が急激に増え，成人の結合数をはるかに上回る。しかし，その後，過剰な結合は切断され，必要な結合のみが残り，結合を強化する。この過程を「刈り込み」といい，それが成長・発達の度合いをあらわす。この「刈り込み」が進むと「成熟」していくものと解されているが，それとともに重要なのは，ニューロンの長い線維部分（軸索）の「髄鞘化

図 6-1

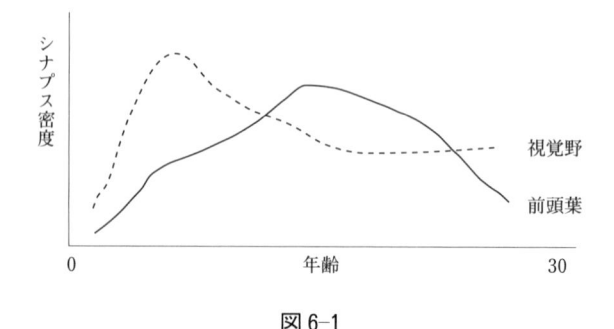

シナプス形成,すなわちシナプスの増殖は,生後数ヵ月で起きる。このあと,シナプスの刈り込みが起きて,シナプス密度が徐々に小さくなっていく。ヒトの視角野のシナプス密度は徐々に成人のレベルにまで小さくなるが,ヒトの前頭葉のシナプス密度はそのずっとあとに,成人のレベルに達する。Huttenlocher & Dabholkar, *Journal of Comprative Neurology* 1997; 387 (2): 167-178 を改変。

(=コーティング)」により,ミエリンという層ができあがり,そこが白質に変わることである。これによって,ニューロン間の信号速度が飛躍的に増大する。一般に,栄養やストレスなどの面で,それが脳に影響を与える程度のものである場合は,それにより機能障害がうまれることが多い。

この2つの過程(シナプス形成と髄鞘化)が進むことにより,機能も増大していく。しかし,脳内でのその進行の主な場所・部位は,時期によって異なる。まず頭頂葉・後頭葉において進行し,次いで側頭葉において,そして最後に前頭葉においてこの過程が進む。とくに,人の前頭葉の場合,「ここでは,シナプス発生がかなり遅れて起こり,シナプス刈り込みの過程は視覚野(後頭葉)よりも長い期間にわたる。この部位(前頭葉)のニューロンは思春期の終わり頃まで発達し続ける。シナプス密度は思春期の終わり頃まで減少し,大人のレベルに達するのは早くても18歳頃である。(中略)軸索にミエリンができる過程が何十年にもわたって続く脳部位があるのだが,それが前頭葉である」(S. L. ブレイクモア・U. フリス,2006:36)。前頭葉は,他の部位に比べ,思春期頃に優位に発達するということである。

このように,部位ごとに発達の様相が異なるからには,その機能の外的な表われも異なると言ってよい。必ずしも,脳全体が一様に,しかもなだらかに成

長するわけではないことが，脳の発達からして分かるといえよう。

(2) 領野・部位による機能分担の観点から

まず，序章で述べた大脳生理学の時代に学んだ点を挙げておきたい。それは，脳幹・脊髄系，大脳辺縁系，新皮質系の3つの神経系統による総合的な働きによって，成長や発達が進行していくということを明確にしたが，この三者の関係がどうつくられるか，その質が教育的にみると重要なのである。

① 三つの神経系統は，それぞれ固有の機能を有しており，代替不可能なものである，ということである。これは「生きている」状態と「生きていく」状態を支える上で，必要な分業と統合の体制であると言ってよい。新皮質系の分業と連合の体制にも通じるものであるが，もちろん，次元がもっと基礎的なレベルのものである。

② 脳幹・脊髄系と大脳辺縁系は生まれつきの性質に強く規定されるが，新皮質系は後天的な環境の影響や学習によって，大きくその性質が左右されると言ってよい。脳幹・脊髄系は意識を介さず，無意識に自動的に働いている部分であり，外界の変化の有無に関わらず安定した機能を維持しなければならない。また大脳辺縁系は，生来，環境や外界の刺激に自動的に反応する部分であるが，刺激が弱ければ外に表出しない場合があることは，性的欲求などについて知られている。この意味では，外界の刺激の大小・多少などに左右されやすいと言えるので，その刺激を統制・管理することが必要な場合があるが，その場合，教育的配慮はそこに向けられることになる。

③ 新皮質系が，大脳辺縁系や脳幹・脊髄系に修飾をかけて，その機能を促進したり，抑制したりする。この事実は，「教育」が直接に働くのは，「新皮質系」だけであることを意味している。もちろん，大脳辺縁系や脳幹・脊髄系に「教育」的に働きかけることは可能であるが，間接的なものとなる。つまり，「新皮質系」を通してそれら2つの系に働きかけるということである。もちろん，人的・物的環境を工夫するなどのことにより，大脳辺縁系や脳幹・脊髄系に働きかけることは可能であるが，この環境刺激は「人間を介した教育」ではなく，他の高等動物なども部分的に経験しているものである。また，「新皮質系」は年齢段階によって成熟部分が異なっているので，適切な時期にその部分

の発達・成熟を促すために，必要な「教育」が工夫されないと，高いレベルの機能を獲得しない可能性がある。「臨界期」問題は，人間の場合は決定的ではないが，それでも，その時期を逃すと学習に大変な努力を要するので，注意しなければならない。

　次に，新皮質系の領野と教育に関係するのは，H. ガードナーの「多重知能理論（Multiple Intelligences Theory, 略称 MI）」である。これは，知能を 8 つの種類のものに区分し，それを脳機能により基本的に縦割りでとらえていることに特徴がある。この機能局在については，最近は，それがそれほど絶対的なものではなく，視覚野が，生来視覚障害をもった人の場合は，触覚の機能をもったりするなど，他の機能をもつことがあると知られるようになった。心理学者は心理レベルで機能を考えるので，この機能局在に批判的で，もっと総合的・全体的に機能すると見る人が多いが，踏み込んで考えてみると，「機能局在」とそれらが絡まりあって働く「連合野」が別々に存在することは，それぞれの機能のレベル向上に役立つ組み合わせであるとも言えるので，その柔軟性や機能の進化を保障する効果的な仕組みと考えることもできる。

　また従来，心理学的には知能を，記憶，思考，判断などの種類別に束でとらえる伝統的な見方と，外に表われるまでは知能は星雲状態で，そのような種類別に存在するものではないとする最近の見方とがあって，争われてきた。ガードナーは，脳科学の研究成果から，8 つの知能については，相互に独立の機能で存在するもので，潜在能力としても構造的に明確な区分があると考えた（H. Gardner 1983/1999）。その 8 つとは次のようなものである。

① 言語的知能（linguistic intelligence）
② 論理－数学的知能（logical-mathematical intelligence）
③ 音楽的知能（musical intelligence）
④ 身体運動的知能（bodily-kinesthetic intelligence）
⑤ 空間的知能（spatial intelligence）
⑥ 対人関係的知能（interpersonal intelligence）
⑦ 内省的知能（intrapersonal intelligence）
⑧ 博物的知能（naturalistic intelligence）

ガードナーによれば，これらの知能は，決してカリキュラム上の「教科」に対応するものではないという。そのような枠を越えて働く，脳の機能と考えねばならない。また，これらは，それぞれ互換性はないが，補完性はあると考えている。例えば，ある言語を記憶する場合，言語的知能が劣っている子どもでも，音楽的知能が優れている子どもであれば，その音楽的知能を活用して，言葉にメロディーやリズムなどをつけて学ばせるようにするとか，方向・方位を理解させるために，空間的知能が劣っている子どもには，身体運動的知能を使って，直接体験して理解させるとかする，といった具合である。これが，ここ20年間ほど，世界的に広まった「多重知能（MI）理論に基づく学習」で，多様な子どもたちの学習成果を下支えする上で効果があるとされているものである。言ってみれば，その子どもの脳機能の弱いところを，強いところでカバーすることで，極端な学力低下を防止するとともに，個性を活かす個別化・個性化教育が展開できる，という考え方である。

　このMI理論は，必ずしもすべての心理学者から支持を得ているものではなく，また学校現場の実践で，教育学的にもすべて成功しているとはいえない状況ではあるが，学校においてこのような教育を実現しようとすれば，教室の各コーナー等に，知能の種別ごとの学習ができる教材・教具・人員を配置して，子ども一人一人に対応できるような場を設けなければならない。実際，それが用意できる場合は，成果を上げられるが，それができない場合は，成果が出ていない例が多い。この事実は，MI理論が，絶対視はできないけれども，それなりに正しいことを示しているとともに，理論的には妥当でも，実践的にはなかなか困難であるということがわかる。

　さらに，理論的に考えても，これら8つの知能の相互関係が必ずしも同質のものでなく，相互に対等ないし類似の関係ならば，相互補完もすべての場合に成立して平等に効果が得られるが，これらの知能の間には，その優れたものが，比較的どの子どもにも見られる知能と，かなり限られた子どもにしか見られない知能とがあると言ってよい。例えば，論理－数学的知能，音楽的知能，身体運動的知能などは，生来優れたものを持っている子どもが一部にいるが，言語的知能や対人関係的知能は，誰でも後天的に優れたものを身につけることがで

きるものと言えるので，知能として同じように扱われながら相互に異なった性質を持ち，誰にも同じように期待できるものばかりではない。これによって，やはり，あることを学ぶのに，子どもによっては有利・不利が残ると言ってよい。もちろん，だからと言って，よりよく学べる可能性を与えなくてよいわけではないので，実践的・理論的に，その限界を承知しながら，この理論を積極的に適用すべきである。いずれにせよ，このMI理論を踏まえて，脳科学と教育とを結びつける試みは，まだ多くの可能性があると考えるが，それだけではないことも承知しておくべきであろう（永江，2008）。

3. 心理学説の階層的分類の試み

　ここで，序章で述べた筆者の1970年当時の心理学の分類について，その要点を解説し，現在の時点で，脳科学との関連をつけておきたい。先述のR. ガニェの学習（理論）の階層化は，やや行動主義心理学に偏したところがあるが，それでも，筆者の分類と合わせて，もっと多くの人に活用されてよいと思う。筆者はこの種の試みを踏まえて「ハイブリッド型カリキュラム」の構成開発を提起したが，現在はもっと実践現場から注目されてよい。実践的な活用の視野や幅を広げることができるからである（安彦，2006）。
　ところで，「学習」は「教育」の大前提である。子どもに「学習」能力や「学習」活動を期待できなければ，「教育」は無意味である。その「学習」については，すでに見たように種々の心理学説があるが，人間の学習や行動の「能動性」に着目して，それを「非常に受動的」から「非常に能動的」まで順に並べて，脳科学的な観点を含めて筆者なりに整理してみると，次のようになる（安彦，1973）。

（1）行動主義心理学：ソーンダイク（E. Thorndike）のねずみの迷路学習やスキナー（B. F. Skinner）の鳩のオペラント条件づけの学習は，いわゆる「刺激反応理論」と呼ばれ，刺激の細分化による「行動の統制」が「学習」の要件であるとするもので，プログラム学習のように，刺激となる問題をできるだけ単純化して，間違いなく望まれた行動が発現するように統制すれば，望まれる

「学習」が成立するというものである。しかし，これは，学習者をそのような行動＝反応が出るまで，「試行錯誤」により強制的に学習させようとするもので，極めて受動的な学習である。ただ，このような学習も事実として存在するので，否定することはできない。したがって，部分的なものとして位置づけておく。このレベルの学習は大脳辺縁系・新皮質系の神経が働くが，比較的低次の活動であると言える。

　(2) 場の理論：これは，人間の行動は「場」すなわちそのときの状況に支配されるとするK. レヴィン（K. Lewin）の説で，「行動は場の関数　B＝f（P, E）である」と主張する。つまり，結果として「学習」される行動（B＝behavior）は，その人の人格性（P＝personality）と環境（E＝environment）の関数として示される，というものである。この場合，人格性は一応変数ではあるが，ある人の人格性として定まったものと考えられており，環境＝状況との相互関係で，その人の行動を決める＝行動が学習される，と考える。しかし，それでは，人間の行動が状況によって，常に受動的に変わることを容認し，変わらない事実もあることを説明できないことになるとともに，教育的観点から考えて，どういう周囲の状況になっても，考えや行動を変えないような学習こそ望ましい，という一面があることから見ると，例えば「正直さ」をどんな状況にあっても貫くように学ばせてこそ教育の成果と言えるのであり，事実，そういう人が存在しているので，これで全部の行動を説明できない以上，部分的な妥当性しか見出せない。この種の学習は新皮質系が主となるが，周囲に左右されるという点で，やはり受動的で低次のものといえる。

　(3) 形態（認知）心理学：この立場では，「学習」を「構造」と「洞察」と「発見」で説明する。W. ケーラー（W. Koehler）の「チンパンジーの知恵実験」が有名で，これは，檻の中のチンパンジーを，天井からぶら下げたバナナを取るような問題場面に置くと，試行錯誤をせず，暫くじっと場面全体を眺めているが，やおら立ち上がって，檻の中の隅にある木箱をバナナの真下に運んできて置き，檻の外にある木の棒を，手を伸ばして取って，その木箱の上に乗って，バナナを叩き落とす，という行動をとった。つまり，自力で問題解決を

行ったという点で，非常に高次かつ能動的な学習である。チンパンジーは，問題場面に対して「洞察」を行い，「構造」を「発見」して（または構造化して），バナナを取るという問題を解決することができたからである。この種の学習は，新皮質系による高次の脳機能によるものであり，一度身につくと二度と間違うことがない。

しかし，これで人間の「学習」活動のすべてが説明しきれるかといえば，決してそうではない。人間に固有の世界として「自我」の問題領域があり，それはまず精神分析が取り上げたものであるが，望ましい行動の「学習」の面から見ても決して無視できない。

（4）**精神分析**：この分野では，行動は「葛藤解消」として表われたり，学習されたりするものとされる。つまり，S.フロイト（S. Freud）によれば，問題が起きると超自我と欲求・衝動との間に「葛藤」が生じるが，人はこれを解消するために「代償」行動や「昇華」の行動を取ったりするという。この種の行動が「学習」されないと，暴力行為に走ったり，精神を病んだりすることになるというわけである。確かに，実際の問題に対して暴力に訴えず，別の解消方法として，スポーツによる「代償」行動や，酒を飲んで憂さを晴らすなどの「昇華」の行動を取れることが，成熟した大人の言動である。この意味ではその種の学習が必要であるが，その行動が終わった後は，また元の木阿弥に戻ることが多い点で，必ずしも教育的に高い価値があるとは言えない。この立場では「自我」は無力な操り人形にたとえられることが多く，それ自体の成長や変容を認めない。

けれども，他方で「自我」が変容する事実もある。例えば，失恋しても，酒を飲んで憂さ晴らしをするのではなく，1週間ほどの旅行に出かけて，帰ってくると人が変わったように生活し始める，という人も多い。これは精神分析では説明できない事実である。「自我」をこのようなとらえ方で見る限り，その学習や行動は大脳辺縁系と新皮質系との矛盾対立ととらえることができるが，その解消の仕方は新皮質系のみに頼るものではなく，大脳辺縁系を使う場合もあることがわかる。

(5) **人間性心理学**：欲求の階層性を，より生物的・本能的・生理的次元のものから，より人間的・文化的・価値的次元のものに至るまで，構造的かつシステマティックに示したのがA. マズロー（A. Maslow）の欲求階層理論である。人間の欲求は，強さの面から見ると，生理的欲求→安全の欲求→集団と愛の欲求→社会的承認の欲求→自己実現の欲求の順に大きくなるが，人間的価値の面からは逆の順になり，最後の自己実現の欲求ほど価値が高く，生理的欲求の価値が最も低いとする。人間は，この理論では，強さの面から見て，下位の欲求が満たされないと上位の欲求は出現しないとされる。しかし，このように欲求の強さだけで行動するのではなく，それを抑えてでも価値の高いものを実現しようと行動することがある。このことは教育的に見れば極めて重要な，価値ある事実であり，そのような行動をとることができるように学習させたいと考える。

この種の行動や学習は，まさに3つの神経系すべてをカバーする全体的なもので，それを脳幹・脊髄系から大脳辺縁系，そしてさらに新皮質系へと，無意識的なものから，動物的な意識によるものへ，さらに価値的な意識による人間的なものへと，「意識的な行動の選択」という面から学習を考えて，「価値意識」なるものを明確に視野に入れて考えているところに，人間の学習や行動＝行為の能動性と独自性があると言えよう。なお，第5章における坂爪氏の人間存在の階層的な説明は，「自由意志」という価値的なものを中心に見ているが，このマズローの階層分類に非常に似ている。

(6) **自己統一説**：臨床心理学の分野ではC. ロジャーズ（C. Rogers）が有名だが，その親友で若くして亡くなったP. レッキー（P. Lecky）の自己統一説は，自己・自我について，もう少し力のある存在と見なしている。人は「自我」をもっているが，それは「自己概念」を中心とする諸概念によって体制化されていて，学習は，その「自我体制」を維持・強化するために行われるとする。例えば，自己概念に一致するものなら自我体制は強化されるので学習されて「同化」され，矛盾するものは「拒否」ないし「排除」されて学習しない。無理に学習を強制されるときは，一時的に同化するけれども，強制がなくなれば排除して忘れてしまう。両者とも，無意識かつ自動的な自我体制の選択的機

能により，自己概念を核とする「自己統一性の保持」を目ざしている点が共通である。例えば，運動が得意だという自己概念を持つ場合，それに一致するものは自ずと効果的に学習されるが，それに逆らうようなものは容易には学ばれないということである。この説が「自我体制」という，体制化された能動的なものを認めて学習を考えていることは，単なる欲求としてよりも構造的に明確であるが，これは新皮質系が他の2つの神経系を支配していることに対応するものといえる。中でも，前頭前野の46野などがこの自我体制の機能を支えているとされており，他の新皮質系の知性や大脳辺縁系の働きをコントロールしている点が重要である（澤口，2004）。しかし，もっと「自我体制」を超えて，体制をシステムとして包括的・積極的にとらえている説がある。

（7）サイバネティックス：その人間の行動の能動性とシステムを，一層拡大して示したのが，N. ウィーナー（N. Wiener）のサイバネティックスである。彼は人間＝機械系を情報理論の面から見て，その全体をシステムとその機能でとらえようとしたが，中でも注目したのが，情報の一部が送り返されて，正しい行動を生むように調整を促しているという「フィードバック機能」である。この機能が生物体にあることが，正しい行動の学習を可能にしているとして，生物体に必要不可欠のものとして重視する。同時に，この機能が飛行機等の機械の「自動化・自動操縦」の要になることを強調し，人間＝機械系をトータルにとらえようとする。人間の学習や行動の場合，このフィードバック機能は「自律性」の拠り所である。この機能は一般には「自己評価」と呼ばれるのが普通であるが，無意識のレベルのものから意識的なレベルのものまで，自分の言動を振り返り，フィードバックをかけて問題点を洗い出し，よりよい質の行動＝望ましい行為に高めていく，という精神的働きが，人間の「学習」の能動性を支えるものとして重要視されよう。

　この理論の延長上に「一般システム論」がある。これは，ベルタランフィ（Ludwig von Bertalanffy）によって唱えられた，あらゆる存在物を，自己調整（フィードバック）機能をもつシステムの観点からとらえようとする試みで，全体のシステムが複数のサブ・システムから成り，部分と全体が相互に作用し合うとする考えである。サイバネティックスを階層的全体に一般化して拡張した

ものと言ってもよい。この立場からすれば，人間の行動は自律的・自己調整的・自己組織的であり，決してバラバラなものではなく，階層を異にする行動や学習であっても，それはどこかで全体としてのシステムの中で行われているものと見る点で，複合的な自律性，高度の能動性をもつと考えていると言ってよい。

　この場合，一般化されたシステムとして人間の行動をとらえると，3つの神経系のすべてにわたる共通性として，無意識の生理的なものから価値意識のある精神的なものへと，階層的に低次から高次への自律性が認められるが，フィードバック機能だけの説明では，それがやや平板である。それでも，このシステムは，それが開放的・動的であることに意味があり，だからこそ生物・無生物の相違を超えて，カオス理論にも結びつく「あそび」「ゆらぎ」や「同調性」などの，さまざまなシステム上の特性に注目するのである。人間の行動や学習でも，その種の特性を配慮しなければならない。

　(8) **実存分析**：一般システム論が，人間と人間の外との関係を見ているとすれば，実存分析を唱えた V. フランクル（V. Frankl）は，人間の内部の，内面世界の構造的・階層的なシステムを深く見つめた人と言ってよい。精神分析から分かれて出た実存分析では，実際の臨床例から，人間の無意識の世界には，フロイトの言う生物学的な無意識＝性衝動を中心とする無意識の世界のみではなく，「価値的な無意識」の世界があるとし，それを最も内奥の「精神的領域」と名づけて，その外側の「心理的領域」や，さらに最も外にある「身体的領域」とは区別する。そして，この水平的な層構造では，この外側の「心理」と「身体」の層は，相互に同じ方向に働く「並行関係」にあるが，「精神」の層に対しては，両者は「拮抗関係」にあると考えるとともに，この「精神」は人格の中枢に位置づけられ，有機的な「心身」は，「精神」的人格がそれを使って行為する上での「手段」とみなされる。このような人間理解は，具体的な夢の分析や臨床例から導かれたもので，「精神」による「心身」の支配という観点から，自律性・能動性を最も深く，かつ明確に示すものとして注目される。

　このような見方は，やはり3つの神経系のすべてにわたっているが，「心身」については脳幹・脊髄系や大脳辺縁系と新皮質系に，「精神」については新皮

質系に結び付けられるとともに,「精神」が「心身」と拮抗するという点において,新皮質系が大脳辺縁系等に「対立」してそれらを価値的に支配するという,価値葛藤の矛盾を含む,極めて独自の,能動的な人間的世界を認める点で,より構造的にダイナミックであり,教育的に見れば,学習はこのように「心身」に支配されない自律的な「精神」的人格の形成に役立つものでなければならず,また人間の学習が,このような人間理解から位置づけられねばならないことに,もっと留意する必要がある。

　ここまで見てくると,現在では,他にも A. バンデューラのモデリングによる社会的学習の理論など,いくつかの重要な理論・学説が抜けていることを感じるが,これらの心理学説を俯瞰してマクロに見れば,これらは各々決して他を駆逐するものではなく,「部分」と「全体」との関係の中でそれぞれ部分的妥当性をもつもので,それらの組み合わせが全体を構成すると考えられるのである。それと同時に,この順で学習や行動の能動性が高まりを見せ,最終的には3つの神経系のすべてにわたる構造的な特性を示すものと言ってよく,教育的にも,価値が高くなっていくものと言えよう。この意味で,具体的な実践場面では,目標に応じて適切に使い分け,組み合わせることが必要である。「ハイブリッド型」と称するゆえんである(安彦,2006)。
　しかし,これらの複数の次元の学習や行動を,全体として説明できる統一的な理論はない。脳科学がそのような理論になりうるとは思う。そして,もちろん,これらの背後に,あるいはこれらを貫く全体を説明できる原理が他にあるかもしれないが,そのような包括的に全体を貫くものを探しても,まだ人間の精神・心理・身体的活動の統一原理は未発見であると,1970年代当時から考えてきた。現在は,人によっては,カオス理論のように,その種のものがすでに見つかっているという人がいるかもしれないが,筆者はいまだに見つかっていないと考えている。不用意な一般化は注意深く避けて,現状では,これら複数の学習理論を,適切な時と場で使い分けながら,活用するべきであると思う。

4. 成長・発達に関する脳科学的知見——発達と発達段階

　これまでの発達心理学では，すでに述べたように，ピアジェの発達段階説が相対化され，新ピアジェ派などによって，発達は段階的にではなく，なだらかに曲線を描いて進む，あるいは行きつ戻りつしながら進む，などと言われるようになったが，最近の発達心理学は，どのテキストでも必ず脳科学の研究成果を入れるようになり，マクロに見れば，ピアジェのように，発達に段階があることを認めるようになった（永江，2008 など）。そこで，脳科学的な「発達」概念を，現段階の研究を踏まえて検討しておきたい。

　これまでの心理学的な「発達」概念は，ピアジェの説を代表として，どれもほとんど「単線的」な「はしご型」の発達段階に基づくものであった。それが事実に即さないことが指摘されて，発達段階説が信用を失ってきた事情がある。そこで，脳科学的な研究では，どのようにこれをとらえるかについて，ここで見てみたい。

　実は，脳科学の分野でも，年齢を追った「発達」に関わる研究はまだこれからだといわれて，小泉英明氏をリーダーとする，日本の脳科学者グループの2004 年から 2009 年までの縦断的研究（コホート研究）の成果の出るのを待ってきた。それでも現段階で，これといった明確で大きな研究成果が出ているとはいえない（科学技術振興機構・社会技術研究開発センター 2007／2008，2010）。

　まず，「発達」段階については，1970 年代に，大脳生理学者の時実利彦が，大きく 0 歳から 20 歳までの期間で，大脳皮質の機能的発達が 3 つの段階をもつ，という概念図をグラフで表わした（時実，1970）（図 6-2）。それによると，次のようになる。

① 0 歳から 3 歳まで（5 歳まで高原状態）：大脳皮質の 60％ ぐらいまで発達
② 5 歳から 7 歳まで（9 歳まで高原状態）：大脳皮質の 90％ ぐらいまで発達
③ 9 歳から 11 歳まで（11 歳以後は 20 歳までなだらかに上昇）：20 歳で 100％ 発達

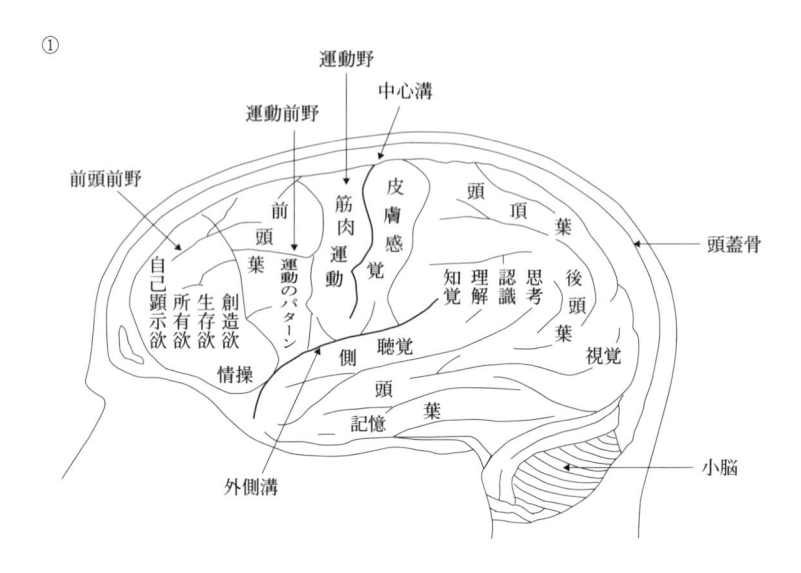

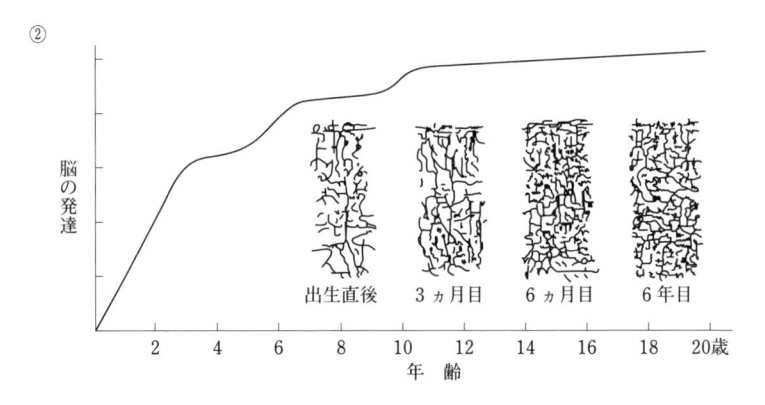

図 6-2 大脳新皮質の分業体制と発達段階との関連

注) ①図は大脳の分業地図を示す。
出典) 高木貞敬 (1996)『脳を育てる』岩波書店, p. 94。

注) ②図は脳の発達段階と神経細胞の配線ができてゆく状況を示す。
出典) 時実利彦 (1970)『人間であること』岩波書店, p. 30。

　これは，大まかな概念グラフとしては，現在でも大きく修正する必要はない，と言われている（川島，2003）。ただし，現在では，脳の発達がほぼ100％にな

るのは 25 歳ぐらいまでとされているが，部分的には 60 歳になってもまだ発達するものがあるという。

　この発達段階について，1970 年の段階では一種の「仮説」に過ぎなかったが，2004 年までのギード（J. Giedd）氏らの研究により，その妥当性がほぼ確かめられた（Giedd, 2004）。なぜなら，機能的磁気共鳴画像法（fMRI）による，大脳新皮質の，4 歳から 20 歳までの画像によって，その発達成熟の度合いが，新皮質の厚みの変化によって明示されたからである。

　この画像と時実のグラフとを重ね合わせることにより，脳は全体として発達するが，「ある時期にある能力部位が優位に発達する」という発達の段階的な姿が見えてくる。まず最初の段階の，60％ までの急激な成長は，「運動と感覚」の領野である頭頂葉と後頭葉に主に見られ，次の第二段階の 90％ までの発達は，「言語」の領野である側頭葉に主に見られ，最後の第三段階の発達は「論理・意志・創造性」などの領野である前頭葉に主に見られるということである。それは，画像で言えば，大脳新皮質の発達をその厚みによってとらえ，徐々に薄くなっていくのが成熟の過程なので，その厚さを色で区別して，十分成熟した部分，まだ十分成熟しきっていない部分などを年齢ごとに示して，厚みの変化を追っている。第一段階では頭頂葉と後頭葉がすでに薄くなって成熟しており，それが第三段階ではほぼ成熟し切っていることが知られた。第二段階ではすでに薄くなって成熟しているのは側頭葉であり，それが第三段階ではほぼ成熟し切っている。最後の第三段階まで薄くならず，成熟が遅れていて，20 歳でも十分成熟し切らないのが前頭葉である。ある研究では，60 歳になるまで，前頭葉と側頭葉の白質は増加を続け，成長することが分かったという（S. L. ブレイクモア・U. フリス，2006）。これは，乳幼児から成長する人間の行動上の外見的様相からも理解できるものである。

　これによって，生物，とくに動物としての機能がまず発達し，次に人間らしさの基礎である言語（数を含む）の発達が続き，最後に創造性や批判的思考，社会性などの人間独自の精神機能の発達が，かなり後になって展開する様子がわかるのである。

　この順序は多分，生物学的に遺伝子レベルで決まっており，変わることはないであろう。なぜなら，そのような順序でなければ，生物としての生存が危ぶ

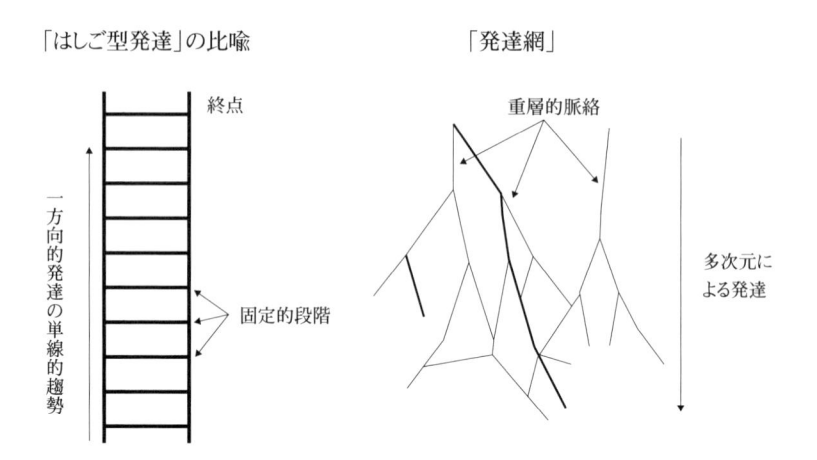

図6-3 はしご型の発達段階論とネットワーク型発達網
出典）Fischer（2003）

まれるからである。

　ここで，論点ごとに，吟味しておこう。
（1）**単線型・はしご型からweb型・network型へ**：脳科学の研究成果を踏まえて，生涯にわたる発達段階の存在とそのダイナミズムを解明しようとしている，ハーヴァード大学の心理学者フィッシャー（K. Fischer）教授は，先の心理学的な，単線的ではしご型の発達段階論に対して，「発達網 Developmental Web」というものを提唱し，複線的で後戻りもできるネットワーク型の「発達」概念を提起している。このネットワークは脳の神経細胞の網に対応しているという（Fischer, 2003）（図6-3）。
　確かに，このような網の目状の発達であれば，他の部分の発達とも関連し，また後戻りも説明がつくという点で，非常に説得的である。

（2）**局在論から全体論へ，そして「局在かつ全体」論へ**：他方，脳の機能については従来「局在論」が主流であったが，最近は「局在はなく全体的だ」とする「全体論」が勢いを増してきた。しかし，日本での脳科学的な「発

達」研究の中で，筆者にとって興味深い成果の一つは，多賀厳太郎教授による「U字型発達」現象の発見と解明である。これによると，乳児期の生後1ヵ月の間に見られる，ある動き（目的の見えない，乳児に共通の手足の動き）などが，2ヵ月目には消えて見えなくなり，3ヵ月目に再び現れるというのである。この種の動きがいくつかあるので，これは「U字型発達」現象と名づけられている（多賀, 2002）。マクロの「段階」レベルのものではなく，このような中間的なレベルの発達の具体相を見ることも重要である。この現象は，人間の脳がそもそも誕生時から無自覚に，「全体として」働いていることを示しており，まず局在的な機能分化が先にあるのではないことを示している。けれども，同教授は，乳児でも「記憶」について，前頭連合野のある部分が早くも局在的に働いていることを見出しており，決して漠然と「全体」が働いているのではないことも分かっている（多賀, 2004）。筆者は，「発達」を，「未分化から分化へ，そして分化から総合（統合）へ」と向かう相を示すもの，と考えてきたが，脳における「未分化」というのは，実は「全体的統合が，分化を含んで自動的に行われている状態」を指す，とまとめておきたい。正式の「分化」は大脳新皮質による，自由度のある選択的な働きとして生じるもので，この「分化」を前提に，それらの機能が連合して，「総合・統合」が次の段階で自動的あるいは自覚的に行われるものと言ってよく，この「未分化」と「総合」の二つは区別する必要があることが分かる。この意味で，筆者は単なる全体論ではなく，「局在かつ全体」論の立場を取りたいと思う。

(3) 臨界期（感受性期・敏感期）は「絶対的」から「相対的」なものへ：動物行動学者の K. ローレンツ（K. Lorenz）が「刷り込み」という現象を重視したことは有名である。親の行動が，ある時期に子どもに刷り込まれることによって，親子関係が担保されるというのである。この時期を逃すと刷り込みは起こらず，親子関係が構築されない。脳科学者も，この事実を認め，決定的に重要な時期という意味で，この時期のことを「臨界期 critical period」と呼んで，種々の重要な研究が進められている。

　教育界でも，特別支援教育の世界では，古くから「9歳の壁」ないしは

「10歳の壁」と呼ばれる事態が存在し，これを乗り越えられず，生活レベルの認識はできるが，理論的なレベルの認識の難しい子どもがいることが知られている。これは，必ずしも臨界期そのものではないが，時期を画するものとして，これを乗り越えないと新しい認識の世界に入れないという意味で，この年齢前後に一種の臨界期を見ることができる。

一般に，言語習得の時期の問題が，この方面の研究としては多く取り上げられるが，バイリンガルになるか否かは，10歳前後を境にして決まるという説が根強い。しかし，全体として，聴覚の分野，言語の分野と運動の分野とでは臨界期が異なるなど，分野の違いによって臨界期は複数ありうること，また，その臨界期も，「刷り込み」のような決定的なものではなく，その時期を逃しても学習できる相対的なものである，という見方が一般的になって，「臨界期」という呼称は適切でないので，その時期には感受性が強くなるという意味の「感受性期」または「敏感期」と言うべきだとする人もいる。

「敏感期」の名称は，モンテッソーリ教育の世界では，ほぼ似た意味ですでに使われてきている（永江，2010）。実際，この「臨界期」の相対性については，これを薬物によって時期を動かすことができるという研究成果も出ている（Brain and Mind, 2010）。しかし，その実験をしたヘンシュ・貴雄氏とともに，筆者は，基本的にそのような，ある能力を，自ら興味をもって容易に身につける最適な時期があることは確かで，その時期を逃すとその習得に非常な苦労が要るという意味で「臨界期」と呼んでよいと思っている。もちろん，どういう能力についてのものかによって，その時期が異なること，またその時期が，人間の場合は動物に比べて比較的長いことは，明確に意識しておかねばならない。

以上を受けて，筆者はここに，これまでもいくつかの論文で提示してきたが（Abiko, 2002; 安彦，2006），あらためて生物学的な進化論的視点を踏まえ，教育界で多用されている「基礎」「基本」「個性」という用語の脳科学的定義と合わせて，「子どもの興味・要求の中心の移行による発達段階論」を提唱する。その際，次の6段階を経るものと考える。この場合，前の段階の諸特性は次の段階が始まっても消えるのではなく，むしろその段階の下部に位置づいて，最

	年齢	興味・要求の中心	育成対象
段階 1	誕生～3歳	運動・動作の模倣・反復	身体的技能と感覚
2	5歳～7歳	言語や数の模倣・反復	知的技能と感覚
3	9歳～11歳	論理的思考・調査・実験	基本的概念と方法
4	11歳～14歳	自己や意味の探求	個性―探求
5	14歳～20歳	自己の専門性開発	個性―開発・伸長
6	20歳以上	自己実現	個性―統合

後の段階まで保持されるもので，その意味では層構造ないし繰り込み構造になっていると考える。

　この6段階に，「基礎」「基本」「個性」というキーワードを，筆者なりの脳科学的な定義により，次のように組み合わせる。

- 「基礎」＝「人間としての基礎」：「技能と感覚」＝身体的・知的技能と五感・三つの基礎感覚（人間感覚・自然感覚・社会感覚）……0歳以前から始まっている脳幹・脊髄系と大脳辺縁系の2つの神経系の9歳前後までの成熟を含む，身体的技能と五感中心の「動物としての基礎」を一部とし，それに言語・数などの知的技能を加える。
- 「基本」＝「各文化分野の基本」：「概念と方法」＝各教科・領域の主要な理論的概念と研究方法（調査・実験・発表など）……各文化領域を代表する各教科等の中の，大学に至るまで必要とされる主な法則・原理・規則・ルールなどと，それを導き出す観察・記録・調査・実験・発表などの研究方法で，「基礎」を使って身につけるもの。他の2つの神経系を含む「基礎」はそれによって強化・修正される。
- 「個性」＝「個人の質的・主観的（主体的）・価値的・全体的特性」：数量的に表わせない個々人の独特の感じ方・考え方・見方など……単なる個人差の意味範囲を超えて，それを含む人間の存在の根

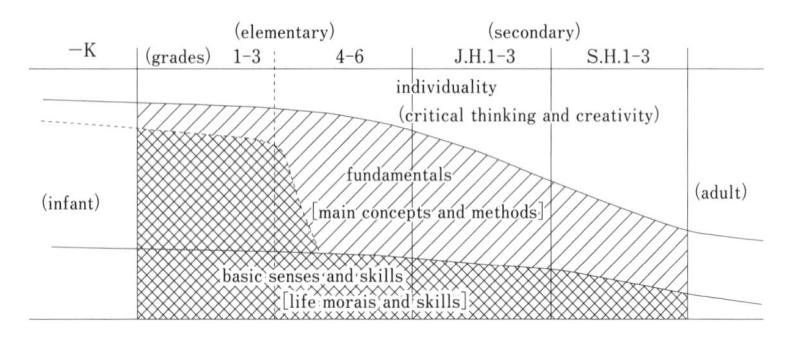

図 6-4

出典）安彦（2002）

本状態のあり方を指すとともに，固有の価値をもつもの。3つの神経系の再構成による，個体のもつ独自性・代理不可能性（高瀬常男氏による）。

こうして，次のような三層四段階で，「子どもの興味・要求の中心の移行による発達段階論」（SINCT）として示す（図6-4）。

筆者は，このような全体的な発達の方向性を見通した上で，現在，話題になってきた小中一貫教育のカリキュラムづくりについて，この理論を，その具体化のための基礎的なモデルとして活用してほしいと願っている（大阪教育大学附属平野中学校，2010）。

5. 6-3制学校体系の再検討と小中一貫カリキュラムの構築へ

このように考えると，現在の6-3制学校体系は，十分，再検討すべきものと考える。筆者は，最近の子どもの成長・発達について，誰もがその生理的成熟が昔より早まっているのに，社会性の発達などの心理的側面が遅れていて，全体としてアンバランスになっていることを問題にし，そのカリキュラム開発上の留意点について，論じたことがある（安彦，2004，2006）。ここで，その要点をまとめておこう。

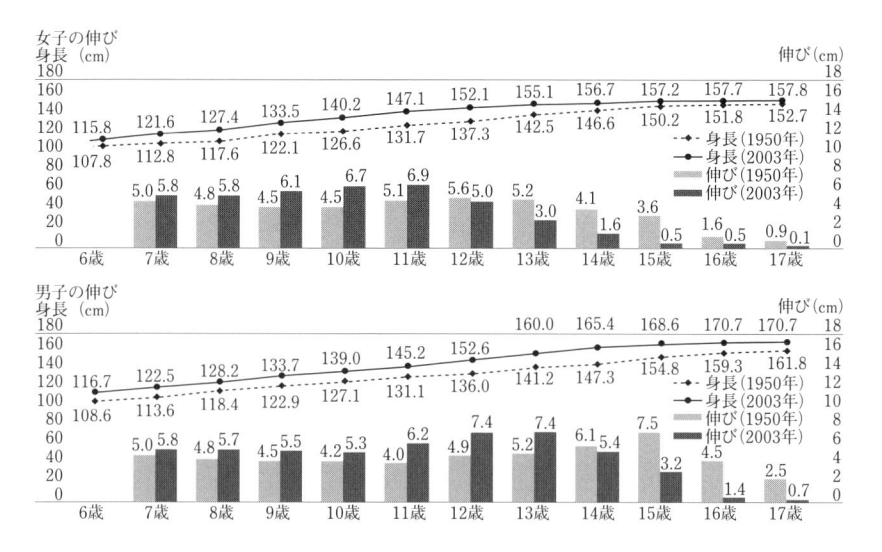

図6-5 男女児童の身長の伸び率の比較

1950年と2003年の身長の伸び率を比較すると，女子で1年，男子で2年程度ピークの時期が早まっている。
出典）呉市立五番町小学校他『平成17年度研究開発報告書』(2006) 掲載データに加筆

　まず，現在の子どもたちの成長の姿として，身長・体重を見ると，ともに年々その平均値が各年齢で高くなっており，しかも全体として体は早くから大型化している。その理由は，この際問わないが，身長では，1950年と2004年との50年ほどの間に，最大値に達するのが男女とも2歳前後早まっている（『VIEW21』2007.4）（図6-5）。

　女子の初潮や男子の精通などの性的成熟はどうかと言えば，これも初潮については，広島県呉市の場合，1961年から1993年の30年間，さらに現在までの間に1年から1年半早まったと言えるが，類似のことは，ほとんど日本全国，よほどテレビなどのメディアの入らない山の奥や離島などで暮らす子ども以外なら，当てはまるように思われる。実際，離島でさえ，テレビが入っていれば，子どもたちの生活は東京の真ん中に住む子どもと，基本的に変わらない（安彦，2002）（図6-6）。

　一方，心理学的な認知発達の面を考えると，子どもたちは，情報の受信・受容量について，小さい頃からさまざまのIT機器やマス・メディアを通して，

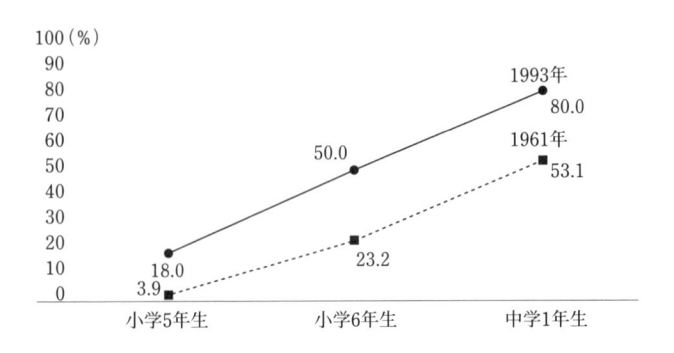

```
100 (%)
 90
 80                                    1993年
 70                                    ● 80.0
 60                    50.0            1961年
 50                    ●━━━━━━━━━━━━━━■
 40                                      53.1
 30
 20   18.0
 10   ●          23.2
  0   ■┄┄┄┄┄┄┄┄┄┄■
      3.9
      小学5年生      小学6年生         中学1年生
```

図 6-6　平均既潮率の比較（全国調査）

出典）図 6-5 に同じ

　非常に多くの種類のものを大量に得ており，ことばや画像として知ってはいるが，本物には触れたことがなく，目や耳からの「物知り」ではあるが，本当のことは知らないので不安を抱えている，という場合が多い。

　このような状況に関しては，脳科学が，テレビ視聴が及ぼす悪影響について，かなり発言してきた。大体において，幼児期にテレビを長時間（大体 3 時間以上）一方的に視聴させていると，情緒的な発達に問題を生む可能性があるとともに，知的にも言語発達に遅れが生じ，寡黙などの自閉症的傾向を示すという（森，2002）。もちろん，これには異論もあり，あまり断定的・確定的なことは言えないが，留意すべき点であることは確かである。幼児期には，1 日 3 時間以下にテレビ視聴を抑えることが賢明であろう。

　さらに，情緒面では，最近は小学校 4 年と 5 年の間で，子どもの「自尊感情」がプラスからマイナスへ逆転することが注目されている。なぜなら，それによって，子どもは自分の存在価値を認めにくくなり，それが原因でいじめや校内暴力，そして不登校などに陥ることがありうると認識されてきているからである。その一事例をここに示そう。

　このグラフは，呉市のデータであるが，4 年生までは大多数の子どもが，周囲の人が自分のことを価値あるものと認めてくれていると思っているが，5 年生になるとその数が逆転して，そう思わない子どもが過半数となる（図 6-7-①）。自分は価値のない存在ではないか，生きていることに何の意味があるの

①周りの人から認められていると思いますか？
(平成13年9月アンケートより)

［棒グラフ：1年生〜9年生、凡例：■いつも思う ■時々思う □あまり思わない ■思わない］

②あなたは自分が好きですか？

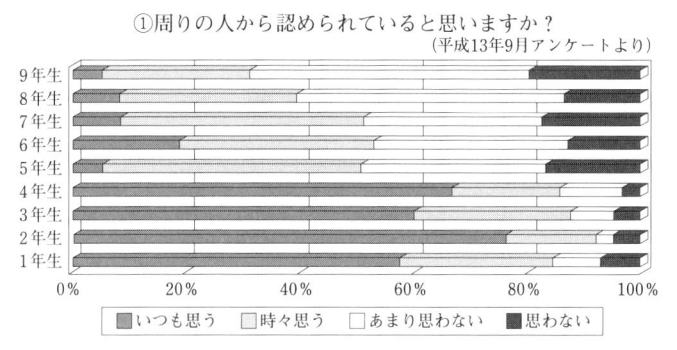

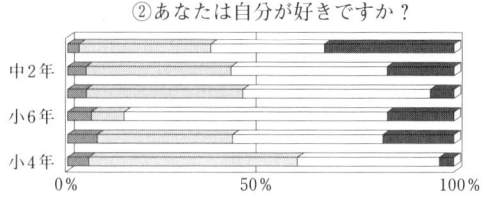

［棒グラフ：小4年、小6年、中2年］

図6-7　自尊感情の変化

出典）呉市立五番町小学校他『平成14年度研究開発実施報告書』（第3年次）平成15年3月より

だろうと疑問を持ち始め，どちらかというと，意味がないのではないか，周囲の人も自分を価値あるものと認めてくれていないのではないか，というネガティヴな感情が高まるということである。したがって，そのために，「そういう自分が好きになれない」と思う気持が，やはり，小学校4年までと逆転して，5年から過半数を占めるようになる（図6-7-②）。

一方，「社会性の発達」について見ると，1年ずれて，5年生と6年生との間に逆転が見られる。5年生までは大部分が「家族依存」であるが，6年生になると「友達依存」が過半数となり，それ以降はその傾向が増大すると言ってよい（図6-8）。

このように，人間関係が家族を離れて外に向かい，友人との関係が強まるとともに「自尊感情」も弱まり，自分をマイナスのイメージでとらえるようになって，いじめや不登校に陥りやすくなるわけである。この意味で，小学校5年生以後が共通の特徴をもつ時期であると考えられるので，この小学校高学年からは，4年生までとは異なる，中学校と共通の指導方針に変えて対応すべきで

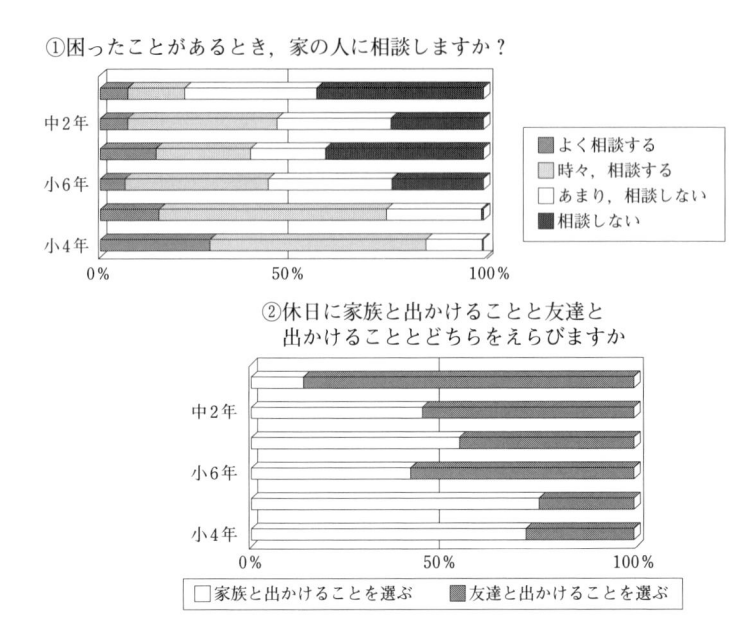

①困ったことがあるとき，家の人に相談しますか？

中2年
小6年
小4年

- よく相談する
- 時々，相談する
- あまり，相談しない
- 相談しない

②休日に家族と出かけることと友達と
出かけることとどちらをえらびますか

中2年
小6年
小4年

- 家族と出かけることを選ぶ
- 友達と出かけることを選ぶ

図6-8　社会性の発達

出典）図6-7に同じ

あると言ってよい。

　近年，社会性の発達について，自閉症や引きこもりなどへの関心から，脳科学的研究が盛んになっているが，それが年齢段階により，どう発達的な変化を示すのかは，まだほとんど解明されていない。ただ，社会性は前頭前野の働きとして，非常に高度な人間的性質であることが確かめられている。この意味で，やはり，この時期の重要な教育上の課題であると言える。

　以上のように，6-3制を，4-3-2制ないしは4-5制・5-4制に変える方が，脳科学の観点から見ても，また少なくとも子どもの生理的成熟や自尊感情，さらには社会性の未発達などから考えても，妥当であると提言する。この場合，学校段階の区切り方に複数の例があってよいと考える。つまり，大体「9歳の壁」を念頭において考えると，4年生と5年生の間に一つの段差があり，それが個人差などにより4年の前後1年は幅を見ておく必要があるので，4年で切ることを原則にして，3年末ないし5年末で切ることも認める方がよい。また，

子どもの生理的成熟が大都市では早めに，山奥の村などでは遅めに進むことも考えられる。したがって，3-4-2 制や 5-4 制も認めるのである。

ただ，もし高校までの学校体系を考えて改革することができるならば，4-4-4 制が現在の子どもの生理的心理的成熟の状況から見て，最も適切であると筆者は考える。

小中高一貫の普通教育カリキュラムの構造について

そこで，先の SINCT による発達段階論をベースに，4-3-2 制ないし 4-4-4 制の「小中一貫」ないし「小中高一貫」カリキュラムの全体構造を提案しておきたい。

まず，中学校までの「小中一貫」の 9 年間を前提にした普通教育カリキュラムは，次のような「メリハリをつけた」内容性格のものであることが望ましいと考える。これは，「小中連携」の場合にも適用できるカリキュラムの構造である。

- 4＝小学校低学年での重点：「基礎」＝身体的及び知的技能と 3 つの基礎感覚（人間・自然・社会）　←　反復（練習＋しつけ・習慣形成）・活用・体験・遊び
- 3＝小学校高学年から中学校 1 年までの重点：「基本」と「個性をさぐる」選択的経験＝教科担任制と選択教科の導入＋異学年交流による「自尊感情」の改善など
- 2＝中学校 2～3 年の重点：「基礎」「基本」の十分な習熟（習熟度別学習）＋異学年交流による「自尊感情」の改善＝「個性的自立」への基礎づけ

これは，4-2-3 制，3-4-2 制の場合でも下敷きにできるものであり，2 つに分ける 4-5 制，5-4 制の場合でも，最初の 4 年ないし 5 年とそれ以後とに分けて考えるとよい。

次に，高校までを含めた，より望ましい「小中高一貫」の普通教育カリキュ

ラムの全体構造を示してみよう。これを理念型として，4-3-2 制などにも敷衍して考えればよい。幼小連携・一貫教育を考える場合も，基本的には最初の 4 年間の考え方を，年齢的に下におろせばよいと考える。以下に，脳科学的な観点と心理学，生理学的な観点を踏まえて，少し解説しておこう。

- 4 ＝ 小 1 〜 小 4 は，「国語」「算数」の知的技能の部分と「体育」「体験・遊び」などの身体的技能の部分を重視。＋ 人間感覚（道徳感覚）・自然感覚・社会感覚（しつけの核になるもの）の育成の重視。＝意志・集中力・活用力の育成にも留意。他の部分や他の教科学習は伸び伸びとやらせてよい（共通基礎教養＝人間としての基礎）

この 4 年間は，大脳新皮質系の運動野と視覚野のある頭頂葉と後頭葉を中心にして，聴覚野のある側頭葉と知能・知性を担当する前頭葉を合わせ働かせることに意を用い，次のような点に留意して，重点を明確にしてメリハリをつける必要がある。

- 「基礎」教育＝「人間としての基礎」を，「動物としての基礎」の上に，確実に身につけさせる必要がある。その「基礎」の 1 つは，「体力とともに身体的技能の習熟」である。戸外での用具・器具を使った運動や，鬼ごっこなどの身体運動の入った遊び，ハイキングや低い山登りなどの自然体験など，「遊び」を中心にした体づくりや，注意力・集中力をつけることが望まれる。立ち，歩き，走るといった動物としての基礎能力はもちろんのこと，人間らしさを表わす所作，身振り，踊り，跳躍，回転など，高度な運動も，遊びやしつけを通して反復的に身につけさせる必要がある。しつけの部分は「生活習慣」の形成を心がけなければならない。

「基礎」の 2 つ目として，「知的技能の習熟」があるが，これは，やはり遊びや練習を通して反復的に身につけさせる必要がある。とくに，「読み・書き・計算」の技能については，家庭学習などで「学習習慣」の形成を通して高めさせるとともに，国語や算数の授業で，遊びの要素を入れた練習などにより，日常生活に支障のないレベルの技能にまで，徹底的に達成させておかねばならない。「音読」などは励行してほしい方策である。（川島・安藤，2004）その際，

大切なことは，ドリル学習だけすればよいのではなく，理屈を抜きにせず，丁寧に教えた上で練習し，合わせてその技能を「活用」する活動を行う必要があるということである。それは，「活用」によって「技能は一層習熟する」からで，この両面の活動を経験させておく必要がある。幼小連携・一貫の場合も，この原則を適用してほしい。

　「基礎」の3つ目として，「基礎感覚」の育成である。これには「人間感覚」「自然感覚」「社会感覚」の3つを挙げたが，そもそもこれらは，筆者が「生活科」の導入の際に，教科として育てるべきものと主張したものである。「感覚」とは，生活科で「気づき（awareness）」と呼んできた部分のことで，素朴な直観的認識のことである。まず「人間感覚」とは，主として道徳感覚を意味し，平等感覚，つまり反差別の感覚：人種差別・性差別・障害者差別など，すべての差別に関する感覚が身につかないように，道徳教育の面から留意しなければならない。「三つ子の魂，百まで」というのは，この部分で最も重要である。実際，差別感覚は大人が植え付けている場合が多い。幼小連携ないし一貫の留意点の一つである。

　また「自然感覚」とは，「自然というものは，向こう側の法則で現象しているので，下手に手を加えると取り返しがつかないものなのだなあ」という感覚である。これは，小動物の飼育や植物の鉢植え栽培などで教えるべきことである。一度死なせたり枯らしてしまうと，もう二度と生き返らないのだ，だから丁寧に，慎重に対応しなければならない，ということを感じさせられるとよい。「社会感覚」とは，逆に「社会というものは，人間の力によって常によりよいものに変えられるのだなあ」という感覚である。道路や橋，都市や交通網，さらには見えない制度や法律などは，人間がいくらでも手を入れて，よりよいものに変えられるのだということを感じさせねばならない。

　この両者の区別は重要で，これらをごちゃ混ぜにしたり，逆に身につけさせてしまったら，3年になって，生活科から分かれて理科と社会科に学習が進む際に，この感覚レベルで違和感が生じて，円滑な学習が展開できないと言ってよい。また，知識の論理的な習得は，この段階ではあまり重視しなくてよい。「生活科」は一種の総合教科であると見ている人が多いが，だからといって何でも総合的であればよいのではない。教師が付いて，教科として教える以上，

以上のような明確な教育目標を持たねばならない。体験活動を楽しく展開すればよい，というものではない。

これ以外の教科，教科外活動は，それこそ「遊び」を核にして，伸び伸びと自由に，個性的に学ばせ，活動させてよい。国語や算数でも，この技能部分以外については，イメージ形成を中心に，楽しく，体験的に学習を展開し，意欲と自信を培うことに意を用いるべきである。

- ・4＝小5，6～中2は，「体験と理論の往復運動」を重視＝「知」を，「体験」と「集団」で鍛える。→　討論・実験・表現などによる思考力の育成を重視＋「小人数・小集団学習」と「個性をさぐる選択学習」＋「異学年交流」（中学校全体）［自立への基礎＝各教科の基本：国民としての基礎＋個性の探求（選択的経験）］

この時期に入ると，大脳の新皮質系は主として前頭前野（前頭連合野）の部分が優位に成熟するので，論理・創造性・批判・意志・情操，そして個性・自我意識の発現に対応することに，重点的に意を用いる必要がある。「9歳の壁」を乗り越えさせることが眼目である。ある脳科学者は，「もし，0歳から3歳が教育の主要な機会であると考えられるなら，10歳から15歳の期間も同じことである。いずれの時期においても，とくに急激な脳の再編成が起こっている。これは，これらの時期にはある領域での学習が非常に急速に進むことのシグナルなのだろう」と述べている（S. L. ブレイクモア・U. フリス，2006）。

この時期になると，各文化分野の主要な原理・原則・ルール・規則・方法などの「基本」に当たる部分の「理論的・抽象的・概念的」知識に，子どもの興味や要求が向けられる。国語で言えば，文法や漢字のつくり，文章構成，文芸学的手法などであるが，これらは大学に至るまでずっと使われる原理や方法のことで，途中で消えていくものは「基本」の中に入れない。また，「基本」は「基礎」を使って表現されているので，「基礎」を使う活動を通して身につけなければならない。それによって「基礎」も強化されたり修正されたりするという相互作用があるのである。

さらに，思春期に入るので，生来の個性を，子どもが自力で再構成しようと

する。この再構成の仕方も含めて，その全体がその子どもの「個性」なので，この意味で，その種の努力を支援する場が必要である。それが「小集団学習」と「選択学習」の場であり，この学習活動の中で，相互に個性を認め合い，人格を高め合い，能力を伸ばし合うといった活動がなされるとよい。

　これらの知的・人格的な学習には，頻繁で豊富な「体験と理論との往復運動」によって，両者のバランスを考慮した「討論・実験・表現」などによる，時間をかけた「思考力」重視の活動を通し，理論的・抽象的思考に向けて，壁を乗り越えることが保障され，合わせて，自分が何に向いているのかという「個性の探求」活動が，まず尊重されねばならない。とくに，この時期の「異学年交流」は，総合的な学習や特別活動などで，中学生などの年齢の上の子どもと小学生などの年齢の下の子どもとを，相互にできるだけ年齢の離れた子ども同士の集団に構成すると，「自尊感情」の改善が見られて効果がある。

　こうして，「基本」＝各教科の基本を中心とした学習による「国民としての基礎」づくりと，「個性をさぐる」選択学習による「選択的経験」を積み重ね，両者を合わせて「自立への基礎」と「個性の探求」という，「前期中等教育」の課題達成を実現するのである。

　・4＝中3〜高3は，「個性的自立」への「国民としての共通教養＋専門への基礎教養」の完全習得（習熟）と「個性をのばす選択学習」が重要＝個性的・自主的な表現・体験→「習熟度別学習」と「進路による選択学習」の重視［自立への準備＝個性的自立：専門基礎・観の自己形成＋個性の伸長（選択的経験）］

　この段階では，他の2つの脳幹・脊髄系，大脳辺縁系はもとより，ほぼ新皮質系も全領野において成熟が進み，成人と同じレベルに達する。この意味では，全体的かつ子どもの方からの主体的・自主的な，責任ある活動を核にする経験が必要である。

　まず，この時期は，「国民としての共通教養」の完成と，それに続く高校での普通教育による「専門への基礎教養」を十分に身につけなければならない。義務教育が現在のように中学校3年までであるとすれば，普通教育としては，

「国民としての共通教養」は最低限のレベルのものを保障することが，学校側の責務となる。また，高校での普通教育は「専門教育への基礎」として位置づけられるわけで，そのために共通基礎教養を身につけ，その後のそれぞれの専門教育に具えることが必要となる。習熟度別学習は，この2つの普通教育の目標達成に向け，十分な配慮のもとで，すべての子どもに一定の到達水準を保障するよう，その習得状況を高める機会・手段とすることが望ましい。

個性については，中学校と高校での対応を区別し，中学校段階での「個性をさぐる」活動を経た上で，ある程度範囲を絞って「個性をのばす」活動へ視点を移す必要がある。これが高校段階での「選択学習」の場の固有の意味であり，そのために選択教科等の設置・履修原理を中学校とは変えねばならない。これをわかりやすく形容詞で表わすと，次のようになる。

・中学校： 広く，浅く，多く，短く，軽く
・高校： 狭く，深く，少なく，長く，重く

最後の「軽く」「重く」というのは，子どもの気分・気持の上でのことで，中学校で「軽く」選んでよいとは，間違えてもよい，それも「探る」時期の一つの経験だと解するものであるのに対し，高校で「重く」選ぶことというのは，安易に選んでも選び直しが利かないので，一定の幅を持たせた上で，責任を持ってしっかり考えて選ぶことを求めるものである。

その際，活動としては，個性的・自主的な表現や体験などの活動が，進路等の違いによって様々に勧められるとともに，さらに，高校段階に固有のものとして「観の自己形成」が目指されなければならない。これは，この時期の子どもの「自己同一性（アイデンティティ）」確立への要求の一つであり，普通教育と専門教育との両方で，人間観・人生観・職業観などの「観」を，中学校までの断片的なものからシステマティックなものに高めていかねばならず，それを積極的に支援していくことが望まれるのである。

総じて，この時期はアイデンティティの確立のために，カリキュラム上は「共通性」と「選択性」の両方を必要とするのであり，これらによって，子どもたちの「個性的自立」が，普通教育と専門教育・職業教育による「自立への準備」と，自主的な選択的経験による「個性の伸長」とにおいて，責任意識を伴って成し遂げられねばならない。大学進学教育も，就職準備教育も，これら

の視点をしっかり内に含まなければ，健全な「後期中等教育」を施したとは言えない。このことは，脳科学者の次の言葉にサポートされる。

　「この時期，脳はまだ発達途上にある。つまり，脳は適応できるのだから，形づくっていく必要がある。おそらく，青年期後期の教育の目的は，内的コントロールの強化，たとえば，自己のペースでの学習や，与えられる知識を批判的に検討したり，総合したりする技能を含むべきだろう」(S. L. ブレイクモア・U. フリス，2006, 184)。

　以上，これらの4年毎の3つの段階は，脳科学的にも，心理学的にも，実践経験的にも，子どもの個人差などにより多少の幅は生じるが，それなりの妥当性をもつものと考えており，また，これらの段階を一貫した普通教育のカリキュラムの構成により，それぞれの段階の目標達成を経て，スムーズに子どもを育てることができると考えている。このような具体的な例示に対して，関係者の真剣な検討を期待している。

注

安彦忠彦（2002），『教育課程編成論――学校で何を学ぶか』放送大学教育振興会.
―――（2004），「6-3制を4・2-3制へ――小学校と中学校の接続関係 articulation に関する調査研究」『早稲田大学大学院教育学研究科紀要』第14号，2004年3月.
―――（2006），「脳科学的観点から見たカリキュラム開発」『早稲田大学大学院教育学研究科紀要』第15号，2006年3月.
―――（2006），『改訂版 教育課程編成論――学校は何を学ぶところか』放送大学教育振興会.
―――（2007），「脳科学的観点から見た6-3制学校カリキュラムの検討」『早稲田大学大学院教育学研究科紀要』第16号，2007年3月.
―――（2009），「小中一貫・連携教育の可能性」『学校運営』2009年4月号.
Abiko, T. (2002), Developmental Stages and Curriculum: A Japanese Perspective, in *Journal of Curriculum and Supervision*, ASCD, 17 (2), Winter, 160–170.
バンデューラ，A.／原野広太郎・福島脩美共訳（1975），『モデリングの心理学』金子書房.
Brain and Mind (2010), 2004 Fall–2010 Spring; CREST *Neurogenesis Project Summary Book*, pp. 22–27（対談：ヘンシュ貴雄＊大隅典子）.

ブレイクモア，S. J.・フリス，U.／乾敏郎・山下博志・吉田千里訳（2006），『脳の学習力——子育てと教育へのアドバイス』岩波書店．
独立行政法人科学技術振興機構・社会技術研究開発センター（2008/2009），『領域架橋型シンポジウムシリーズ：平成19年度第1回～第3回報告書』第1巻，2008年12月，同『領域架橋型シンポジウムシリーズ：平成20年度第4回～第6回報告書』第2巻，2009年10月及び同『領域架橋型シンポジウムシリーズ：平成21年度第7回～第8回報告書』第3巻，2010年3月．
―――（2010），『すくすくコホート公開シンポジウム報告書：子どもたちの明日に向けて』，2010年2月．
Fischer, K. W., Yan, Z. & Stewart, J. (2003), Adult Cognitive Development: Dynamics in the Developmental Web, in J. Valsiner & K. Connolly (eds.), *Handbook of Developmental Psychology*, pp. 491–516.
Fischer, K. W. & Rose, S. P. (1998), Growth Cycles of Brain and Mind, in *Educational Leadership*, 56 (3), 56–60.
Gardner, H. (1983), *Frames of Mind: The Theory of Multiple Intelligences*, Basic Books.
―――（1999), *Intelligence Reframed: Multiple Intelligences for the 21st Century*, Basic Books.（H・ガードナー／松村暢隆訳（2001），『MI:個性を生かす多重知能の理論』新曜社．）
Giedd, J. (2004), Structural Magnetic Resonance Imaging of the Adolescent Brain, *Annals New York Academy of Sciences*. 1021, 77–85.
Gogtay, N., Giedd, J.N. & others (2005), Dynamic Mapping of Human Cortical Development during Childhood through Early Adulthood, Vol. 101, No. 21, 8174–8179, *PNAS*, May 25, 2005.
平山 諭・保野孝弘編著（2003），『発達心理学の基礎と臨床②：脳科学の発達からみた機能の発達』ミネルヴァ書房．
Jensen, E. (1998), *Teaching with the Brain in Mind*, ASCD.
柏木英樹・岸本伸明編著（2007），『「脳科学の知見」に基づく子どもの思考力の鍛え方：1・2年』明治図書．
「カリキュラムから考える小中連携」『VIEW21』中学版，2007年4月号．
川島隆太（2003），筆者のインタヴュー（2003年11月10日）．
川島隆太・安藤忠夫（2004），『脳と音読』講談社．
小泉英明（2004），筆者のインタヴュー（2004年7月13日）．
森 昭雄（2002），『ゲーム脳の恐怖』日本放送出版協会．
永江誠司（2004），『脳と発達の心理学』ブレーン出版．
―――（2008），『教育と脳——多重知能を活かす教育心理学』北大路書房．
―――（2010），『世界一の子ども教育モンテッソーリ』講談社．
大阪教育大学附属平野中学校（2010），「平成23年度研究開発実施希望調書」

2010 年 12 月.
Rosenfield, J. (2002), Surfing the Brainwaves, in *Middle Ground*, April 2002, NMSA.
澤口俊之（2004),『あぶない脳』筑摩書房.
Sprenger, M.（1999）, *Learning and Memory: The Brain in Action*, ASCD.
多賀厳太郎（2002),『脳と身体の動的デザイン：運動・知覚の非線形力学と発達』金子書房.
─────（2004),「乳児期初期における脳機能発達」『脳科学と教育』第 1 回国際シンポジウム発表要旨集,（於) 国際連合大学, 2004 年 9 月 30 日.
時実利彦（1970),『人間であること』岩波書店.
Wolfe, P.（2001）, *Brain Matters: Translating Research into Classroom Practice*, ASCD.
緩利 誠（2009),「脳科学の成果を応用したカリキュラム評価」田中統治・根津朋実共編著『カリキュラム評価入門』第 11 章, 勁草書房.

Ⅲ 脳科学研究への期待と課題

第 7 章
カリキュラム開発のための今後の研究課題

安彦　忠彦

　筆者の関心は，何よりも，脳科学の成果を教育に生かす一つの分野として，それをカリキュラム開発に生かしたいという点にある。この場合，カリキュラムと言えば，まずは幼稚園を含む学校教育に関わっている。しかし，英語の curriculum は，広く子どもの生育歴のことを指すこともあるので，もう少し視野を広げて，社会教育，とくに家庭教育における教育計画の大枠を明確にすることができるなら，学校を含む教育活動全体に，教師のみならず親や保護者にも大いに参考になる知見が得られると考える。

　ところが，これまでの研究では，まだまだ筆者のようなカリキュラム研究者，とくにカリキュラムの批判的分析ではなく，カリキュラムづくり＝開発に主たる関心をもつ者には，残念ながら十分な成果が得られていない。そこで，以下に，カリキュラム開発に活用できる研究成果には，どのようなものが期待されるのかを，個人的見解として挙げておきたい。今後，この方向で研究成果が意図的・計画的に積み上げられるよう希望する。

1.「成長・発達」の時間軸を追った研究

　脳科学の研究成果を渉猟していて，筆者のもつ大きな不満は「人間の成長を追った縦断的な脳の発達研究」が少ないため，カリキュラムづくりに使える研究成果がほとんどない，ということである。記憶や思考などについては，多くの研究者が関心をもち，すでにそのミクロのメカニズムについてはかなり研究

成果も出ていて，教育面での指導にも一部参考にされている。それはそれで，その範囲で役に立つ知見である（池谷，2004）。しかし，メカニズムだけではまだ，これまでの優れた実践家の実践の後追い，検証をするだけに終わる場合が多い。そこから何か新しい教育方法や指導技術が，創出されるところにまでは至っていない。

　むしろ，カリキュラム開発の面で求められる知見は，発達の様相，発達段階，臨界期（感受性期・敏感期），脳の各部分相互の関係の発達的・機能的変化などを，外からの働きかけとの関連において解明することである。子どもに個人差が存在することは自明のことであるとしても，大体何歳ごろには何に興味をもち，何ができるようになるのか，それを効果的に遂行できると，脳内の各部分にはどのような質的・量的な変容がみられるのか，そのような知見が得られれば，教育的な働きかけをどうすればよいかについてのヒントが得られる。

　また，年齢段階や発達段階のある時期に何かができないと，その後のある時期に何かができなくなるという重要な相関があるのかないのか，その場合，どこをどうすれば解決できるのかについて，それなりの脳内の変化・変質を見ることができるとよい。それが純粋に心理学的なレベルで対応できるものなら従前の方法でよいが，神経科学的レベルのものなら，それなりの対応を図らなければならない。

　今のところ，アメリカのジェイ・ギード（Jay Giedd）氏らの研究が注目されるが，日本でも小泉英明氏らのリードのもとでコホート研究が続けられてきた。しかし，成果は限定的・個別的である（小泉，2010）。また最近，林成之氏が他の神経系の発達とも関連付けて，「3歳・7歳・10歳」が重要だとする見解を出しているが，まだ大方の評価は得ていない（林，2011）。このように，教育学の研究者があまり関わっていないためもあって，管見の限りでは，まだ，すぐに役立つ知見が得られているとは言えないけれども，視点を教育に据えた研究成果が出てくることを期待している。

2. 意図的・組織的・計画的な「働きかけ」との対応を前提にした研究

　現在の脳科学者の多くは，「教育」をほとんど「学習」と同義のものと考え

ている。また,「形成」や「感化」まで含む,非常に広義のもの,人の行動を変容させるものはすべて「教育」の成果ととらえる傾向が強い。しかし,「教育」は人の「学習」を必須の前提とするが,やはり「意図的な働きかけ」を抜きに論じることはできない。もちろん,その「働きかけ」の中に「環境条件づくり」も含まれるが,「その背後に一定の意図がある」ことを前提としている。

　この意味で,ただの学習による行動変容ではなく,教育による行動変容を対象として,脳内の諸機能・諸条件の解明を進めてほしい。それは,学校のような教育を専門とする機関で,「意図的・組織的・計画的」に働きかける場での教育が,最も扱いやすいと言えるが,その場合の条件統制を,今よりも精細に,丁寧に,焦点を絞って行い,それに見合う脳内の機能の変化をとらえる研究が増えてほしい。すでに一部では行われているが,それを一定の大きな規模で,ある程度広い範囲にわたって,年齢的・系統的に積み上げていくような研究が必要である。

　例えば,言語技能習得,運動技能習得;概念形成,論理形成;記憶力・思考力の種別化;イメージ操作,色・味・体感,地と図;数量感覚,図形感覚;意識（気づき）などといった,人の心理的な働きは,脳内では各部位の機能がかなり連合して働き合っている様子が見られる。これらの心理的な働きを,何かを軸にして分類し,それに応じて研究を積み上げていくような,組織的・体系的な研究が必要なのである（S. L. ブレイクモア・U. フリス，2006）。

　具体的には,算数の問題で子どもがつまずく場合などは,つまずかないで正解を出す場合と脳内の働きとしてはどんな相違が見られるのか,見られないとすればそれはなぜなのか,などといった研究の蓄積がほしいのである。正解であればほめられ,不正解であれば罰せられるといった報酬系の研究も進められているが,学習を報酬面からだけでとらえることは,とくに人間の教育の場合は問題がある。

　また,指導を,運動や感覚のように直接的な体験活動などの働きかけで行う場合と,言葉などにより間接的に働きかける場合とでは,その実際は異なる。このような違いは,特別支援教育などの分野では非常に大きな意味がある。筆者は,「体験したことは言葉では伝えられない。疑似体験でやっと少し伝えられる程度である」と言ってきた。「学ぶ」という同一の語で表現しても,その

活動は脳内の働きとしては異なっているのである。それがどういう性質の違いなのかが分からないと，教育には役立たない。

3. 大脳とそれ以外の小脳等との関連を解明する研究

　最近は，大脳の働きのみでなく，小脳などの他の脳の機能も重要な役割を果たしていることが分かってきている。とくに小脳の機能は，単に運動能力だけでなく，読み・書き・計算などの知的な技能の習得にも，重要な意味をもっている。このような観点から，今後は小脳や間脳，脳幹や脊髄などが，大脳の働きとどのような場合に，どのように関係しているのかを明らかにしてほしい（川島・安藤，2004）。

　また，感情や技能についても，知的な脳の働きと無関係ではない。とくに教育的効果を考えると，知的な学習に感情や技能などが伴う場合，それらが伴わない場合と比べると，脳の機能において相違が出てくる。知的な思考や記憶などに，どのような技能や感情が伴うと学習効果が上がるのか，などといった知見がほしいのである。「わかる」だけでは学習は進まない。「楽しい」ものでなければ，子どもは学習に積極的な姿勢を示さない。あるいは，技能と感情の相互関連についても，同様の問題関心が生まれる。心理学的には認知，情意，精神運動（身体的技能）の3つの領域に分けられるが，その相互関係にこそ人間の学習の独自性があると思われるので，その脳内での働きが解明されるとよい。それにはまず，大脳内部の3つの神経系が相互にどのような関係にあるのかが，一層厳密に究明されねばならない（林，2011）。

　さらに，意識と無意識との関係も，脳のどこがどう関わりあっているのか，知りたいものである。それには，脳波の研究も合わせ考えなければならないであろう。脳科学も，決して最近の非侵襲的な研究方法によるものだけでなく，脳波などの従来からの研究方法による研究成果も総合して，解明を進める態度が必要である。

　とくに自我体制の問題は，脳科学的にはどのような説明がなされるのか，ぜひ明確な説明ができるようになってほしい。それは多分，意識・無意識の研究と結合する必要が出てくるものと思われる。しかし，このようなレベルの研究

が進まないと，なかなか人間レベルの教育に結びつく研究成果は表われないであろう。

　加えて，最近はとくに，脳と体との関係について，それが相互作用を行っていて，決して脳から体へという一方向の関係ではないことが，種々の面で明らかになりつつある。この点については，今後精力的に研究が進められる必要があり，体から脳へどのような情報が，どのような流れで，どのような部分で，どのような作用が働くのかの解明が待たれる。教育は，まず外からの働きかけであるから，この相互作用が重要なのである（A. R. ダマシオ，2000）。

4. ロボット工学等の研究との結合に関わる研究──倫理綱領の重要性

　他方で，脳科学と倫理問題は，研究の最初から重要視されてきた。教育の分野では古来から倫理問題は密接不可分である。中でも，脳科学の中の工学的な分野の研究に，ロボット工学的な世界がある。BMI（Brain-Machine-Interface）と呼ばれている世界である。この世界は，人間のもつ能力を，すべてロボットに連絡させるか移転させて，人間の頭・手・足の延長としての装置を装着させ，マクロないしミクロの器具を用いて，働かせようとするものである。脳波や脳の電気的信号により，脳機能と直結させた増幅機器を活用して，人間と同じように自在に動作できるように工夫されている。

　この分野は，単に科学的研究というにとどまらず，実現可能なものは何でもまず作ってみよう，初めてのものを創作して，世間をアッと言わせて見たい，といった研究者の気持が，素直に表現される世界であるため，どんな社会的影響が出るか分からない世界である。思うだけでロボットが動いたり，話したり，歌ったりするのは，「脳情報を読み取り機械につなぐ技術」たる BMI の研究の進展による。

　このような技術は，脳科学と情報科学とが結びついた，より複雑なシステムの世界であり，まずは工学的な技術の創出が目指され，物理学，数学，情報工学，情報通信技術などの研究者が，あまりその社会的・人文学的世界との関係を考えずに，一途に研究を推進している。このような研究は途方もない可能性を秘めているが，果たして人間にとって，とくに人間の教育活動にとって，ど

れほど重大な意味をもつのか，ほとんど見当がつかない深刻な問題をはらんでいるように思われる（藤井，2009）。

　まず，社会的に見て，この技術の使い方に関する倫理的原則を，少しでも早く確定する必要がある。すでに日本でもそのような動きがあるとされている（川人，2010）。ただ，まだなかなか一般社会の関心の高まりがないためか，この種の問題関心が容易には拡大しない。しかし，今後，重大な問題になるはずである。

　同時に，そのような技術の登場と拡大は「教育」にどう影響するであろうか。そのような微妙な問題を抱えた技術を駆使できる人間は，本当に「知恵深い・賢い」存在にならなければ，社会的に危険視されることになろう。これは，まったく新しい教育問題になる。

5．脳科学と医学・生理学・心理学等と教育学との結合のあり方についての研究

　「教育」とはいっても，種々のレベルのものがある。受験勉強のように，試験が終われば忘れてよいようなものもあれば，実際に物事の問題場面にぶつかったときに，知識や技能を活用・応用するレベルにまで，しっかりと身につけさせる必要があるものもある。さらには，その人の人格の中枢にまで食い込んで，その人格の血肉にまで化していて，一生その成果が残るようなレベルのものもある。これらのどのレベルの教育を求めるのか，それによって働きかけも異なり，脳内の機能も異なってくる。

　現状ではまだ，正確に学習されたか否かだけを見るレベルの脳科学的説明に留まっていて，それが報酬系によって物的・精神的に強化されているメカニズムは徐々に明らかにされてきたが，よりレベルの高い教育の効果，例えば仮にその報酬系が働かなくても，自ら高い価値を感じれば学ぶことをやめない，質の高い教育の姿などもある。この意味で，もう少し「教育」を丁寧に，詳細に見ることなしには，中途半端な結びつきをつくるだけに終わってしまうであろう。

　筆者は，「教育」と「治療」をはっきり区別してほしいと考えている。「治

療」はマイナスの状態をゼロに戻す（あるいは高める）活動であるが，「教育」はゼロの状態をプラスにする活動である。少なくとも，それが「教育に固有の」性質であると考える。したがって，特別支援教育などの場合は，「治療」の性格の濃い「教育」であり，極めて基礎的な機能の回復・向上に努めているので，決定的に重要な活動であるが，必ずしも固有の姿とは考えない（安彦，2005）。

　もちろん，教育と治療を明確には区分できないとの見方もあるが，治療そのものは必要なことであり，その重要性は変わらない。治療ならば薬物など，教育以外の方法も可能であり，その方が無駄な時間や労力を使わなくて済む場合もある。何から何まで教育のみに期待すると，かえって教育に，不当に不信や不満を抱かせる結果になる可能性もある。治療ができるのなら，それはそれできちんとした方がよい。教育の可能な，また本当に必要な部分で，その役割を果たすことが求められるようになるべきであろう。

　また，ハーヴァード大学のFischer教授は，「脳科学と心理学と教育学のトライアングル」という言い方で，望ましい三者の関係を表現したことがある。同教授は，脳科学と教育学とを直結することができる場合があるが，それは特別支援教育のような，脳科学の成果を直接生かして，何らかの機能を回復・強化することのできる場合である。しかし，一般的にはそうでなく，脳科学と教育学の間に「心理学」が仲介・媒介する関係を基本とする方がよい，という考えである。筆者も類似の方向で考えていたので，この見方に賛成する。

　一部の脳科学者は，最近の心理学，とくに発達心理学や学習心理学が，脳科学の成果を抜きにしては教科書も書けないようになっている状況を見て，脳科学が進めば心理学は不要になるかもしれないと考えているが，多分そういうことにはならないであろう。このトライアングルの中身を詰めていくことが，脳科学を教育に生かす方策の明確化に役立つとよいと思う。日本でも，そのような脳科学と教育との関係づけを望ましいものにすべく，一部の教育学者がそのあるべき姿を提言しているが，まだ理論的過ぎて十分な関心を得ていない（田中・緩利，2009）。

　もっとも，早稲田大学脳科学研究グループとしては，現在の段階では，脳科学の成果を教育の理論や実践に生かすことには，一部の特別支援教育の分野な

どを除いては，むしろ慎重でありたいと思っている（坂爪，2010）。まだ，実践などとの関連を考えると，脳科学の研究成果は「実践の後追い」として，証拠を提供し始めている段階で，新しい指導方法・指導技術，さらにはカリキュラムの開発原理・開発技術を提供するには至っていない。利根川進氏は，文部科学省の脳科学委員会で，「脳科学が教育に正面から役立つようになるには，刺激とか情報とか言っているうちは駄目なのではないか。まだ20〜30年ぐらいはかかるだろう」と言われたことがある。筆者は，この言葉を忘れるべきでないと思っている。

参考文献

安彦忠彦（2005），「脳科学の成果を教育，とくにカリキュラムづくりにどう生かすか？」『悠』誌，2005年11月号．

Armstrong, T. (2009), *Multiple Intelligences in the Classroom*, ASCD, 3rd edition.

ブレイクモア，S. J.・フリス，U.／乾 敏郎・山下博志・吉田千里訳（2006），『脳の学習力—— 子育てと教育へのアドバイス』岩波書店．

ダマシオ，A. R.／田中三彦訳（2000），『生存する脳』講談社．

藤井直敬（2009），『つながる脳』NTT出版．

林 成之（2011），『子どもの才能は3歳，7歳，10歳で決まる！』幻冬舎新書．

池谷裕二（2004），『脳の仕組みと科学的勉強法』ライオン社．

池谷裕二（2004），『進化しすぎた脳』朝日出版社．

板倉徹・前田敏博編著（1996），『前頭葉』（神経科学の基礎と臨床V），ブレーン出版．

糸山泰造（2010），「『9歳の壁』はあるのか——その乗り越え方」『児童心理』2010年5月号．

糸山泰造（2010），『思考の臨界期』どんぐり倶楽部．

川島隆太・安藤忠夫（2004），『脳と素読』講談社．

川人光男（2010），『脳の情報を読み解く——BMIが開く未来』朝日新聞出版．

小泉英明編著（2010），『脳科学と学習・教育』明石書店．

小泉英明（2005）『脳は出会いで育つ』青灯社．

小西行郎（2004）『早期教育と脳』光文社．

ルドゥー，J.／松本元・川村光毅ほか訳（2003），『エモーショナル・ブレイン——情動の脳科学』東京大学出版会．

永江誠司（2007），『子どもの脳を育てる教育』河出書房新社．

OECD-CERI 編／小泉英明監訳（2005），『脳を育む――学習と教育の科学』明石書店．
OECD 教育研究革新センター編著／小泉英明監修，小山麻紀・徳永優子訳（2010），『脳からみた学習――新しい学習科学の誕生』明石書店．
オーシェイ，M.／山下博志訳（2009），『脳』岩波書店．
榊原洋一（2004），『子どもの脳の発達臨界期・敏感期』講談社＋アルファ新書．
澤口俊之（1999），『幼児教育と脳』文藝春秋．
Stefanakis, E. H. (2002), *Multiple Intelligences and Portfolio*, Heinemann.
ストローチ，B.／藤井留美訳（2004），『子どもの脳はこんなにたいへん！――キレる 10 代を理解するために』早川書房．
田原 孝（2005），「非線形であるメンタルヘルスとライフサイクルを線形近似で考える――肌が脳を創り，脳が心を創る」日本福祉大学通信教育部『総合セッション IVD』講義資料．
津本忠治（2006），「教育との関連から見た脳科学概観」，早大脳科学研究会発表資料．
早稲田大学教育総合研究所監修，坂爪一幸編著（2010），『「脳科学」はどう教育に活かせるか？』早稲田教育ブックレット：No. 5，学文社．
Wood, C. (2007), *Yardsticks: Children in the Classroom Age 4–14*, NEFC, 3rd edition．ウッド，チップ／安彦忠彦・無藤 隆訳（2008），『成長のものさし』図書文化社（2 版の訳）．
緩利 誠（2006），「脳科学とカリキュラム研究の間」日本カリキュラム学会『2006 年度大会発表要旨集録』（自由研究）．
緩利 誠・田中統治（2007），「脳科学と教育の間――カリキュラムへの応用方法を中心に」日本教育学会編『教育学研究』第 74 巻，第 2 号，2007 年 6 月．

第8章
特別支援教育における今後の研究課題

坂爪　一幸

　発達障害のある子どもへの特別支援教育を神経心理学や障害心理学の立場から要約すれば，高次脳機能のプロフィールの理解と，それに基づく高次脳機能の「開発」になる。さらに，高次脳機能の遅滞や偏向に起因する"児・者"としてのさまざまな心理反応の理解と対応になる。これらは，言い換えれば，子どもの"個性"の理解と可能性の実現ともいえる。発達障害の有無にかかわらず，教育的な支援に原則的な違いはない。子どもの発達の可能性を信じて，子ども一人ひとりの"個性"の実現を目標にした支援を忘れてはならない。ただし，ここでいう"個性"の実現とは，教育の理念であるのみならず，子ども一人ひとりの高次脳機能や心理反応を科学的に理解して，根拠に基づく支援を実施することを意味している。以下に，今後の研究課題の要点をまとめておく。

1. 神経心理学的な視点の導入と活用

　これまでの特別支援教育における大きな弱点は，発達障害のある子どもを神経心理学的に理解する視点に乏しかった点にある。子どもの高次脳機能の状態を詳細に確認することなく，知能検査や発達検査における能力，また日常生活や学校生活で現れてくる特徴的な行動に基づいて理解してきた点にある。これまで述べてきたように，特別支援教育に際してはこれだけでは不十分であり，神経心理学的な視点が欠かせない。
　神経心理学は成人の高次脳機能障害の症状と脳損傷部位との対応を分析する

ことから始まった。神経心理学的な研究が進展するにつれて，症状がより詳細に解析されて，症状が発現する過程の機序も解明されるようになった。加えて，脳イメージング装置の開発と発展に伴って，症状発現の機序と関連する脳部位との関係もより明瞭に確認できるようになっている。今日では，脳損傷後の高次脳機能障害の神経心理学的な症状と関連脳部位に関する研究は，かなり詳細な点まで解明されている。最近では，これらの成果が脳損傷後の高次脳機能障害への認知リハビリテーションに積極的に活用されている。

さらに，脳損傷後の高次脳機能障害を神経心理学的に解析する視点は，認知症，統合失調症などの精神疾患，そしてPTSD（外傷後ストレス障害）のような不安障害など，多くの障害や症状に対しても導入されてきている。これらの患者や対象者の高次脳機能の状態を確認することによって，障害や症状の中核や本態が明らかになり，そして治療や教育や介護などの支援の仕方がより具体的に示されるようになってきている。

発達障害を神経心理学的に理解して支援するという方向性は，今後の医療や特別支援教育では必須になると思われる。そのためには，高次脳機能を発達的に理解する視点が欠かせない。成人の脳損傷後の高次脳機能障害の知見は，発達障害の高次脳機能を理解する際に重要であるが，全く同じではない。高次脳機能の発達的変化を織り込んだ発達神経心理学，また高次脳機能への教育的な働きかけによる変化を理解した教育神経心理学の研究の発展が望まれる。

2. アセスメントの理解と活用

特別支援教育では，障害特性に応じた教育，そして個に即した教育が標榜されている。これらを実践するためには，子ども一人ひとりの正確な理解と的確な支援の構築が大切である。このためには子どもへのアセスメント（評価）が必要になる。教育現場では，子どもをアセスメントすることに対する誤解や抵抗や批判が少なくない。例えば，"アセスメントは子どもをランクづけする"という批判がある。しかし本来，アセスメントは子どもを他の子どもと比較してランクづけするために実施するものではない。アセスメントの目的は，ひとりの子どもを正確に理解して的確な教育を実施して，子どもの可能性を最大限

に開発することにある。

現実には，教師や保護者も何らかの形で子どもを日常的に"アセスメント"しているはずである。子どもを"勉強がよくわからないようだ"とみるのも，一種のアセスメントの結果であろう。しかし，そのような類のアセスメントの場合，それが妥当で一人よがりではないという保障はどこにもない。また，実際に教育にどうつながるのかも明確でないアセスメントであることが多い。このような危険性を相互に監視して回避して，よりよい教育を子どもに実施するためには，共通の視点に基づいた理解が前提になる。そのためにはアセスメントが必要になる。アセスメントへの無理解に伴う偏見や誤解や批判，また自分の経験だけに基づいた根拠のないアセスメント，さらにはアセスメント結果の間違った使い方は，子どもに対する無理解や偏った理解を生じ，最終的には子どもに不利益をもたらす危険性が高いことを忘れてはならない。

アセスメントは子どもの特性を明確にして，その子どもに適した教育を実施するためにある。子どもの個別機能，統合機能，生活能力，代償・補正能力，また授業への適応性などを明確にし，そして適切な指導法を策定して，さらにその効果を検証するために使われるのがアセスメントである。

特に，特別支援教育教育におけるアセスメントの意味は，教育への適応性の確認と効果的な教育方法の明確化の2点に集約される。発達障害のある子どもに特別な教育的支援（例：授業や指導など）を実施する際には，子どもがそれに適応できるかどうかの確認が欠かせない。教師が策定した教育の内容と水準が子どもに適切であるかどうかの検討が必要になる。アセスメントはこのために利用される。子どもに適した教育を効率よく実施するには，教育活動を促進する効果的な手段の工夫が大切になる。教育におけるアセスメントの意味は，子どもの認知機能，感情・意欲，知能，そして性格・人格特徴を的確に理解して，学習能力を最大限に引き出す方法を明らかにすることにある。

3.「5W1H」を明確にした教育

さまざまな発達状態にある子どもをアセスメントして理解するとは，子ども一人ひとりについて教育する「位置」を明らかにすること，言い換えれば，

「5W1H」を明確にするということでもある。「5W1H」とは周知のように，Who（誰が），When（いつ），Where（どこで），What（何を），How（どのように），そしてWhy（なぜ）であり，文章構成の基本であるといわれる。子どもへの教育を構築するに際しても同様である。つまり，①特定の発達状態にある子どもが（Whoの確認），②今この時期に（Whenの確認），③この環境で（Whereの確認），④必要な知識や技能を（Whatの確認），⑤どのような仕方や手段で（Howの確認），そして⑥なぜそれを学ぶのか（Whyの確認），以上を明確にした実践があらゆる教育の基本であり，特別支援教育，障害特性に応じた教育，そして個に即した教育そのものである。

　この「5W1H」は教師自身の教育への態度や姿勢にも当てはまる。①教師が自身の立場を自覚して（Who），②今このときに（When），③この場で（Where），④どのような内容を（What），⑤どのようにして（How），そして⑥なぜそれを教育するのか（Why），以上を明確に自覚して教育に取り組まなければならない。

　子どもにとっても，教師にとっても，「Why」への問いかけは特に重要である。学ぶことや教えることへの意味の自覚は大切である。子どもにとって，学ぶことの意味の根本には，障害の有無や障害の程度の軽重にかかわらず，学ぶという活動に対して"喜び"と"満足"を感得できることにある。教師にとっての教えることの意味の根本には，どのような子どもに対してであれ，教えるという活動に対して"喜び"と"満足"を実感できることにある。子どもがそのように教育に参加できるか，また教師はそのような教育を実践できるか，教育には「Why」を絶えず問いかけ続けることの義務と責任が伴う。学びと教えの根本に"喜び"と"満足"を欠いた教育，あるいはそのような問いかけのない教育は，子どもにとっても，教師にとっても，"苦痛"であり"不満足"なものになりかねない。

4．「教育行程」の明示と開示，そして協働

　前述の「5W1H」を明確にして，それに基づいてどのような教育を，どのくらいの期間実施して，そしてどこまで導くのか，これらを明らかにすることが

「教育行程」(Educational Path) の明示である。例えば，教師は一学期間，あるいは一年間にどのような内容を子どもに指導して，どこまで子どもが学習できるのかを保護者に示して説明できなければならない。

通常学級の場合には，学習の指導要領がその役目を果たしている。指導要領は各子どもに共通した「教育行程」でもあろう。しかし，特別支援教育の場合には，教師は保護者や専門家と連携して，ひとりの子どもに特有の「教育行程」を作り上げることが必要になる。

特別支援学校では，子どもの個別指導計画が「教育行程」に相当する。個別指導計画は教師が作成して運用している。「教育行程」の開示という点からは，個別指導計画は少なくとも学校全体で共有される必要がある。例えば，医療の場合，病院では患者の共通カルテが作成されて，情報が共有されている。これは，各診療科を超えて，病院全体で患者の治療に取り組む姿勢を反映している。さらに，場合によっては，病院内だけでなく，病院間でも情報が共有され，より正確な診断と適した治療が志向されている。

概して，学校の場合，クラス担任の教師が子どもの情報を独占的に所有し過ぎていないだろうか。個別指導計画を開示して共有する利点は，担任以外の第三者の教師の力を活用できることにある。開示すれば，担任の教師が作成した個別指導計画は他の教師にも自然に共有される。共有によって，各教師が個別指導計画を相互に確認し合えるようになれば，子どもの理解や支援への間違いや偏りや迷いなどを予防したり解決したりするために，協働しやすくなる。つまり，学校全体でひとりの子どもを支援するという姿勢が明示され，またその体制が確立すれば，各教師の知識や技量を相互にまた有機的に活用できる。

個別指導計画の開示と共有化に対して，ともすれば子どもの"個人情報の保護"を理由に避けようとする傾向がある。"個人情報の保護"を過剰に強調するあまり，子どもの"個人の保護"という本来の教育のあるべき姿がないがしろにされてしまったとしたら，本末転倒であろう。

5.「根拠に基づく教育」の実践

「教育行程」を描く際に，また実際に教育を実施する際には，「根拠に基づく

教育」(Evidence Based Education)を志向することが大切である。ひとりの教師の勘と経験のみに頼った教育は，子どもに適合しない教育，また偏った教育，さらには効果のない教育を続けかねず，結果として子どもに不利益をもたらす危険性が高い。このような危険性をなくすためには，教育の内容と方法と効果を絶えず吟味し検討し続けなければならない。

　教育の内容と方法を決定し，その効果を客観的に検証する手段として，アセスメントが必要になる。アセスメントの結果に基づいて，教育の改善や効率化に絶えず努め続けることが大切である。また，保護者に対して教育の内容と方法と効果を説明し，学校での教育と家庭での教育（しつけ）をよりよい方向に見直していくための根拠として，アセスメントを利用することも重要になる。

　教育には明確な効果が必ずしも得られないという面がある。ここでいう「根拠に基づく教育」とは，アセスメントによって子どもの状態や教育効果を"数値化"することではない。現実には，教育活動を"数値化"して示すことは難しい場合が多い。しかし，"数値化"はできなくとも，子どもの状態を保護者や他の教師などに明確に説明できて同意が得られること，およびその理解に基づいて子どもへの教育の方向性や内容や具体的な指導方法に同意が得られること，これらが満たされていれば「根拠に基づく教育」としてよいであろう。教育効果の検証が実際には困難であっても，少なくとも教育に携わる者は教育への基本的な態度として，「根拠に基づく教育」の実践ということの意味合いを常に念頭に置いておくべきである。

参考文献
坂爪一幸（2011），『特別支援教育に力を発揮する神経心理学入門』学研教育出版.

第9章
脳科学への期待と認知発達研究

中垣　啓

　われわれ文明人をその自己中心的心性より脱却させた3つの精神的衝撃（Jolts）がしばしば指摘される。コペルニクス，ケプラー，ガリレオの主導によって天動説から地動説へと転回し，宇宙の中心が人の住む地球ではなくなったことに対する精神的衝撃，ダーウィンの進化論によって，動物界の一員として位置付けられ，人が神によって創造された特別な存在ではなくなったことによる精神的衝撃，フロイトの精神分析学によって人は無意識的世界の性的衝動に支配されていて，意識的世界に住む理性的存在ではなくなったことによる精神的衝撃である。Segalowitz（2003）はこの議論をさらに推し進めて，我々の心は中枢神経系に固有の諸要因によって制約され，自由に心を成形できないという洞察を第4の精神的衝撃としている。もちろん第4の衝撃は脳科学の進歩によってもたらされたものである（Ramachandran（2005）も同様のことを指摘している）。

　実際，最近の脳科学の発展は著しい。望遠鏡の発明とその改良が天文学を飛躍的に発展させたように，MRI，PETなどの非侵襲的な脳画像法の発明とその改良によって，脳科学は急速に発展し，新しい知見の蓄積という観点からは目を見張るものがある。心理学，精神医学，言語学のように人間精神を研究対象とする学問に対して脳科学が新しい知見を提供しているだけではなく，従来脳科学の研究対象とならなかった領域にまで，例えば，人間の倫理的判断を支える脳内メカニズムを研究する神経倫理学（Neuroethics），経済的価値判断や不確実な状況下における意思決定の脳内メカニズムを研究する神経経済学

（Neuroeconomics）といった形で，脳科学が人文科学・社会科学の領域にまで進出してきている。データを得るための道具が新しいだけに，したがって，先行研究が乏しいために，そして，脳神経系があらゆる人間の行動および心理を支える生物学的基盤である以上，どんな領域における行動，あるいは，心理的特性を取り上げても，脳科学的実験によってデータを取りさえすれば，即それが新しい知見となると皮肉を言いたくなるほどである。

　このように脳科学は心理学研究に多大な影響を与えつつある。しかし，安彦（本書，p. 177）が指摘するように「一部の脳科学者は，最近の心理学，とくに発達心理学や学習心理学が，脳科学の成果を抜きにしては教科書も書けないようになっている状況を見て，脳科学が進めば心理学は不要になるかもしれないと考えているが，多分そういうことにはならないであろう」。発達心理学の立場から脳科学的研究をみた場合，本来の意味での発達研究がなされているとは言い難いところがあるし，そもそも脳科学者の間で発達と成熟とが概念的に区別されて研究されているのかどうかも怪しい。そこで，認知発達の研究者として，これからの脳科学に期待すること，認知発達研究が脳科学研究に示唆を与えることができるのではないかと思われること，あるいは，認知発達研究者との共同研究において，より生産的な研究ができるのではないかと思われるところをまとめておきたい。

1. 脳科学的説明が待たれる認知発達上の諸概念

　心理的過程と脳内過程との対応がはっきりしている場合，心理的現象を脳内過程に訴えて説明することが可能である（ただし，ここで「説明できる」というのは，脳内の生物物理的過程が心理的現象にどのように翻訳されるのかという本質的問題を問わないという条件においてである）。視知覚は大脳新皮質視覚野の生物物理的活性化に支えられているので，目が見えなくなったとき，「視覚野のこの部位が損傷したので目が見えなくなったのだ」と説明することができる。大脳側頭葉紡錘状回にある，物の色を最終的に処理する領域と，数字の形象を処理する領域とが隣接していることを知れば，共感覚の持ち主が「5」という記号を見て，なぜそれが（例えば）赤に見えるかを2つの領域間の交差配線によ

って説明できる（Ramachandran, 2003）。

　しかし，認知発達を考える上で重要な鍵概念となるものは，ほとんど脳内過程との対応がはっきりしないものである。（心的）表象，（知的）操作，論理，数学，認知的矛盾，（反省的）抽象といった概念である。このような概念はすべて思考の世界に属しており，物理的世界にその対応物が存在しているわけではない。例えば，理論的予測と実験結果が一致しないとき我々は矛盾を感ずるが，この矛盾は思考に内在的なものであって，物理的世界に矛盾が存在しているわけではない。しかし，あらゆる認知についてそれを可能とする生物物理学基盤を脳神経系に求めるのであれば，このような概念であっても，それを成立させる何らかの物質的生物学的基盤が脳神経系に存在しているはずである。しかし，それが何であるか，あるいは，脳のどのような構造的機能的組織化がそれを可能にしているのかが我々には分からないのである。

　知的操作の場合でいえば，多様な表象の中に何か安定したもの，状況や場面に依存しない安定した関係を築くことが精神発達上不可欠である。例えば，現実の世界は水1滴に水1滴を加えても2滴の水にはならず，あいかわらず水1滴のままである。また，1人の人間（男）と1人の人間（女）が一緒になると，いつまでも2人の人間ではなく，いずれ3人，4人，……の人間となる。それでも我々は1＋1＝2は正しいと信じるのは，現実についての錯綜した表象の間に安定した関係を構築するからである。思考におけるこのような安定した関係性は知的操作と呼ばれ，その漸進的構築は認知発達上不可欠なものである（Piaget, 2007）。

　知的操作の獲得例として，〈空間的順序反転課題〉（Piaget, 1946）を紹介しよう。この課題は3つのもの A, B, C がある方向にこの順序でならんでいるとき，この方向を反転させたら A, B, C はどのような順序に並び替わるかを問うものである。具体的には，テーブル上に横倒しに置かれた不透明な筒に3つの色の異なるボールをこの順序で入れる（筒の長さは3つのボールが隠れるほど十分に長く，筒の直径はボールの大きさとほぼ同じで，筒の回転によって筒内のボールの並び方が入れ替わることがないものとする。また，ボールは筒の左端より入れたものとする）。このとき，筒の右端よりボールを取り出した時に出てくる順序，あるいは逆に，ボールを入れた左端よりボールを取り出した時に出てくる順序

を問うたり（前者を課題1，後者を課題2とする），筒をテーブル上で半回転（180度回転）させたとき，左端あるいは右端から出てくるボールの順序を問うたり（課題3），中央のボールBが最初に出てくる可能性について問うたり（課題4）する．さらに，筒を一回転（360度回転），二回転，……させたとき，筒の左端あるいは右端から出てくるボールの順序を問う（課題5）．この課題については，最初は課題1に正判断できても順序を逆にたどる必要のある課題2で既に誤る．課題2に正判断できるようになっても，筒の半回転によって順序が反転する課題3には誤り，課題4さえ中央のボールBが最初に出てくる可能性を認めてしまう．さらに，半回転にとどまる課題3には正判断できるようになっても，筒が一回転，二回転，……となってくる課題5には誤ってしまう．半回転で得られた関係を一般化して，課題5にも正判断し得るようになるのは6，7歳ころであるというような発達過程が知られている．

　課題3を解決するためには，3つのボールA，B，Cをこの順序で筒にいれた状態でのイメージABCがあれば十分であるように見える．この表象を頭の中で反転させたイメージCBAを読み取れば，半回転後に右端に（先頭に）最初に出てくるのはCであり，左端に（後尾から）最初に出てくるのはAであり，さらに，左端からであれ右端からであれ，中央のボールBが最初に出てくる可能性がないことは容易に理解できそうなものである．しかし，この空間的順序反転課題が一般的に解決されるのは，イメージを含む表象機能が獲得される2歳前後ではなく，それよりはるかに遅い6，7歳である．

　それでは，この課題解決はなぜかくも遅いのであろうか．ピアジェによれば，イメージの変換を行う活動がまだ"操作的"になっていないからである．ある状態から別の状態への変換が操作的な変換と呼べるためには，変換が可逆的となって任意の変換に対してそれを打ち消す変換が必ず存在していること，諸変換が相互に協応しあって一つの全体構造をなしていることが必要である．しかし，幼児期の子どもは，イメージの変換活動はまだ操作によって統制されておらず，イメージABCを頭の中で反転させてイメージCBAを得ることが難しいのである．もちろん経験を繰り返せば，順序ABCは半回転後に状態CBAとなること，順序CBAは半回転後に状態ABCとなることを知ることはできる．しかし，そこから状態ABCから筒を一回転させたときの状態がやはり

ABC であることを理解することが難しいのである。順序 ABC から状態 CBA への変換と順序 CBA から状態 ABC への変換とを合成することができないからである。また，順序 ABC から半回転を 2 回行えば元の状態に戻ることから，半回転とその逆の半回転を行えばやはり元に戻ることを理解することが難しいのである。逆方向の半回転が順方向の半回転と同じ操作であることを理解できないからである。順序 ABC の反転という変換行為が可逆的操作となって初めて，逆方向の半回転が順方向の半回転と同じ操作であること，二回の半回転を合成すると何もしない元の状態に戻ることが理解できるのである。

　それでは，空間的順序反転課題で見られるような可逆的操作の獲得を脳科学的にどのように説明すればよいのであろうか。基礎的な認知機能（知覚，記憶，注意など）の脳科学的基礎の研究は非常に数が多いものの，高次認知機能（論理，確率，因果性などに関する推論）の脳科学的基礎を探求した研究は少ないのが現状である。とはいえ，知的操作にかかわる研究がないわけではない。例えば，Stauder, Molenaar, & Van der Molen（1993）は，認知発達水準が異なる子どもは，その脳内において異なる情報処理様式を採用しているのかどうかを調べている。具体的には，ピアジェの液量保存課題で保存反応を示す子どもと非保存反応を示す子どもとで，液量保存課題に対する問題解決における脳内活動に，違いがあるかどうかを調べている。液量保存課題というのは，容器に入った液体を，形の違った容器に移し替えても液量は同じかどうかを問う課題で，年少児は一般に，液量を水位の高さで判断するので，細い容器に入れ替えると「液量が増加した」と，太い容器に入れ替えると「液量が減少した」と判断する。このような非保存判断が保存判断に移行するのは，やはり 6，7 歳ころであり，移し替えという操作の可逆性が獲得されたかどうかを調べる，典型的な知的操作課題である。

　Stauder, et al.（1993）は ERP（脳波の一種である事象関連電位）を脳内活動の指標として，子どもが液量保存課題相当課題に取り組むときの脳内活動を測定し，保存児と非保存児との間で有意に異なる波形を見出したことを報告している。確かに，保存児と非保存児とでは生物物理学的レベルで脳内活動が異なることを明らかにしたことはそれなりの知見ではあろう。しかし，これだけでは知的操作の獲得を可能にする脳内メカニズムの説明からは程遠い。知的操作

の獲得における神経系の成熟の役割も，主体の行う操作的活動の役割も，対人的相互交渉の役割も何一つ明らかにすることができない。したがって，親や教師のどのような働き掛けが知的操作の獲得を促すのか，あるいは，逆にどんな環境条件がその獲得を遅滞させるのかについては全く不明のままである。

　特に，液量保存課題の場合，保存認識は経験によって確かめることができないだけに，知的操作の役割は重大である（この点については，詳しい解説は中垣（1982）を参照）。直接確かめようのない量が保存されると信じるということは，保存概念が知的操作という思考の形式に由来していることを意味しており，このような概念が脳内のどのような物質的生物的過程に対応しているのか，皆目見当がつかないのである。それに対し，空間的順序反転課題で見られるような反転操作の獲得においては，初期状態と半回転後の状態を直接確かめることができる。そのため，反転操作の前後の状態を記憶できれば，半回転すると順序が逆になること，2回の半回転後の前後の状態を記憶できれば半回転を2回繰り返すと，順序は元の順序と同じになることは確かめることができるように見える。したがって，脳神経系における記憶のメカニズムだけで空間的順序反転課題で見られるような可逆的操作の獲得を説明できるように見える。

　しかし，順序 ABC が半回転によって順序 CBA になったということを確認したからといって，順序 ABCD が半回転によって順序 DCBA になるということが分かるわけではない。半回転が順序を反転させる操作であることを知らなければ，半回転によって順序 ABCD が順序 DBCA になると考えることも可能だからである。半回転を2回繰り返せば，順序は元の順序と同じになることを確認したからといって，半回転を4回繰り返せば順序は元の順序と同じになるということが分かるわけではない。4回の半回転が2回の半回転の繰り返しであることを知らなければ，4回の半回転は2回の半回転とは異なる（未確認の）新しい操作になってしまうからである。このように，操作的変換の前後の状態を簡単に確かめることができる場合であっても，半回転操作が順序を反転させる可逆的操作であること，各回転操作は一義的に合成可能であることを理解しなければ，直接的確認を超えた一般理解には到達しえないのである。しかし，ここでも直接的経験を超えた理解を可能にする知的操作が，脳神経系という生物物理学的レベルにおいて，どのように実現されるのかが分からないのである。

ここでは知的操作を例にして検討したが，表象，論理，数学，矛盾，必然性，抽象，一般化といった認知発達を考える上で重要な鍵概念となるものはほとんど脳内過程との対応がはっきりしていない。それ故，この点の解明に焦点を絞ったような脳科学的研究が今後大いに期待されるのである。

2. 脳科学における発達的研究の必要性

発達心理学者がある心理的機能の発達を研究しようと思えば，その機能の行使を必要とする適切な課題を用いて，縦断的方法にせよ，横断的方法にせよ，いくつかの年齢層におけるそのパフォーマンスを調べ，パフォーマンスの年齢的変化を検討するであろう。しかし，その心理的機能の作動のメカニズムを知るためだけであれば，特定の年齢層，一般には，機能の完成形態にあると思われる大人だけを被験者として調査が行われるのが普通である。

しかし，発達心理学者から見れば，ある心理的機能の作動のメカニズムを知るためにも発達的研究が不可欠なのである。たとえば，条件文解釈課題（条件文「pならばq」の検証例，反証例を問う課題）を大人に実施すると，条件法的解釈（pq, ¬pq, ¬p¬qを検証例, p¬qを反証例とする解釈）をする者と双条件法的解釈（pq, ¬p¬qを検証例, ¬pq, p¬qを反証例とする解釈）をする者とが同じぐらい出てくる（中垣, 1998）。また，pとqのつながりが恣意的であれば条件法的解釈が多くなり，pとqの心理的つながりが強ければ双条件法的解釈が多くなる傾向がある。そのため，大人だけを被験者とした研究からは，条件文を解釈するにあたって，人は文脈や先行経験などに応じて条件法的解釈と双条件法的解釈とを柔軟に使い分けている，という類の結論が出てくる（Johnson-Laird & Byrne, 1991）。しかし，中学生に同じ課題を実施すれば，一番多い解釈は双条件法的解釈であり，次に多いのが連言的解釈（pqを検証例, p¬q, ¬pq, ¬p¬qを反証例とする解釈）であり，条件法的解釈は少数となる。さらに，小学校低中学年になると圧倒的に連言的解釈が多くなる（中垣, 1986）。このように条件文解釈課題を発達的に調べれば，連言的解釈から双条件法的解釈へ，そこから条件法的解釈へと条件文解釈が発達することが分かってくる。さらに，大人では同じ程度共存していた条件法的解釈と双条件法的解釈は，文脈や先行

経験などに応じて解釈を変える，使い分けの問題というより発達差の問題であること，連言的解釈における唯一の検証例 pq が，いずれの解釈タイプにおいても検証例となっていることから，大人の条件法的解釈においても，事例 pq に優先的意味が与えられるであろうということが，発達的研究によって分かってくるのである．このように，ある心理的機能の作動のメカニズムを知るため，その完成形態を調べるだけでは不十分であり，発達的研究が欠かせないのである．

それでは，心理的機能の脳科学的研究ではどうであろうか．第 4 章で紹介したように，非侵襲的な脳イメージング法の開発によって，脳の構造的発達については Giedd et al. (1999)，Shaw et al. (2008) を典型的研究とするような脳構造の発達的変化を調べる研究が次々と行われるようになってきている．それでは脳の機能的発達についてはどうであろうか．脳の機能的発達というのは，文字通りにとれば，脳の作動の仕方の発達的変化のことであろうが，非侵襲的な脳イメージング法の時間的空間的解像度の限界から，ワーキングメモリや視覚のように，極めて基礎的な過程についてしか調べられていない．そのため，脳の機能的発達の研究としては，脳の作動の仕方が変わる結果もたらされる行動や思考の発達と，脳の構造的発達との対応を調べることになる．例えば，第 4 章で紹介した McGivern et al. (2002) のような研究は発達的研究といえるであろう．しかし，ある感情を表出している顔と，それを記述する感情語とのマッチングを判断する，という単純な課題であって，高次の認知機能に関しては，まだほとんど脳科学的な発達研究は行われていないといってよいであろう．ましてや，認知機能一般を研究する上でも発達研究が不可欠であるという発達心理学の洞察は，脳科学においてはほとんど浸透していない．そのため，ある心的機能の脳科学的研究というのは，その機能の行使を必要とする課題を被験者にやらせて，そのときの脳活動を脳画像法によって記録を取り，脳の活性部位や連携の仕方を分析するという手法がほとんどである．そのため，機能行使と脳活性部位との対応関係を超えたことについてはほとんど積極的なことが言えないのが現状である．

実際，高次認知機能の脳科学的研究を見てみると，例えば，Goel (2005) は，fMRI を用いて，演繹的推論という高度な認知機能について，その脳科学的基

盤を研究している。アリストテレス定言3段論法課題や空間的推移律課題などを用いて，演繹的推論を支える脳科学的機序を脳画像法的手法で調べている。それによって，推論においては脳の広範な領域が活性化するが，基本的には分離可能な2つの神経システムが見出されたという。1つは，脳活性部位が左中・上側頭葉，左側頭極，左下前頭葉で，言語と記憶を担う左前頭・側頭システムであり，もう一つは，活性部位が両側の後頭葉，上・下頭頂葉，背側下前頭葉で，空間情報の処理を担う前頭・頭頂視空間システムである。演繹的推論において両システムが利用されるが，命題の意味内容，信念内容にかかわる推論の場合はもっぱら左前頭・側頭システムが活性化され，命題の形式に，あるいは，主体にとってなじみのない内容にかかわる推論の場合はもっぱら前頭・頭頂視空間システムが活性化されるという。

　Goel（2005）の研究が野心的なところは，演繹的推論を支える脳科学的機序を調べることによって，演繹的推論の心理学的諸理論の妥当性を検証しようとしたことである。Goelに従うと，演繹的推論理論における二大理論，すなわちメンタルロジック理論（Braine & O'Brien, 1998）とメンタルモデル理論（Johnson-Laird & Byrne, 1991, 1993）は，もしそれが正しければ，それぞれ異なる脳部位の活性化を予測しているという。すなわち，メンタルロジック理論が正しければ，推論には左前頭・側頭システムの活性化が必要にして十分であり，メンタルモデル理論が正しければ，視空間システムの活性化が必要にして十分であると予測している。脳科学的研究の結果は，演繹的推論において両システムとも活性化されるものの，どちらが優位かは課題内容依存的であるというものであった。そのため，実験結果は，分離できる2つのシステムの存在を明示的に主張する，ある種の二重過程理論（dual-process theories）（Evans, 2006など）を支持するものであるとしている。

　それでは，このような演繹的推論の脳科学的研究をどのように評価すべきであろうか。演繹的推論という高次認知機能の作動が，基本的には分離可能な2つの神経システムによって支えられていることが見出されたことは，脳の機能的分化を知る上で，それなりの意義は認められるであろう。しかし，このような単純な要約にはなじまない多様な部位が実際には活動しており，Goel自身，レヴュー論文において，「演繹的推論の神経学的基礎に関する研究結果は，混

沌的にして首尾一貫していないこと」を認め，「認知神経科学的データは論理的推論のための一元的システムというものはなく，課題の特殊性と環境的手がかりに応じてダイナミックに再構成される，区画分けされたシステムであることを示唆している」と要約している（Goel, 2007, p. 435）。

　この要約から窺われるように，研究結果が混沌的で一貫していないのは，そして，推論の都度，課題の特殊性と環境的手がかりに応じて活性部位が違うように見えるのは，推論というものが脳の広範囲の部位の連携によって実現されているからではないであろうか。そうだとすれば，推論において，脳のどの部位が活性化するかという問題以上に重要なことは，活性化部位間の連携のパターンであろう。演繹的推論における活性化部位の連携パターンを知るためには，大人を被験者として，推論課題の課題内容や推論タイプの変更によって，脳活動の連携パターンがどう変わるかを知るだけでは不十分であり，同じ課題内容，同じ推論形式について，発達的にこのパターンが，どのように変容するかを研究することが不可欠なのである。心理的機能は，それが高次になればなるほど，単一の脳部位で実現されているというより，いくつもの脳部位間の緊密な連携のもとで実現されていると予想されるので，演繹的推論を例として見たように，高次認知機能の解明のためには発達的研究が望まれるのである。

　また，演繹的推論の神経学的基礎に関する研究結果を，推論の心理学的理論に関係づけようとするのも，野心的ではあるが，現状では無謀と言わざるをえない。メンタルモデル理論は，この理論でいうところの「モデル」とは何かについて肝心な点があいまいなままであり，メンタルロジック理論は推論スキーマが一種の思考の言語だというものの，言語のシンタックスと同じものだと考えているわけではない（Johnson-Laird & Byrne, 1991; Braine, & O'Brien, 1998）。そもそも，メンタルロジック理論ははじめから推論スキーマによる推論だけではなく，メンタルモデルによる解決もありうることを認めているし（Braine, 1993），メンタルモデル理論は推論の二重過程理論がはやってくると，自分たちはもともと二重過程理論であると主張しているのである（Byrne & Johnson-Laird, 2009）。そのため「メンタルロジック理論が正しければ，推論には左前頭・側頭システムの活性化が必要にして十分である」というGoelの理論的予測そのものをメンタルロジック派は認めないであろうし，「メンタルモデル理

論が正しければ，視空間システムの活性化が必要にして十分である」という Goel の理論的予測そのものをメンタルモデル派は認めないであろう。

したがって，心理学的問題の脳科学的解明に取り組むのであれば，脳科学者は心理学レベルでの研究者との共同研究が不可欠であろう。なぜなら，演繹的推論の脳科学的研究でみたように，推論を担う基体は何かを明らかにするためには，どのような課題を脳科学的に取り上げるべきか，脳内過程に反映されるような推論諸理論間の決定的違いは何か，といった問題を検討することなく，推論の脳科学的研究に従事しても，実りある成果が期待できないからである。このように高次の認知機能の脳科学的解明には，その認知機能を専門とする（発達）心理学者の参与が求められるであろう。

3. 脳と認知の共発達理論の探究に向けて

安彦は脳科学においては学習と教育とが同一視されていると指摘している（本書，p. 172）。発達心理学研究者から見ると，脳科学においては発達と成熟が概念的にきっちり区別されているとは言い難い。心理学的水準においては，発達というのは認知システムの枠組みとなる認知構造の新たな獲得であり，成熟というのはそのような獲得を可能にする生物学的基盤の整備である。一方，学習というのは認知構造の経験によるローカルな変容である。この考え方では，少なくとも心理学的水準においては，グローバルな認知発達の諸段階の存在を認めるものである。ピアジェ理論でいえば，感覚運動期，前操作期，具体的操作期，形式的操作期という4つの認知発達段階である。したがって，4章で議論した現実性と可能性との様相分化の発達過程も，これと関連づけて理解する必要があろう。

もちろん，発達心理学研究者の中にはグローバルな認知発達の諸段階の存在を認めない者も多い。しかし，第1節（1）の液量保存課題で見たように，保存認識は経験によって確かめることができないのであるから，その認識の獲得は学習を超えた知的操作によってもたらされたものと考えざるを得ない。また，空間的順序反転課題で見たように，反転結果を常に経験的に確かめることができる課題においてさえ，$2n$ 回の半回転によって最初の状態に戻るという認識

は経験を超えた（数学的帰納法を必要とする）認識であり、やはり学習を超えた知的操作によってもたらされたものと考えざるを得ない。しかも、空間的順序反転と液量保存とは全く領域の異なる認識であるように見えながら、ほぼ同じころ（6,7歳ころ）獲得されるのであるから、その認識獲得を可能にする知的操作という観点から見ると、様々な一次的な知的操作がまとまって獲得される時期に1つのグローバルな発達段階を想定せざるを得ないのである。

　脳科学者から見ると、学習に還元できないような新しい獲得は脳神経系の成熟によってもたらされたものであるというであろう。しかし、ピアジェ課題の通文化的研究によれば、知的操作の獲得時期は、生物学的な成熟によるとした場合に期待されるより、はるかに可変的であることが明らかになっている（例えば、Dasen, 1977）。また、重度の癲癇のため3歳のときに、右大脳半球の機能的切除手術を受けたNicoという少年は、液量保存課題を含む様々な知的操作課題について、健常児とほぼ同じ発達を示している（Battro, 2008）。さらに、空間関係の処理は、もっぱら右半球によって担われていると言われているにもかかわらず、水位の水平性課題（Piaget & Inhelder, 1948）のような典型的な空間認知課題でさえ、（6歳の時点で）右半球のないNicoの方が同じクラスの健常児と比べてむしろ進んだ発達水準にあったという（Battro, 2008）。したがって、知的操作の獲得を特定の脳領域の成熟によって説明できるとは思われないのである。もちろん、このことは脳の活性部位の成熟が知的操作獲得の可能性を切り開く必要条件であることを否定するものではない。

　それでは、心理学的水準においてグローバルな認知発達段階を認めるとした場合、それに対応する脳の構造的・機能的発達はどうなっているのであろうか。そもそも、大脳は不連続的に、あるいは段階的に発達するものであろうか。Epstein（1974）は、脳の重さと頭部の外周長という測度を用いて、脳は連続的に成長するのではなく、急激な成長期が6-8歳ころ、10-12歳ころ、14-17歳ころ、そしておそらくは2-4歳ころに見られる不連続的な成長を示すことを明らかにした。さらに、このような段階的な成長を、ピアジェの知的発達段階に関係づけている。すなわち、6-8歳ころは具体的操作の始まりであり、14-17歳ころは形式的操作であり、Epsteinが明示的に言及していないものの、2-4歳ころは前操作期の始まりに対応することは言うまでもないであろう。面白

いことに，Epstein が 10–12 歳ころの急激な成長をこのころ学校カリキュラムで分数や幾何学図形の観念を理解し始める時期に対応させていることである。したがって，10–12 歳頃の脳の急激な成長はいわゆる「10 歳の壁」に相当する時期といえるであろう。

　脳が間欠的に急激な成長を示すことは脳の重さや頭部の外周長に限らない。Thatcher（1994）は，6 カ月児から 16 歳までの 436 人について，脳活動から生じる電気活動を記録した脳波（EEG）が示すコヒーレンス（脳の異なる部位で発生する脳波の位相間の相関の強さ）を分析して，EEG コヒーレンスから導かれる様々な指標がほぼ 4 年の周期で急激な成長を繰り返すことを見出している。年齢でいえば，1 歳半から 5 歳までのサイクルⅠ，5 歳から 10 歳までのサイクルⅡ，10 歳から 14 歳までのサイクルⅢである。コヒーレンスの増大は大脳新皮質の離れた部位間の神経結合が機能的に増大し，強化・洗練されていくことを示していると考えられるので，大脳皮質はほぼ 4 年の周期で再組織化を繰り返していることが示唆される。また，この組織化は特定の部位で特定の時期に起こっているのではなく，各周期内において左半球外側より始まり，左半球においては近距離結合から遠距離結合へ，それから脳梁を介して，右半球では遠距離結合から近距離結合へと進むこと，また，左半球外側部から内側部へ，それから脳梁を介して，右半球内側部から外側部へと回転するように進行していくことを明らかにしている。さらに Thatcher（1994）もまた，自らの周期的皮質再組織化理論を認知発達におけるピアジェ理論と関連付けようと努力している。さらに，Fischer（2008）は，Thatcher の周期的皮質再組織化という考えを発展させ，自らの認知発達理論であるダイナミックスキル理論における認知的急成長と脳内の各部位に示される EEG エネルギーや部位間の EEG コヒーレンスの急激な成長との対応に注目して，ネットワーク成長仮説（the network-growth hypothesis）を提唱している。

　脳の成長の科学的指標として使える科学技術は 1990 年ころまでは EEG しかなかったが，PET や MRI が利用できるようになって，脳波に基づくよりもっと詳しく脳の成長過程が分かるようになってきた。第 4 章に紹介したように，脳の成長は外見から予想されるよりはるかにダイナミックで，皮質か皮質下（核）かによって，皮質（灰白質）か髄質（白質）かによって，皮質の各部位に

よって，その成熟は実に多様であることが分かってきた。脳画像法による脳の構造的発達という分野において，パイオニア的縦断研究を行ったGieddは，脳の発達的軌跡が示す特徴として，その間欠的な成長様式を挙げている（Lenroot & Giedd, 2007）。このことからもわかるように，EEGとは全く異なる指標を用いても，やはり急激な成長を周期的に繰り返すことが示されている。それゆえ，脳は不連続的に，周期的に再組織化を繰り返しながら発達するといえよう。ただ問題は，一つは誕生後の脳の構造的・機能的成長を，どのような基準に基づいて段階設定するかということであり，もう一つは脳の構造的・機能的成長を，認知発達の発達段階とどう関連づけるかという点である。

　前者については，脳の発達的指標としてこれまでのように皮質の厚み，シナプス密度，あるいは，EEGのコヒーレンス強度といった直接測れるような指標で段階分けすることはできないであろう。脳が一つの機能を果たすにも，多数の部位が共同で活動することによってそれを支えているからである。したがって，脳の全体的な発達的指標としては，脳部位間の広範なネットワークの基本設計を反映した指標を構成していく必要があろう。

　また，後者の問題については脳の成長段階と認知発達段階との単なる対応関係を超えて，脳内の神経ネットワークの基本設計が，如何にして認知機能の発達に結びつくのか，という因果関係をも含めた関係づけが必要であろう。現在のところ，Fischer（2008）のネットワーク成長仮説が，脳の成長と認知発達とを関係づける，最も洗練されたモデルではある。しかし，このモデルでも両者の関係は対応づけでしかない。その上，脳の成長に関しては，ネットワーク（ただし，考慮しているのは大脳半球内でのネットワークに限られる）を持ちだすにもかかわらず，Fischerは認知発達に関して，スキルの発達，問題解決におけるストラテジーの発達に還元しようとしているかに見える。脳の成長を神経ネットワークの成長と捉えるのであれば，それに対応する認知発達においても，個々の技能の発達ではなく，全体として認知の基本設計を考えるべきであろう。つまり，個々のスキルを支える知的操作のネットワークである認知構造に定位すべきであろう。全体的な認知構造の発達という観点から認知発達を構想した理論こそ，ピアジェの認知発達理論に他ならないのであるから，Fischer（2008）のネットワーク成長仮説をピアジェの全体構造論の観点より再構成し

ていく必要があろう。

　いずれの立場に立つにせよ，脳と認知の共発達の理論は単なる科学的興味によって求められるだけではなく，実用的にもその確立が望まれている。特に，教育的応用に関しては，脳と認知の共発達理論なくしては，如何に多くの脳科学的知見が蓄積されようと，教育学的にはそれを利用できないままにとどまるか，あるいは，脳科学への過度の信頼によって，誤った利用がなされることになってしまうであろう。

おわりに

　心理学と脳科学，認知発達科学と発達認知神経科学とは実在の組織化の水準が異なった科学である。前者は含意系の科学であり，後者は因果系の科学である。したがって，前者がいずれ後者に還元されるということはないであろう。それどころか問題によっては前者の知見なしには後者の研究を深めることができないであろう。逆に，前者は後者から完全に独立するということもできないであろう。それどころか問題によっては後者の説明の方がはるかに説得的であることもあるだろう。両者はそれぞれ自律した独自の科学でありながら，極めて密接な互恵的関係にある。両科学の発展のためには，互恵的部分において心理学者と脳科学者，認知発達科学者と発達認知神経科学者との緊密な共同研究を推進していくことが望まれる。

参考文献

Battro, A. (2008),『半分の脳：少年ニコの認知発達とピアジェ理論』河内十郎・河内薫訳, 医学書院. (Battro, Antonio (2000), *Half a Brain Is Enough: The Story of Nico*. Cambridge: Cambridge University Press.)

Braine, M. D. S. (1993), Mental models cannot exclude mental logic and make little sense without it. *Behavioral & Brain Sciences, 16*, 338–339.

Braine, M. D. S., & O'Brien, D. P. (eds.). (1998), *Mental logic*. Mahwah, NJ: Erlbaum.

Byrne, R. & Johnson-Laird, P. N. (2009), 'If' and the problems of conditional reasoning. *Trends in Cognitive Sciences*, 13, 282–287.

Dasen, P. (ed.) (1977), *Piagetian psychology: cross cultural contributions.* New York: Gardner Press
Epstein (1974), Phrenoblysis: Special brain and mind growth periods: I. Human brain and skull development. *Developmental Psychobiology, 7,* 207–216.
Evans, J. St. B. T. (2006), The heuristic-analytic theory of reasoning: extension and evaluation. *Psychonomic Bulletin & Review.* 13, 378–95.
Fischer, K. (2008), Dynamic cycles of cognitive and brain development: Measuring growth in mind, brain, and education. In Battro, A., Fischer, K. & Léna, P. (eds.) *Educated brain: essays in neuroeducation.* Cambridge: Cambridge University Press.
Giedd, J. N., Blumenthal, J., Jeffries, N. O., Castellanos, F. X., Liu, H., Zijdenbos, A., Paus, T., Evans, A. C., and Rapoport, J. L. (1999), Brain development during childhood and adolescence: a longitudinal MRI study. *Nature Neuroscience,* 2, 861–863.
Goel, V. (2005), Cognitive neuroscience of deductive reasoning. In K. Holyoak & R. G. Morrison (eds.), *The Cambridge handbook of thinking and reasoning* (pp. 475–492). Cambridge: Cambridge University Press.
―――― (2007), Anatomy of deductive reasoning. *Trends in Cognitive Sciences,* 11, 435–441
Johnson-Laird, P. N., & Byrne, R. M. J. (1991), *Deduction.* Hillsdale, NJ: LEA
―――― (1993), Précis of 'Deduction'. *Behavioral and Brain Sciences,* 16, 323–336
Lenroot, R. K. & Giedd, J. N. (2007), The Structural Development of the Human Brain as Measured Longitudinally with Magnetic Resonance Imaging. In D. Coch, G. Dawson and K. Fischer (eds.) *Human Behavior, Learning, and the Developing Brain: Typical Development.* (pp. 50–73) New York: Guilford Press.
McGivern, R. F., Andersen, J., Byrd, D., Mutter, K. L., and Reilly, J. (2002), Cognitive efficiency on a match to sample task decreases at the onset of puberty in children. *Brain and Cognition,* 50, 73–89.
中垣　啓 (1982),「発達と学習」波多野完治監修『ピアジェの発生的心理学』国土社，21–64.
―――― (1986),「子供は如何に条件文を解釈しているか？」『国立教育研究所研究集録』第12号，37–53.
―――― (1998),「条件文解釈における否定の効果」『国立教育研究所研究集録』第36号，13–33.

Piaget, J. (1946), *Les notions de mouvement et de vitesse chez l'enfant*. Paris: Presses Universitaires de France.
―――― (2007),『ピアジェに学ぶ認知発達の科学』(中垣 啓訳) 北大路書房. (Piaget, J. (1970), Piaget's theory. In P. H. Mussen (Ed.), *Carmichael's manual of child psychology: Vol. 1* (3rd ed., pp. 703–732). New York: John Wiley & Sons.)
Piaget, J. & Inhelder, B. (1948), *La représentation de l'espace chez l'enfant*. Paris: Presses Universitaires de France.
Ramachandran, V. (2005),『脳のなかの幽霊,ふたたび』(山下篤子訳), 角川書店. (Ramachandran, V. (2003), *The Emerging Mind: The BBC Reith Lectures 2003*, Profile Books Ltd.)
Segalowitz, S. J. & Schmidt, L. A. (2003), Developmental psychology and the neurosciences. In J. Valsiner and K. J. Connolly (Ed.), *Handbook of Developmental Psychology*. (pp. 48–71) London: Sage Publications.
Shaw, P., Kabani, N. J., Lerch, J. P., Eckstrand, K., Lenroot, R., Gogtay, N., Greenstein, D., Clasen, L., Evans, A., Rapoport, J. L., Giedd, J. N., and Wise, S. P. (2008), Neurodevelopmental Trajectories of the Human Cerebral Cortex. *The Journal of Neuroscience, 28*, 3586–3594.
Stauder, J. E., Molenaar, P. C. & Van der Molen, M. W. (1993), Scalp topography of event-related brain potentials and cognitive transition during childhood. *Child Development. 64*, 769–788.
Thatcher, R. (1994), Cyclic Cortical Reorganization: Origins of Human Cognitive Development. In G. Dawson & K. Fischer (eds.) *Human Behavior and the Developing Brain*. (pp. 232–266) Guilford Press.

あとがき

　本書は，まことに難産であった。本来は，3人の早稲田大学の同僚としての合作のつもりで，編者の定年を前にして，昨秋には刊行する予定であった。それが半年以上も遅れてしまったのは，3人がそれぞれ違った分野で仕事をしており，それぞれの個人的な事情も異なっていて，各々の研究を自前で原稿にするという，「脳科学研究グループ」といっても「きわめてゆるい」ものであったためと言える。その上，原稿がすべて出てからも，海外の出版社からの図版の転載許可がなかなかおりず，数ヵ月待たされた。そういう事情だったので，とくに，坂爪氏からは一番早く原稿を頂いていながら，ほぼ1年刊行できないままの状態が続いてしまったことをお詫びするとともに，坂爪氏の忍耐に心から感謝する。しかし，どうにか刊行にこぎつけたことを喜ぶ。
　ところで，3人の研究内容を見て，編者は中垣・坂爪の両氏が，さすがに力のある方々であると感銘を受けた。両氏の担当された章は大変充実しており力作であると思う。中垣氏の研究では，「10歳の壁」に関する脳科学的な説明を基礎に，この発達段階の境界を，独自の新しい「様相分化」という観点を提示して見事に説明している。確かに「現実性と可能性」という様相の違いを基準にすると，10歳までは「現実性」をもとにしての考えでよいが，その後は「可能性」で考えることが必要な学習内容になっていくと言ってよい。もちろん，これは現段階では仮説的なものであるが，この壁を説明する有力な理論がこれまで明確になかったように思われるので，非常に貴重な提言である。
　他方，坂爪氏の研究では，さすがに医学的にも精細な説明がなされ，大いにその方面の理解が深まったが，とくに，「高次脳機能への支援カリキュラム」が，通常の教育への支援カリキュラムとともに必要だとの主張に虚をつかれた思いがした。編者の個人的な見方では，それは「教育」ではなく「治療」ではないかと思われるのだが，仮にそうであっても「治療プログラム」は必要であろう。特別支援教育が個別的であるべきことは知っていたつもりだが，ここに

示された具体的な支援カリキュラムのあり方への提言は，非常に個別的かつ理論的であり示唆されるところが多い。どれも臨床事例を踏まえたものになっていて，説得的である。ただ，この通りの枠組みでどれほど効果的なものができるのか，今後は個別の実践で事実を創っていかねばならない。

　編者自身のことを言うならば，脳科学の成果を踏まえながらも，ほとんど心理学的なデータを用いての提言が多くなってしまった。それは，繰り返すけれども，管見の限りでは普通教育に役立つ研究成果が十分にないこと，特別支援教育の分野のように，障害を対象にした研究の蓄積に比して，通常の子どもや成人の脳科学研究は，まだ始まったばかりとも言ってよい状況だと考えるからである。もっとも，編者の不勉強で，もっとカリキュラム開発に利用できる研究成果は他にもあるであろう。確かに，拙稿に入れたいけれども入れられなかった研究もいくつかあったからである。ただ，全体に「成長・発達」という時間軸を追った脳科学研究は，専門の研究者に聞いても，相対的に少ないことは確かである。今後は，この仮説的な理論で，まずは，坂爪氏のような個別具体的な枠組みをつくり，それを内に含んだ子ども全体に対する普通教育のカリキュラムづくりができればと願っている。

　最後に，厳しい出版事情の中で，本書のような内容の出版上の価値を早くから認め，忍耐強く筆者たちの原稿を待ち続け，また海外の出版社から図版の転載許可の労をとってくださる等，大変お世話になった勁草書房編集部の藤尾やしお氏に，3人を代表して心から感謝を申し上げる。

　　　2012年7月

　　　　　　　　　　　　　　　　　　　　　　　　　　安彦　忠彦

人名索引

ア行

東 洋　4
アリストテレス（Ἀριστοτέλης）　194
石田英一郎　13
泉 靖一　14
猪飼道夫　6
岩崎武雄　14
ヴァン・デア・メーア（Van der Meer）　132
ウィーゼル（Wiesel, T. N.）　45
ウィーナー（Wiener, N.）　144
ヴィゴツキー（Vygotsky, L. S.）　9
ウェンガー（Wenger, E.）　9
梅根悟　3
エイ（Ey, H.）　30

カ行

ガードナー（Gardner, H.）　130, 132, 133, 138
海後宗臣　3
カッシーラー（Cassierer, E.）　6, 15
勝田守一　3
ガニエ（Gagne, R. M.）　4
ガリレオ（Galileo Galilei）　186
川島隆太　132
ギード（Giedd, J. N.）　42, 43, 45, 46, 69, 132, 149
クロンバック（Cronbach, L.）　4
ケーラー（Koehler, W.）　141
ゲシュヴィンド（Geshwind, N.）　30
ケプラー（Kepler, J.）　186
小泉英明　132, 147
ゴールドシュタイン（Goldstein, K.）　30
コノルスキー（Konorski, J.）　25
コペルニクス（Copernicus, N.）　186

サ行

サルトル（Sartre, J.-P.）　13, 15
澤口俊之　132
シェーラー（Scheler, M.）　6, 15
ジャクソン（Jackson, J. H.）　29
スキナー（Skinner, B. F.）　9, 140
ソーンダイク（Thorndike, E.）　140

タ行

ダーウィン（Darwin, C. R.）　186
田中統治　134, 177
津本忠治　132
時実利彦　6, 7, 14, 15, 147
徳田御稔　13
利根川進　178

ナ行

中根千枝　14

ハ行

波多野完治　4, 20
波多野誼余夫　10
パブロフ（Pavlov, I. P.）　25
バンデューラ（Bandura, A.）　146
ピアジェ（Piaget, J.）　4, 18–21, 63, 132, 147
ヒューベル（Hubel, D. H.）　45
フィッシャー（Fischer, K. W.）　63, 130, 150, 198, 199
フォスター（Foster, T.）　132
フランクル（Frankl, V.）　145
ブルーナー（Bruner J. S.）　4
フロイト（Freud, S.）　142, 186
ブント（Wundt, W.）　23

ヘッブ（Hebb, D. O.）　30
ベルタランフィ（Bertalanffy, L.）　144
ヘンシュ・貴雄　132, 152
堀尾輝久　18
ボルク（Bolk, L.）　13
ポルトマン（Portmann, A.）　6, 13

マ行

正木健雄　6
マズロー（Maslow, A.）　143
マルクス（Marx, K. H.）　13
三尾忠男　131
宮坂哲文　3
宮原誠一　3
宗像誠也　3

ヤ行

柳田國男　13

緩利誠　134, 177

ラ行

ルソー（Rousseau, J. J.）　72
ルリヤ（Luria, A. R.）　30, 117
レイヴ（Lave, J.）　9
レヴィン（Lewin, K.）　141
レスコラ（Rescorla, R. A.）　25
レッキー（Lecky, P.）　143
ローレンツ（Lorenz, K.）　15, 151
ロジャーズ（Rogers, C.）　143

ワ行

ワトソン（Watson, J. B.）　23

事項索引

ア行

アスペルガー症候群　99
アセスメント　104, 113, 181, 185
　　高次脳機能の――　108
　　神経心理学的――　108
　　能力・行動の――　112
　　――の視点　107
あそび　145
遊び　160
意志　8
意識　174
意識主義心理学　23
いじめ　156
一般システム論　144
意図性と自動性への配慮　120
『宇宙における人間の地位』　6
運動・動作・行為　110
運動野　160
液量保存課題　190, 191, 197
MI 理論　→多重知能理論
演繹的推論　193-196
音楽的知能　138
音読　160

カ行

概念学習　5
海馬　135
「開発」観　119
カオス理論　145
書き　160
学習課題　5
学習指導要領　9
学習習慣　160
学習障害　99
学習心理学　25
学習（理論）の階層化　4
課題分析（task analysis）　5
片目遮断実験　45
価値意識　143
価値的苦悩　91-93
葛藤　142
　　――解消　142
活動制限　90, 92, 93
活用　161
家庭学習　160
家庭教育　71
カリキュラム開発　172
刈り込み　44, 135
感化　173
感覚・知覚・認知　109
環境　141
　　――調整型支援　119
『看護教育』　5
感受性期　152, 172
感情　8
　　――・意欲　111
観の自己形成　163
記憶　110, 135
基礎　152, 153, 159, 162
基礎感覚　161
気づき　161
拮抗関係　145
機能改善型支援　116
機能局在　138
機能障害・形態（構造）障害　90, 92, 93
機能的磁気共鳴画像法（fMRI）　149
機能的脳イメージング技術　82, 83
気分の安定化　121
基本　152, 153, 159, 162
逆 U 字型発達曲線　42, 70
「9 歳の壁」　100, 152

207

――と高次脳機能　103
『教育』　4
教育科学研究会（教科研）　4
教育課程・カリキュラム　135
教育管理・カリキュラム学会（ASCD）　131
教育工程（Educational Path）　184
　――の明示と開示　183, 184
教育神経心理学　29, 181
教育人間学　5
教育の個別化・個性化　4
教科　139
共感覚　187
共通性　164
興味　133
拒否　143
空間的順序反転課題　188-191, 196, 197
空間的知能　138
グリア細胞　36, 40, 95
経験依存的なもの　69
経験期待的なもの　69
計算　160
形成　173
形態心理学（認知心理学）　5
言語　109
　――的知能　138
　――発達遅滞　85
　――連合学習　5
健常・障害機能の同定と支援　114
原理学習　5
後期中等教育　164
高機能自閉症　99
高次認知機能　44, 193-195
　――の脳科学的研究　193
　――の敏感期　72
高次脳機能　94, 98, 99, 101, 103, 106-108, 114
　――障害　26-30, 93, 181
　――障害学　87
構成主義心理学　23
構造　141

構造的脳イメージング技術　82
行動主義心理学　5, 23
行動の統制　140
後頭葉　136, 194
校内暴力　156
広汎性発達障害　84, 99
国際障害分類　90
国際生活機能分類　90
行動変容型支援　118
個性　152, 153, 159, 163
　――的自立　163
　――的存在　89, 92
　――の伸長　163
　――の探求　163
　――をさぐる　164
　――をのばす　164
「5W1H」を明確にした教育　182
子どもの興味の中心の移行による発達段階論（Sifting Interest-Center Theory: SICT）　132
子どもの興味・要求の中心の移行による発達段階論（Sifting Interest-and Need-Center Theory: SINCT）　63, 133, 154
子どもの脳の発達　41
コミュニケーション障害　85, 99
5-4制　158
根拠に基づく教育（Evidence Based Education）　185

サ行

サイバネティックス　5
参加制約　90, 93
「3歳の壁」　101, 102
　――と高次脳機能　101
支援カリキュラム　114, 119
　――の枠組み　116
自我　142
視覚野　160
自我体制　143
磁気共鳴画像（投影）法（MRI）　42,

　　　　　82
軸索　　36, 39, 44, 135
刺激反応学習　　5
刺激反応理論　　140
思考　　135
試行錯誤　　141
自己概念　　143
自己調整（フィードバック）機能　　144
自己的存在　　89, 92
自己同一性（アイデンティティ）　　164
自己統一性の心理学　　5
自己統一性の保持　　144
自己評価　　144
思春期　　136
　　――・青年期の再発見　　72, 73
システム論　　5
自然感覚　　160, 161
自尊感情　　156, 159
執行機能　　49
実存行為　　7
実存分析　　5
疾風怒濤の時代　　73
指導方法・指導技術　　135
シナプス　　36, 37, 39–41, 44–46
　　――形成　　136
　　――の刈り込み　　41, 44
　　――発生　　41, 44
　　――密度　　44, 46
自発的使用意欲の養成と維持　　120
自閉症　　156
自閉性障害　　84, 99
社会感覚　　160, 161
社会教育　　171
社会性　　157, 158
社会的存在　　89, 92
社会的不利　　90, 92, 93
自由意志　　143
周期的皮質再組織化理論　　198
習熟度別学習　　163
樹状突起　　36, 39, 41
「10歳の壁」　　64, 66, 152, 198

情意　　174
昇華　　142
障害　　80
　　――心理学　　87, 93
　　――の階層性　　91
　　――の多様性　　91, 92
　　――の捉え方　　90
　　――のレベル　　90
条件統制　　173
小集団学習　　163
小中一貫　　159
小中高一貫　　159
小中連携　　159
小脳　　135
情報科学　　175
情報処理モデル　　24
職業教育　　129
自律性　　144
自立への基礎　　163
人格性　　141
神経系　　35
神経心理学　　6, 29, 30, 87, 181
　　――的なモデル　　87
　　――的リハビリテーション　　116
神経組織　　35
神経ネットワークの基本設計　　199
信号学習　　5
新行動主義心理学　　24
身体　　145
　　――運動的知能　　138
　　――的領域　　145
新ピアジェ派　　9
新皮質系　　6, 8, 137
心理　　145
心理安定型支援　　118
心理的領域　　145
髄鞘化（コーティング）　　40, 48, 135
推論スキーマMP　　52, 58, 65, 66, 68
推論スキーマMT　　66, 68
性悪説　　7, 8
性格・人格　　112

事項索引　　209

生活科　161
生活習慣　160
生活能力・行動　113
精神　145, 146
　　――運動（身体的技能）　174
　　――遅滞（知的障害）　84, 99, 100
　　――的衝撃　186
　　――的領域　145
　　――分析　5
性善説　7
成長・発達の系統性　135
正統的周辺参加の理論　9
青年期の行動特性　74
生の営み　7, 15
生物的存在　88, 92, 93
前期中等教育　163
選言三段論法　51
選択学習　163
選択制　164
選択的経験　163
前頭前野　44, 47, 144, 158, 162
前頭葉　44, 136, 194
　　――機能　111
専門教育　129
早期教育論　72
側頭葉　136
素行障害（行為障害）　84

タ行

大局的フレームワーク　65
代償　142
対人関係的知能　138
ダイナミックスキル理論　198
第二の誕生　69, 72
大脳新皮質　44, 46, 162
大脳生理学　6
大脳辺縁系　6, 8, 137
多重知能（MI）理論　130, 138-140
多重弁別学習　5
知的障害　84
知的操作　188

知能　112
知能技能の習熟　160
注意　110
注意欠陥／多動性障害　83, 99
「注入」観　119
聴覚野　160
チンパンジーの知恵実験　141
哲学的人間学　5
同化　143
洞察　141
同調性　145
頭頂葉　136, 194
動物としての基礎　160
トートロジー　61-63
時実大脳生理学　15
特別支援教育　29, 80, 113, 177
ドリル学習　160

ナ行

内省的知能　138
ニューロン　36-41, 45, 135
『人間』　6
人間感覚（道徳感覚）　160, 161
人間＝機械系　144
人間性　16
　　――心理学（欲求階層理論）　5
　　――の構造　17
人間存在の階層性　88
人間としての基礎　160
『人間はどこまで動物か』　6
認知　174
　　――・行動スタイルと支援　115
　　――主義　24
　　――神経科学　25
　　――神経心理学　25
　　――心理学　24
　　――発達　69
　　――リハビリテーション　116
ネットワーク成長仮説　198
脳科学　80, 93, 177
　　――的研究　192-194

──と心理学と教育学のトライアングル　177
脳幹・脊髄系　6, 137
脳機能の局在化　81
脳機能の側性化　81
脳細胞（ニューロン）　135
脳と認知の共発達理論　200
脳の可塑性　41
脳の機能系　97
脳の機能中枢　96
脳の機能的発達　193
脳の形成　36
脳の構造と機能　95
脳の敏感期（あるいは臨界期）　96
脳波　174
脳モデル　24
能力障害・能力低下　90, 92, 93
能力代償型支援　117
能力補填型支援　117

ハ行

排除　143
ハイブリッド型カリキュラム　140
博物的知能　138
発見　141
発達障害　28, 93, 94, 98-101, 102-107
　　──のアセスメント　104
　　──の診断　105
　　──の判定　105
発達神経心理学　29, 30, 95
発達性協調運動障害　99
発達段階　130, 172
　　──説　132, 147
発達的研究　192, 195
発達の「壁」　100
発達の保障と支援　115
場の理論　5
パブロフ型学習　25
ピアジェ課題の通文化的研究　197
ピアジェ発達心理学　17-20
ピアジェ認知発達理論　63

引きこもり　158
左大脳半球　97
敏感期　45, 96, 172
フィードバック機能　144
普通教育　129
物理的存在　88, 93
不登校　156
プログラム死　96
並行関係　145
報酬系　173
保護者支持型支援　119
保護者への支援　122

マ行

ミエリン　136
右大脳半球　97
無意識　174
矛盾　61
メンタルモデル理論　194
メンタルロジック理論　194, 195
問題解決学習　5
モンテッソーリ教育　152
文部科学省脳科学委員会　178

ヤ行

ゆらぎ　145
要求　133
幼小連携・一貫教育　160
様相分化　50, 56, 68
　　──課題　53, 59
様相未分化　56, 66
欲求　8, 143
　　安全の──　143
　　──階層理論　143
　　自己実現の──　143
　　社会的承認の──　143
　　集団──　8
　　集団と愛の──　143
　　生理的──　143
読み　160
4-5制　158

4-3-2制　158, 159
4枚カード問題　60, 61, 63, 68
4-4-4制　159

ラ行

理念型　159
リハビリテーション　26, 27, 30
　神経心理学的リハビリテーション　29
　認知リハビリテーション　26, 29
療育　27
臨界期（→敏感期）　45, 96, 135, 172
　第二の──　46
臨床心理学　26
連合説　9
連合野　97
　前頭──　97, 103
　側頭──　97, 103
　大脳の──　97
　頭頂──　97, 103
連鎖学習　5
「6歳の壁」　101
　──と高次脳機能　102
6-3制学校体系　154
ロボット工学　175
論理－数学的知能　138
論理的推論能力　52

アルファベット

BMI（Brain-Machine-Interface）　175
ICF　→国際生活機能分類　90
ICIDH　→国際障害分類　90
Journal of Corriculum and Supervision　131

執筆者紹介

安彦忠彦（あびこ　ただひこ）　編著者　第1章，第6章，第7章
　1942年生まれ。東京大学大学院教育学研究科博士課程中退。博士（教育学　名古屋大学）
　現在　名古屋大学名誉教授，神奈川大学特別招聘教授
　主著『最新教育原理』（編著，勁草書房，2010），『「教育」の常識・非常識──公教育と私教育をめぐって』（学文社，2010），『改訂版　教育課程編成論──学校は何を学ぶところか』（放送大学教育振興会，2006），『新版カリキュラム研究入門』（編著，勁草書房，1999）

中垣　啓（なかがき　あきら）　第2章，第4章，第9章
　1946年生まれ。東京大学大学院教育学研究科博士課程単位取得退学。博士（教育学　早稲田大学）
　現在　早稲田大学教育・総合科学学術院教授
　主著『命題的推論の理論──論理的推論の一般理論に向けて』（早稲田大学出版部，2010），『ピアジェに学ぶ認知発達の科学』（Piaget's Theory の訳・解説）（北大路書房，2007）

坂爪一幸（さかつめ　かずゆき）　第3章，第5章，第8章
　1957年生まれ。早稲田大学大学院文学研究科博士課程単位取得退学。博士（医学　浜松医科大学）
　現在　早稲田大学教育・総合科学学術院教授
　主著『特別支援教育に力を発揮する神経心理学入門──子どもたちにエビデンスに基づいた教育を！』（学研教育出版，2011），『特別支援教育に活かせる発達障害のアセスメントとケーススタディ──発達神経心理学的な理解と対応：言語機能編』（編著，学文社，2008），『高次脳機能の障害心理学──神経心理学的症状とリハビリテーション・アプローチ』（学文社，2007），『高次脳機能障害のリハビリテーション──社会復帰支援ケーススタディ』（共編著，真興交易（株）医書出版部，2006）

子どもの発達と脳科学
カリキュラム開発のために

2012年8月25日　第1版第1刷発行

編著者　安彦忠彦

発行者　井村寿人

発行所　株式会社　勁草書房
112-0005　東京都文京区水道2-1-1　振替 00150-2-175253
（編集）電話 03-3815-5277／FAX 03-3814-6968
（営業）電話 03-3814-6861／FAX 03-3814-6854
理想社・牧製本

ⒸABIKO Tadahiko　2012

ISBN978-4-326-25075-2　　Printed in Japan

JCOPY 〈(社)出版者著作権管理機構　委託出版物〉
本書の無断複写は著作権法上での例外を除き禁じられています。
複写される場合は、そのつど事前に、(社)出版者著作権管理機構
（電話 03-3513-6969、FAX 03-3513-6979、e-mail: info@jcopy.or.jp）
の許諾を得てください。

＊落丁本・乱丁本はお取替いたします。
http://www.keisoshobo.co.jp

著者	書名	判型	価格
安彦忠彦編著	新版 カリキュラム研究入門	四六判	2730 円
安彦忠彦・石堂常世編著	最新教育原理	A5 判	2310 円
宮寺晃夫	教育の分配論 公正な能力開発とは何か	A5 判	2940 円
森田伸子	子どもと哲学を 問いから希望へ	四六判	2415 円
馬渕仁編著	「多文化共生」は可能か 教育における挑戦	A5 判	2940 円
園山大祐編著	学校選択のパラドックス フランス学区制と教育の公正	A5 判	3045 円
酒井朗	進学支援の教育臨床社会学 商業高校におけるアクションリサーチ	A5 判	3045 円
児島明	ニューカマーの子どもと学校文化 日系ブラジル人生徒の教育エスノグラフィー	A5 判	4410 円
佐久間孝正	外国人の子どもの教育問題 政府内懇談会における提言	四六判	2310 円
グループ・ディダクティカ編	学びのための教師論	四六判	2730 円
渡辺哲男	「国語」教育の思想 声と文字の諸相	四六判	5145 円
柴山英樹	シュタイナーの教育思想 その人間観と芸術論	A5 判	4200 円
石戸教嗣・今井重孝編著	システムとしての教育を探る 自己創出する人間と社会	A5 判	2940 円
A・オスラーほか 清田夏代ほか訳	シティズンシップと教育 変容する世界と市民性	A5 判	3780 円
教育思想史学会編	教育思想事典	A5 判	7560 円

＊表示価格は 2012 年 8 月現在。消費税は含まれております。